선형문자
B의 세계

The Decipherment of Linear B by John Chadwick copyright © 1970 by Cambridge University Press
Korean Translation edition 2012 by Human & Books
Published by arrangement with Cambridge University Press Korea. All rights reserved.

선형문자 B의 세계

지은이   존 채드윅
옮긴이   김운한, 김형주
펴낸날   2012년 4월 13일 • 1판 1쇄
펴낸곳   도서출판 사람과책
펴낸이   이보환
기획편집   이장휘, 김형주
마케팅   이원섭, 이봉림, 신현정
등록   1994년 4월 20일(제16-878호)
주소   서울시 강남구 역삼1동 605-10 세계빌딩 5층
전화   02-556-1612~4
팩스   02-556-6842
전자우편   man4book@gmail.com
홈페이지   http://www.mannbook.com

ⓒ 도서출판 사람과책 2012
Printed in Korea

ISBN 978-89-8117-131-5   03700

잘못된 책은 바꾸어 드립니다. 책값은 뒤표지에 있습니다.

문자로 살펴본 고대 그리스 문명의 발자취

선형문자 B의 세계

존 채드윅 지음 | 김운한 · 김형주 옮김

사람과책

차례

서문   7

제1장   마이클 벤트리스   11

제2장   미노아 문자   17

제3장   희망과 좌절   45

제4장   이론의 탄생   65

제5장   성장과 발전   99

제6장   해독과 비평   117

제7장   미케네 그리스인의 삶   145

제8장   전망   189

후기   197

부록   미케네 점토판 사본   217

찾아보기   223

도판	〈도판 I〉 마이클 벤트리스	6
	〈도판 II〉 (a) 크노소스 궁전 북쪽 입구에서 출토된 '말' 점토판(Ca895)	125
	(b) 필로스 기록보관소에서 출토된 '목동' 점토판(Ae134)	125

| 그림 | 87개 선형문자 B 문자 목록(음가 병기) | 10 |

그림 1. 미케네 문명의 주요 지역, 선형문자 B와 관련된 장소들   23

그림 2. 기원전 400년경 고대 그리스 방언 분포도   25

[출처] 마이클 벤트리스가 직접 그린 그림

그림 3. 파이스토스에서 출토된 상형문자 점토판   27

그림 4. 하기아 트리아다에서 출토된 선형문자 A 점토판(114)   28

그림 5. 쐐기문자의 변화 과정   39

[출처] 요한네스 프리드리히(Johannes Friedrich), 해독되지 않은 문자와
언어(*Entzifferung verschollener schriften und sprachen*), 베를린: 1954, 프랭크
게이너(Frank Gaynor) 역, 사라진 언어들(*Extinct Languages*), 뉴욕: 1957.

그림 6. 키프로스 음절문자표   41

그림 7. 선형문자 B와 고대 키프로스어의 표기 비교   42

그림 8. 코버의 삼중어(Kober's triplets)   57

그림 9. 필로스 점토판 Aa62 텍스트 구성   70

그림 10. 의미가 명확한 표의문자들   71

그림 11. 표의문자 '돼지'의 성별 구분   71

그림 12. 선형문자 B의 격자판 구성   78

그림 13. 벤트리스의 격자판, 1951년 9월 28일 작업노트   89

[출처] 마이클 벤트리스의 작업노트(Work Notes), 1951년 9월 28일

그림 14. 크노소스에서 출토된 '전차' 점토판(Sc230)   155

그림 15. 크노소스에서 출토된 '칼' 점토판(Ra1540)   159

그림 16. 미케네 도기와 그 명칭   166

Michael Ventris

서문

선형문자 B의 해독 과정 전반을 다룬 전문적인 내용은 나와 마이클 벤트리스(Michael G.F. Ventris, 1922~1956)가 함께 쓴 『미케네 그리스어 문헌(*Documents in Mycenaean Greek*)』(케임브리지대학교 출판부, 1956) 제1장과 제2장에 자세히 소개되어 있다. 이번에 저술한 책에서는 일반 독자를 대상으로 전문적인 내용을 상당 부분 생략하고, 대신에 선형문자 B의 해독 과정을 보다 쉽고 생생하게 묘사하려고 애를 썼다. 하지만 여전히 일반 독자에게 생소한 내용이 많을 것이다. 이 책을 탈고하기까지 나는 벤트리스 여사의 특별한 배려로 지금은 고인이 된 마이클 벤트리스의 편지와 작업노트, 그리고 기타 자료를 참고할 수 있었다. 한 주에 두세 차례 나와 마이클 벤트리스가 주고받은 편지들은 1952년부터 시작된 선형문자 B 해독 과정의 산 증거물이 되었다. 이러한 사적인 기록과 이야기들은 이 책의 내용을 더욱 풍성하게 해줄 것이다. 사실 이들 자료 중 상당수는 마이클 벤트리스가 갑자기 세상을 떠나면서 공개된 것들이다. 그의 겸손한 성품 탓에 나뿐만 아니라 그 누구에게라도 마땅히 받아야할 찬사를 받는 것이 부담스러워 어쩌면 그는 이 자료들을 영원히 공개하지 않았을지도 모른다. 하지만 다행스럽게도 나는 그의 허락과 격려를 받아 이 책을 집필하게 되었다. 이 책이 진심으로 그를 기념하는 헌사가 되기를 바란다.

그리스어에 능통한 독자라면, 설령 그렇지 않더라도 이 책을 읽고 나면 미케네 그리스어를 더욱 깊이 있게 공부하고 싶은 충동을 받을 것이다. 그들에게 나는 두 가지 이유를 들어 구태여 다른 책을 소개할 필요를 느끼지 않는다. 첫째, 보다 전문적인 내용은 필독서라 할 수 있는 『미케네 그리스어 문헌』에 자세히 소개되어 있기 때문이다. 참고한 자료만 하더라도 1955년까지 출판된 엄청난 분량의 책을 모두 정리하여 집대성하였다. 둘째, 지금까지 발표된 수많은 책들, 특히 영문판 중에 여기에 소개되지 않은 책이 없고, 이토록 전문적인 내용을 이해하기 쉽게 기술한 책도 만나기 어려울 것이다. 그렇다고 미케네 그리스어를 일괄하는 데 어느 정도 성공하였다고 말하기는 아직 이르다. 좀 더 다양한 책을 읽고 싶은 독자라면 1955년 마이클 벤트리스가 시작하고, 그의 뒤를 이어 레너드 파머(Leonard R. Palmer)와 내가 함께 연구하였으며 런던대학교 고전연구소에서 발간한 『미케네 명문과 방언 연구(*Studies in Mycenaean Inscriptions and Dialect*)』가 도움이 될 것이다. 고대 미케네 사회 구석구석을 다룬 또 하나의 참고문헌으로 브렌다 문(Brenda E. Moon)의 『미케네 문명, *1935년 이후의 성과(Mycenaean Civilization, Publications since 1935)*』(런던대학교 고전연구소, 1957)도 적극 추천한다.

이 책은 전문 연구자들을 위해 쓴 것이 아니지만, 그들에게도 재미있는 책이 될 것이다. 이 책을 쓰는 동안 나는 개략적인 내용을 간추리려고 노력하였으며, 역사의 한 페이지를 차지할 만큼 중요하다고 판단되는 내용이라도 상당 부분 의도적으로 생략하였다. 이들 내용 중의 일부는 일반인이 이해하기 매우 어려워 책을 읽는 데 부담이 되기 때문이다. 이와 관련하여 특정인의 이론이나 업적을 언급하지 않은 데 대해 오해하지 않기를 바란다. 이 책은 『미케네 그리스어 문헌』 제5장에 토대를 두고 있지만, 이 책의 제7장은 미케네인의 삶과 관련하여 지난 수년간 발표된 수많은 견해를 정선한 것이다. 일부 내용은 논쟁이 불가피하겠지만, 그것은 전적으로 내 책임임을 밝혀둔다. 이 책을 출판하기까지 수많은 연구자의 성과에 크게 도움을 받았다. 그들의 이름을 언급하든 언급하지 않든 도움을 준 모든 연구자에게 머리 숙여 감사드린다.

조언과 비평을 아끼지 않은 많은 친구와 동료들에게도 고마운 마음을 전한다. 특히 콕스(O. Cox), 트레위크(A.P. Treweek) 박사, 웹스터(T.B.L. Webster) 교수에게 고맙다고 말하고 싶다. 이 책에 애정을 기울이며 많은 시간을 할애한 케임브리지대학교 출판부 임직원들에게도 감사드린다. 이 책의 출판을 비롯하여 『미케네 그리스어 문헌』에 실려 있는 삽화 및 그림을 실을 수 있도록 여러 모로 도움을 준 출판부 대표에게도 감사드린다.

남편의 글을 참고하도록 허락하였을 뿐만 아니라 매번 유익한 도움과 격려를 아끼지 않은 벤트리스 여사에게도 머리 숙여 감사의 인사를 전한다.

존 채드윅

1957년 12월, 케임브리지대학교

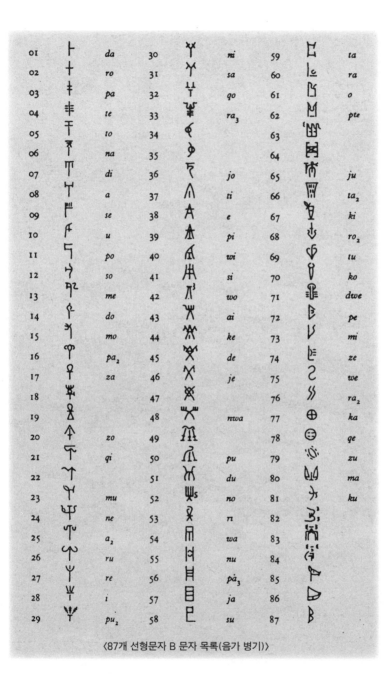

〈87개 선형문자 B 문자 목록(음가 병기)〉

제1장

마이클 벤트리스

비밀을 파헤치고 싶은 욕구는 사람의 뿌리 깊은 본성이어서 아무리 호기심이 적은 사람이라도 다른 사람의 비밀을 알게 되면 마음이 설레기 마련이다. 그러한 사람들 중에 일부는 미지의 핵입자를 발견하려는 과학자나 미해결 사건을 풀어가는 경찰처럼 미스터리를 해결하는 일에 종사하기도 한다. 하지만 대부분의 사람들은 오락용 퍼즐 게임으로 이런 욕구를 해소하고, 탐정소설을 읽거나 십자 낱말 퍼즐을 푸는 것이 전부이다. 간혹 암호 해독을 취미로 삼고 있는 사람들도 있지만, 이 책은 반세기 동안 수많은 전문가들을 괴롭혔던 진짜 미스터리를 해결하는 과정을 다루고 있다.

1936년 런던 벌링턴 하우스(Burlington House)에서 아테네 대영고고학연구소(British School of Archaeology) 설립 50주년을 기념하는 전람회가 개최되었다. 그곳에는 수많은 사람들이 모여들었는데, 그들 중에는 열네 살 난 소년도 있었다. 참석자들은 그리스 고고학계의 대가인 아서 에번스(Arthur Evans, 1851~1941) 경의 강연을 경청하였다. 에번스 경은 사람들의 기억 속에서 점차 사라져가던 크레타 문명과 전설적인 선사시대 크레타 원주민들이 사용하였던 신비한 문자를 어떻게 발견하였는지 들려주었다. 바로 그 순간, 그로부터 정확히 16년이 지난 후 극적으로 결실을 맺게 될 씨앗이 뿌려졌다. 그때 그 자리에 있었던 소년은 고대 문자와 언어에 남다른 호기심이 있는 데다가, 일곱 살 때 이미 독어판으로 이집트 상형문자를 공부하였을 정도로 식견이 있었다. 소년은 그 자리에서 아직 해독되지 않은 크레타 문자의 비밀을 풀기로 결심한다. 그때부터 관련 서적을 섭렵하기 시작하였고 전문가들과 서신을 주고받았다. 그리고 마침내 그는 다른 연구자들이 두 손을 든 일을 해냈다. 그의 이름은 바로 마이클 벤트리스이다.

이 책은 대부분 벤트리스의 업적을 다루고 있으므로 먼저 그의 삶을 들여다볼 필요가 있다. 벤트리스는 1922년 7월 12일 영국 케임브리지셔의 부유한 가정에서 태어났다. 아버지는 인도 주둔군 장교였고, 어머니는 폴란드계 혼혈로 매우 아름답고 재기발랄하였다. 어머니 덕분에 벤트리스는 대부분의 휴가를 해외에서 보낼 수 있었고, 대영박물관을 즐겨 찾는 등 예술적인 분위기 속에서 자랄 수 있었다. 학교생활 또한 관습에 얽매이지 않았다. 그는 스위스 그슈타드(Gstaad)에 있는 학교를 다녔는데, 프랑스어와 독일어는 물론이고, 현지 스위스-독일어 방언까지 배웠으며 (이는 스위스 학자들이 그를 총애하는 계기가 된다), 여섯 살 때는 독학으로 폴란드어까지 습득하였다. 성인이 되어서도 그는 여전히 언어에 대한 애정이 남달랐다. 제2차 세계대전이 끝난 후 스웨덴에 몇 주 머무는 동안 스웨덴어를 능통하게 구사할 수 있게 되었고, 덕분에 힘들이지 않고 임시

직이나마 직장을 구할 수 있었다. 이후 그는 스웨덴 학자들과 서신을 주고받았다. 시각적 기억 능력이 뛰어날 뿐만 아니라, 이 재능과 드물게 결부되긴 하지만 청각적 언어 습득 능력 또한 탁월하였다.

영국으로 돌아온 후, 벤트리스는 스토우 남녀공학의 장학생이 되었고, 특유의 겸손함을 잃지 않은 목소리로 나에게 넌지시 말하였듯이 '그리스어를 조금 할 줄 아는 수준'이었다. 그의 독특한 관심 때문에 일상적인 학교생활에 제대로 적응하지 못하였을 것이라고 생각하는 사람들이 있지만 그는 잘 적응하였다. 그의 취미가 그를 유명하게 만들 것이라고는 당시에 아무도 짐작하지 못하였다. 그는 대학에 진학하는 대신에 위대한 건축가가 되기 위해 곧바로 런던의 AA 스쿨(Architectural Association School)에 입학하였다. 제2차 세계대전이 발발해 학업을 중단할 수밖에 없게 되자, 그는 공군에 입대해 폭격기 조종사로 복무하였다. "그냥 날기만 하는 것보다 훨씬 재미있을 것 같아." 이것이 그가 폭격기 조종사가된 이유였다. 한 번은 자신이 직접 제도한 지도만 보고 조종하는 데 성공하여 폭격기 기장을 아연실색하게 만들기도 하였다.

벤트리스는 전쟁이 끝난 후에 계속 건축학을 공부하여 1948년 우수한 성적으로 학업을 마쳤다. 일개 학생에 불과하였던 그의 작품이 남다른 것을 알아본 이들은 앞으로 그가 건축가로 대성할 것이라고 내다봤다. 그 후 그는 한동안 신설 학교 설계 업무를 담당하는 교육부 산하 기관에서 일하였다. 건축가였던 아내와 함께 두 아이를 위해 멋진 현대식 주택을 설계하기도 하였다. 1956년 벤트리스는 제1회 『건축가 저널(Architects' Journal)』 연구 장학생(Research Fellowship)으로 선정되어 연구비를 지원받았는데, 그의 연구 주제는 '건축가 정보(Information for the Architect)'였다.

벤트리스는 건축가로서 출세할 수도 있었지만, 명성은 다른 분야에서 얻었다. 그는 미노아 문자에 대한 관심을 한시도 놓은 적이 없었고, 그 난해한 문제를 공들여 푸는 데 대부분의 여가를 할애하였다. 1952년 그가 미노아 문자를 해독할 수 있는 단초를 찾았다고 발표하였을 때, 그의 연구 결과는 앞서 5년간 충분히 입증된 상태였다. 그로 인해 '미케네 고문서학에 기여한 공로'로 대영제국 훈장을, 런던대학교 명예연구원 자격을, 웁살라대학교 명예 철학박사 학위를 받는 등 수많은 영예를 한꺼번에 얻었다. 하지만 이는 그가 앞으로 누리게 될 것들에 비하면 시작에 지나지 않았다.

그런데 고대 그리스의 시인 메난드로스(Menander, 기원전 342~291년)가 "신이 사랑하는 자는 요절한다"라고 노래하였듯이, 그처럼 전도양양하던 천재가 바로 그 영광의 절정에서 요절하리라고는 누구도 생각지 못하였다. 1956년 9월 6일 벤트리스는 해트필드(Hatfield) 근처 그레이트 노스 가(Great North Road)를 따라 혼자 집으로 가던 중 화물차 한 대가 그의 차를 들이받아 그 자리에서 즉사하고 말았다.

4년 이상 깊은 우정을 나누며 함께 일한 나로서는 그를 객관적으로 평가하기가 쉽지 않다. 그가 지나친 찬사를 얼마나 꺼려하는지 잘 알고 있지만, 그는 '완벽'이라는 말 외에 달리 설명할 길이 없는 사람이다. 그의 천재성은 연구 업적을 통해 이미 충분히 입증되었지만, 이것만으로는 그의 인간적인 매력과 유쾌하면서도 겸손한 성격을 제대로 평가하기에 충분치 못하다. 처음부터 그는 신중하고 조심스럽게 자기 생각을 펼쳤으며, 이런 태도는 이전 해독자들의 빗나간 자신감을 거듭 지켜보던 사람들에게 기대감을 갖게 만들었다. 결국 그는 성공하였고, 다른 이들이 그에게 아낌없는 찬사를 보낼 때도 그는 여전히 성실하고 겸손하였다. 항상 다른 이의 말에 귀를 기울였고, 도움을 주려고 하였으며, 이해하려고 애 썼다.

그의 성공이 가능할 수 있었던 것은 부단한 인내심과 집중력, 꼼꼼 함, 탁월한 제도 능력 덕분이다. 그런데 이러한 자질 외에도 그에게는 쉽 게 설명되지 않는 무언가가 있었다. 그의 두뇌는 정말 놀랄 만큼 빠르게 회전하였다. 상대방이 말을 꺼내기 무섭게 상대방의 의도를 정확히 이해 할 수 있는 능력이 있었다. 그에게는 어떤 상황의 실제 모습을 예리하게 파악하는 통찰력이 있는 것 같았다. 그에게 미케네인은 상상 속의 인물 이 아니라 눈앞에 살아 움직이는 사람들이어서 그들의 생각을 정확히 꿰 뚫어 볼 수 있었다. 그는 문제에 대한 시각적 접근을 강조하였다. 즉 텍스 트의 시각적 측면에 주의를 기울인 것이다. 해독이라는 과정을 거쳐 텍 스트에 의미를 부여하기 전에 이미 상당 부분이 그의 머릿속에 시각적 패턴으로 새겨졌다. 하지만 그것이 아무리 사진처럼 정확한 것이라 하더 라도 기억력만으로는 충분치 못하다. 이와 관련하여 건축가로서 받은 훈 련이 그에게 도움이 되었다. 건축가는 건물의 단순한 외관뿐만 아니라 장식적이고 구조적인 특징까지 종합적으로 고려한다. 다시 말해 건축가 는 외관의 배후에 있는 패턴의 주요 부분들, 즉 건물의 구조적 요소와 뼈 대에도 주의를 기울인다. 벤트리스는 자신도 갈피를 못 잡을 만큼 복잡 하고 미스터리한 기호들이 은연중에 그 근본 구조를 드러내고 있는 패턴 과 규칙을 식별해낼 수 있었던 것이다. 이처럼 온통 혼란스러운 가운데 질서를 발견하는 자질이야말로 모든 위인이 이룬 업적의 공통된 특징일 것이다.

제2장
미노아 문자

역사상 올림픽 경기가 최초로 개최된 해는 기원전 776년이다. 당시 제우스신이 다스리던 펠로폰네소스 반도 북서쪽 올림피아에는 모든 그리스인이 한자리에 모여 한바탕 축제를 벌이고 있었다. 이것이 정말로 첫 번째 제전이었는지는 분명치 않지만, 당대의 그리스인들은 그것이 첫 번째 제전이었다고 기록하고 있다. 그리스 역사에서 이날이 중요한 까닭은 모든 알파벳 문자의 기원인 페니키아 알파벳 문자가 그리스어에 채택되었음을 의미하기 때문이다. 그리스인들이 문자를 만들어 자기 역사를 기록으로 남길 수 있게 된 것은 기원전 8세기 이후부터였다. 따라서 엄밀히 말해 그리스 역사는 이때부터 시작되었다고 말할 수 있으며, 그 이전은 선사시대로 분류된다. 하지만 1066년(노르망디 공 윌리엄 1세가 노르만 왕조를 수립한 해—옮긴이)이 영국 역사의 원년이 아닌 것처럼, 그리스 역사 또한 이때부터 시작된 것이 아니다. 그보다 훨씬 오래 전부터 그리스 산악지대와 섬을 중심으로 사람들이 투쟁하며 살다가 죽어갔다. 가장 객관적이며 유일한 척도로서 그들이 사용하였던 언어가 그리스어라는 점에서 그들은 후손들만큼이나 틀림없는 그리스인이라고 말할 수 있다.

눈앞을 가리고 있는 뿌연 안개를 걷어내고 그리스 역사 초기의 모습을 똑바로 보기 위해서는 세 가지 접근 방식이 필요하다. 물론 이들 중 어떤 방식도 만족스럽거나 단편적인 정보 이상을 제공하지는 못한다. 다만 이렇게 얻은 정보를 신중하게 종합하면 몇 가지 일반적인 결론을 얻을 수 있다는 점에서 그 의의를 찾을 수 있다.

가장 먼저 문자를 사용하기 시작하였던 시대로 거슬러 올라가 그때까지 전해 내려오던 사람들의 기억과 역사적인 사건을 참고해야 한다. 아득한 옛날 고대 그리스에는 신의 도움을 받아 위대한 업적을 이룬 영웅들의 전설이 많다. 그들은 모두 신과 여신의 아들이었다. 그리스 전설 가운데 주목할 만한 두 가지 사건, 즉 테베 전쟁과 트로이 원정은 지금까지도 기록으로 전한다. 이들 중 좀 더 유명한 트로이 원정은 그리스 문학사에 우뚝 솟은 두 걸작, 「일리아드(Iliad)」와 「오디세이(Odyssey)」의 배경이 되기도 하였다. 이들 작품은 호메로스(Homer)가 쓴 것으로 알려져 있으며, 대략 기원전 8세기경에 오늘날과 같은 대하 서사시의 형태로 문자화되었다. 이 시기는 문자가 단순히 시의 형태뿐만 아니라 그리스인들의 생활방식까지도 바꿔놓았다.

호메로스 이전에도 시인들이 있었지만 지금까지 전해지는 작품은 단 한 편도 없다. 어쩌면 그렇게 믿고 있는지도 모른다. 지금까지의 연구에 따르면 호메로스는 상상력이 풍부한 편이 아니어서 자작시를 창작한 적이 없는 것으로 알려져 있다. 다만 그는 예부터 전해 내려오는 전설을 시의 소재로 삼았을 뿐이며, 트로이의 이야기를 노래하였던 수많은 시인들의 계보에서 가장 마지막 자리를 차지한 시인이라는 평가를 받는다. 이 말은 그가 뛰어난 시인이 아니라는 말은 아니다. 오랫동안 트로이의 이야기는 노래로 불렸을 뿐, 문자로 기록되지 않았다. 문자가 없던 시기에 시를 짓는 과정은 오늘날 우리가 아는 방식과 전혀 다르다. 호메로스는 시인을 가리켜 아오이도스(aoidos)라고 하였는데, 이 말은 켈트어로 바드(bard), 즉 노래하는 사람을 뜻한다. 아오이도스는 영웅들의 이야기로 군중의 욕구를 충족시켰으며, 온갖 형용어구(epithets)와 상투적 표현(formulas), 문장의 전환(turns of phrase) 등을 이용해 이야기를 암송하는 한편 즉흥적으로 기본 줄거리에 살을 덧붙이곤 하였다. 즉 호메로스가 소재로 삼았던 대부분의 전설들은 아주 옛날부터 전해 내려오던 이야기였던 것이다. 이를 토대로 실제 역사를 재구성하기란 매우 어렵다. 호메로스 이후에도 수많은 전설이 전하지만 일관성이 없어, 혹시 있을지도 모르는 몇 안 되는 진실을 걸러내기란 사실상 거의 불가능하다. 더욱이 호메로스풍의 이야기 상당수는 상상력에 의존하고 있다. 이를 통해 짐작할 수 있는 것은 이 지역이 역사시대로 넘어가면서 조그만 촌락으로 전락하고 말았지만 적어도 선사시대에는 미케네를 중심으로 강력한 왕국을 형성하고 있었다는 것이다.

19세기 낭만적인 독일 사업가, 하인리히 슐리만(Heinrich Schliemann, 1822~1890)은 이런 이야기에 빠져 사업에서 손을 떼고 신화로만 알려진 이야기를 역사적인 사실로 입증할 만한 증거를 찾는 데 남은 생애와 재산을 모두 쏟아 부었다. 그리스 선사시대를 연구하는 두 번째 방법으로 본격적인 고고학적 연구가 시작된 것이다. 땅에 묻힌 보물을 발굴하는 일은 이미 기초 학문으로 인정받고 있던 터라 진귀한 유물을 찾는 일은 더 이상 목적이 될 수가 없었다. 그리스 선사시대 애호가로서 열정과 신념으로 무장한 하인리히 슐리만은 한 손에 호메로스의 시를 들고 신이 세운 성, 트로이를 찾아 나섰다.

이 책에서 하인리히 슐리만의 생애를 자세히 언급하지는 않겠지만, 그가 1876년에 발굴하였던 미케네 원형 왕족 무덤(grave circle)의 역사적인 현장을 기억할 필요는 있다. 그가 찾아낸 원형 왕족 무덤에서 미케네 문명의 부와 예술성이 백일하에 드러남으로써 전설 속에 묻혀있던 진실을 학자들이 받아들이게 되었기 때문이다. 일찍이 호메로스가 "미케네에는 황금이 넘쳐난다"라고 노래하였던 것처럼 미케네 구덩식 무덤(shaft graves)에서 슐리만조차 깜짝 놀랄 만큼 많은 양의 황금이 출토되었다. 오늘날에 와서야 그 대략적인 윤곽을 알 수 있게 된 역사적인 사건의 개요는 슐리만과 그의 계승자들이 오랜 시간동안 각고의 노력을 기울인 덕분에 밝혀진 것들이다. 근래에 정립된 그리스 선사시대 고고학에 따르면, 그리스 청동기시대는 대략 기원전 2800~1900년대 초기·1900~1600년대 중기·1600~1100년대 후기로 삼분된다. 크레타 문명은 중기에 크레타 섬에서 처음 번성하여 기원전 1400년경 격렬하게 파괴되면서 막을 내린다. 그리스 본토에서는 그보다 조금 늦은 후기에 번성하기 시작해 기원전 12세기까지 지속되다가 그리스의 모든 중심지가 연이어 황폐화되면서 종말을 맞이한다. 첫 번째 유적이 발굴된 후, 그 중심지의 이름을 따서 미케네 문명이라고 부른 것은 바로 그 마지막 시기에 속한다.

1890년대 슐리만의 보물을 보기 위해 아테네를 찾은 수많은 학자들 가운데 아서 에번스라는 영국 학자가 있었다. 그는 미케네인이 이룬 문명에 감탄하면서 이렇게 수준 높은 예술품과 기념물을 낳을 정도로 여유로운 왕국의 경제 구조에 관심을 보였다. 미케네에는 천연자원이 전혀 없었다. 금광이나 은광은 물론, 달리 개발할 만한 원자재도 찾아보기 어려웠다. 그런데 미케네인이 만든 제품의 세공기술은 매우 뛰어나 당시 경제 체제가 고도의 전문성을 갖춘 전문 기능인이 존재할 만큼 큰 규모였음을 짐작하게 만든다. 에번스는 이 정도의 경제 체제라면 최소한 궁중 서기가 부기를 하는 데 사용할 문자 체계가 있었을 것이라고 생각하였다. 이와 유사한 이유로 미케네인들이 분명 글을 쓸 줄 알았을 것이라고 생각한 것이다. 하지만 미케네인의 무덤과 궁중에서는 어떤 비문도 발견되지 않았다. 이때까지만 해도 그리스 알파벳 문자는 미케네가 멸망하고 이삼백 년이 지난 뒤 페니키아로부터 차용된 것이라고 알려져 있었다.

이에 의문을 품은 에번스는 선사시대 문자의 흔적을 본격적으로 찾아 나섰고, 아테네 골동품상에서 발견한 몇몇 세공품에 주목하였다. 이들 세공품은 근동(Near East) 지역의 것과 확연히 다른 형태를 띠고 있었으며, 일부 세공품에는 문자에 가까운 기호가 무질서하게 그려져 있었다. 에번스는 이들 세공품의 흔적을 따라 크레타까지 추적해 갔다. 크레타 섬이 터키의 지배를 받고 있을 때, 그 혼란스러운 와중에도 에번스는 훗날 자신과 함께 기사 작위를 받게 될 청년 존 마이어스(John Myres, 1869~1954)와 섬을 횡단하였다. 결국 그들은 문자 유물인 인장석(seal stones, 돌 도장의 형태를 띠고 있어서 인장석 문자라고 함—옮긴이)의 기원과 관련된 증거를 입수할 수 있었다. 지금까지도 이 지방의 여인들은 인장석을 부적처럼 몸에 지니고 다니는데, 이 돌을 가리켜 '유석(milk stone, 그리스 일대에서는 지금까지도 이 돌을 지니고 있으면 젖이 잘 나온다고 믿고 있음—옮긴이)'이라고 부른다. 이러한 과정을 통해 에번스는 그리스의 초기 문자를 최초로 확인하는 성과를 거두었다.

　하지만 이것만으로는 충분치 않았다. 세공품에 새겨진 몇몇 기호를 문명국가 단계에 돌입한 부기의 증거로 보기에는 다소 무리가 따랐던 것이다. 이번에는 에번스가 직접 발굴에 나섰다. 1900년 크레타가 터키의 지배를 벗어나 왕래가 자유롭게 되자, 에번스는 크노소스(Knossos)라는 이름으로 널리 알려진 고대 도시를 발굴하기 시작하였다. 호메로스의 말에 따르면 크노소스는 신화 속 제국의 수도이자 영지로서 매우 중요한 의미가 있는 곳이었다. 에번스의 첫 번째 목표인 문자의 발견은 빠르게 실현되었다. 1900년 3월 30일, 발굴을 시작한 지 불과 일주일 만에 첫 번째 점토판을 발견한 것이다. 하지만 계절이 거듭 바뀌고, 복잡한 유적을 정리하는 과정에서 에번스는 처음 점토판을 발견하였을 때의 흥분을 잊어버렸다. 그의 열정이 새로운 이론을 구상하게 만든 것이다. 크레타 문명은 그리스 문명에 비해 비교가 안 될 만큼 앞서 있었으며 청동기시대 후기 무렵에도 여전히 그러하였다. 전설에 따르면 아테네는 크레타의 미노스(Minos) 왕에게 복속되어 있었다. 크레타에는 그리스인을 노예로 삼을 만큼 앞선, 이질적인 문명이 존재하였던 것이다. 크레타에 복속된 아테네는 해마다 미궁(미노스 왕의 부인 파시파가 하얀 소와 관계를 맺어 머리는 소이고 몸은 사람인 괴물 미노타우로스를 낳자, 미노스 왕이 다이달로스에게 괴물을 가둘 미궁을 만들게 함―옮긴이) 속에 갇혀 있는 괴물에게 제물로 바칠 처녀와 총각을 보내야 하였다. 이 전설처럼 미궁은 매우 크고 복잡한 구조로 되어 있으며, 미노스 왕은 괴물처럼 잔인한 군주였던 것 같다. 이를 근거로 신화 속 통치자의 이름을 따 미노아인이라고 불리는, 그리스와 별개의 크레타 문명 이론이 탄생하였다. 크레타와 그리스 본토 간의 예술 및 건

〈그림 1. 미케네 문명의 주요 지역, 선형문자 B와 관련된 장소들〉

축의 유사성은 그리스가 크레타의 속주였기 때문이라고 설명하고, 훗날 미케네의 번영은 왕의 도시(mother city)를 파괴하고 지배하는 식민지 반란의 과정으로 설명하였다.

그리스 선사시대를 연구하는 세 번째 방법은 그리스어를 연구하는 것이다. 이 방법으로는 과거를 정확히 이해하는 데 다소 어려움이 따른다. 따라서 오늘날에도 자주 간과되곤 한다. 기원전 8세기경 가장 초기 형태의 알파벳 문자가 등장할 무렵, 그리스 전역에서는 아무리 작은 도시국가라도 자신만의 고유한 방언을 사용하고 있었다. 이는 영어를 사용하는 모든 나라들이 입말(spoken language)뿐만 아니라 글말(written language)에서도 자신만의 독특한 언어 형식을 사용하는 것과 동일하다. 하지만 그리스 방언이 조금 다르다고 하더라도 완전히 다른 것은 아니기 때문에 의사소통을 하는 데는 전혀 지장이 없었다. 즉 각 지역의 방언은 산과 바다를 경계로 나누어진 동일한 언어의 조각들인 것이다. 이들 방언은 크게 네 어족(語族)으로 분류되는데, 지리적 분포와 꼭 들어맞지는 않는다. 전혀 다른 방언이 국경을 맞대고 있는가 하면 같은 방언이 멀리 떨어져 있기도 하다. 이를 근거로 다음 두 가지 결론을 유추할 수 있다. 모든 그리스어는 동일한 조상 언어에서 파생되었다. 즉 어느 날 언어 통일체가 와해되면서 독자적으로 사용하는 방언이 등장하였고, 이후 역사시대에 돌입하면서 이들 집단의 각 지역 방언이 더욱 발전한 것이다.

이제 우리는 어느 정도 확신을 가지고 이러한 사실을 고고학적 현상에 적용할 수 있게 되었다. 예전에는 주요 방언 가운데 최소한 세 가지 정도가 침략자의 이동에 따라 그리스 바깥에서 유입된 것으로 보았다. 이러한 주장은 최근의 연구 성과에 의해 뒤집혔는데, 현재는 방언의 분화가 그리스인들이 발칸 반도에 진출한 직후부터 시작되었을 가능성이 높은 것으로 보고 있다. 그리스인이 발칸 반도에 진출한 시기는 청동기 초기와 중기 사이, 즉 고고학적 분기점인 기원전 1900년경과 어느 정도 일치한다. 대부분의 유적지에서 이 시기의 것으로 보이는 흔적들이 많이 발견되고 있다. 일반적으로 새로운 문화는 이전의 문화와 완전히 다른 양상을 보이므로 구분하기 어렵지 않다. 고대 그리스인의 마지막 이동은 가장 뚜렷하게 구분된다. 역사상 기원전 13~12세기경에 주요 어족 중 하나인 도리아인(Dorian)은 미케네의 주요 지역을 대부분 차지하였다. 그 결과 그리스 북서부 지역인 에피루스(Epirus)부터 시작해 펠로폰네소스 반도 서쪽 해안을 따라 내려오면서 거대한 호(弧)를 그리며 크레타 섬을

〈그림 2. 기원전 400년경 고대 그리스 방언 분포도〉

지나 도데카네스(Dodecanese) 제도의 로도스(Rhodes) 섬과 코스(Cos) 섬까지 도리아어 방언이 퍼져나갔다. 도리아인은 호의 안쪽으로 그리스 중부 지역인 델포이(Delphi)까지 침투하였고, 산악 지역 중심부인 아르카디아(Arcadia)를 제외한 펠로폰네소스 반도 전역을 차지하였다. 아르카디아는 지리적인 특성 때문에 도리아어에 영향을 받지 않고 끝까지 독자적인 언어를 보존할 수 있었다. 에게 해 중앙에 위치한 섬들과 코린토스 지협 북쪽에 인접한 그리스 본토의 동쪽 해안도 도리아어의 직접적인 영향을 받지 않았다. 도리아인의 정복 전설에도 잘 나타나 있듯이, 도리아인의 이

동이 미케네 문명을 붕괴시킨 원인이 되었을 가능성은 매우 높다. 물론 미케네의 붕괴 원인이 외부에 있고, 도리아인은 단지 기존의 정치적 공백을 매우기만 하였을 수도 있다.

이처럼 언어학적인 관점에서 볼 때, 미케네어를 그리스어로 볼 만한 이유는 충분하다. 일찍이 슐리만도 그렇게 주장하였다. 하지만 전문가들은 보다 신중한 입장을 취하였고, 미케네의 기원에 대해 다양한 이론을 제기하였다. 해독이라는 관점에서 볼 때, 그들이 제기한 이론은 유효하지 않지만, 1952년까지의 연구 성과를 제대로 평가하기 위해서는 참고할 필요가 있다. 방언과 관련해 가장 중요한 사실은 펠로폰네소스 반도 중부 고립 지역, 즉 아르카디아 방언이 지리적으로 멀리 떨어져 있는 키프로스(Cyprus) 방언과 밀접한 관계가 있다는 점이다. 고고학적 증거에 따르면 키프로스는 기원전 14~13세기 무렵 미케네인에 의해 식민지화되었다. 따라서 아르카디아어와 키프로스어 둘 다 도리아인이 그리스로 진출하기 전 펠로폰네소스 반도 전역에 사용된 미케네 방언의 흔적을 지니고 있음이 거의 분명하다. 이런 추론은 미케네 문자를 그리스어로 해독하려는 시도에 매우 중요한 근거를 제공하였다. 다시 말해 아르카디아 방언이 고대 그리스 문자를 해독할 수 있는 열쇠가 된 것이다.

이제 에번스가 크레타 섬에서 찾아낸 문자 유물과 다른 곳에서 발견한 문자 유물을 비교해 보자. 에번스는 자신이 이름 붙인 미노아 문자의 변천 과정을 다음 세 단계로 구분하였다.

대략 기원전 2000~1650년경에 사용된 것으로 추정되는 가장 앞선 시기의 미노아 문자는 머리와 손, 별, 화살 등의 사물을 나타내는 그림문

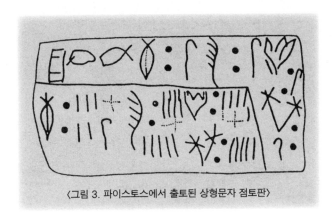

〈그림 3. 파이스토스에서 출토된 상형문자 점토판〉

자의 형태를 띠고 있다. 에번스는 이러한 인장석(seal stones) 문자를 점토
판을 비롯하여 점토 막대에서도 일부 발견하였다. 그는 이들 문양을 '상
형문자'라고 불렀는데, 이 기호들이 이집트 초기 그림문자와 유사한 형
태를 띠었기 때문이다(학계에서는 아직 두 문자의 유사성을 인정하지 않음―옮
긴이). 하지만 이 문자가 실제로 이집트에서 유입되었는지는 확인할 길이
없다. 〈그림 3〉은 파이스토스(Phaistos)에서 출토된 상형문자 점토판이다.
이와 유사한 선형문자 B 점토판과 비교해 볼 때, 이들 문양은 아마도 네
가지 품목, 즉 밀과 기름, 올리브, 무화과의 양을 기록한 것으로 보인다.
자료가 턱없이 부족해 정확하게 해독하기는 어렵지만, 체계적인 유사성
을 고려할 때, 그 다음 단계 문자의 기원과 밀접한 연관이 있음을 알 수
있다. 상형문자 다음 단계의 문자는 대략 기원전 1750~1450년경에 등
장한 것으로 추정되는데, 그보다 이른 시기에 사용되었을 수도 있다. 보
다 단순한 형태로 변형된 그림문자를 에번스는 '선형문자 A(Linear A)'라
고 이름을 붙였다. 선형문자 A의 필사 방향은 왼쪽에서 오른쪽으로 진행
한다. 선형문자 A 문자 유물은 크레타 섬 전역에서 발견되었는데, 멜로스

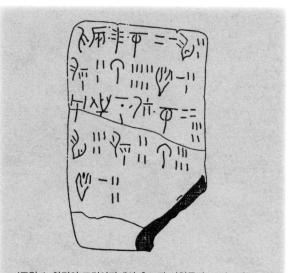

〈그림 4. 하기아 트리아다에서 출토된 선형문자 A 점토판(114)〉

(Melos) 섬과 테라(Thera) 섬에서 출토된 항아리에 새겨진 도문(匋文)을 제외하면 크레타 섬 바깥에서는 전혀 발견되지 않았다. 항아리 외에 석제와 청동제 유물에서도 다수의 문양이 발견되었는데, 그 문양을 선형문자 A로 보기에는 다소 부족한 점이 있다. 하지만 단일 규모로 최대량인 150여 개의 점토판이 파이스토스에서 불과 몇 킬로미터 떨어지지 않은 궁전에서 출토되었다. 이곳은 옛 지명이 없어 인접한 하기아 트리아다(Hagia Triada, 성삼위 일체) 예배당의 이름을 따서 하기아 트리아다 궁전이라고 불린다. 이들 점토판의 내용은 주로 농산물에 대한 기록이 틀림없다. 〈그림 4〉는 이들 점토판 중 하나이다.

아직은 정확한 시기를 알 수 없지만, 선형문자 A는 어느 시기에 이르러 변형된 문자로 교체되었다. 에번스는 이를 '선형문자 B(Linear B)'라고 불렀다. 이날은 분명 기념비적인 날이라고 할 수 있다. 하지만 유감스럽게도 선형문자 B는 지금까지도 크레타 섬의 오직 한 장소에서만 발견된다. 선형문자 B를 사용한 기록물은 후기 미노아 문명 제2기의 궁전이 파괴된 시기인 기원전 1400년경으로 추정되는데, 이 시기에 선형문자 A가 폐기되었는지는 분명치 않다. 이와 관련하여 파이스토스에서 출토된 선형문자 A와 크노소스에서 출토된 선형문자 B의 사용 시기가 겹친다는 주장이 제기되었다. 하지만 고고학적으로 접근한 상대적 연대 추정 방식은 충분히 믿을 만하지 못하다. 시기가 겹친다는 사실을 받아들이기 어려운 것이 아니라, 아직은 검증되지 않은 가설일 뿐이라는 것이다. 지금까지 확인된 사실에 근거해 볼 때, 선형문자 A는 기원전 1450년경에 사라진 것으로 볼 수 있다.

선형문자 A와 선형문자 B 사이의 관계는 초기 그림문자를 보다 쉽게 쓸 수 있도록 간단하게 변형시킨 것 이상으로 복잡하다. 몇 가지 사례를 살펴보면 선형문자 B의 형태는 그에 대응하는 선형문자 A보다 훨씬 정교하고 복잡하다. 이에 근거하여 에번스는 선형문자 B가 "왕실에서" 궁중 서기들에 의해 발달하였으며, 오직 크노소스에서만 사용된 철자법이라고 주장한다. 그러나 현재는 그리스 본토에서 선형문자 B의 존재가 확인됨으로써 이 견해가 틀린 것으로 판명되었다. 또한 발견 당시에는 생각지도 못하였겠지만, 이제 우리는 선형문자 B가 그리스어를 기록하기 위해 미노아 문자를 적절히 변형시키는 과정에서 발생한 것이라는 사실을 알고 있다. 물론 그렇다고 하더라도 이는 부분적인 설명에 지나지 않는다. 기본적으로 새로운 언어를 기록하기 위해 구태여 기호의 모양을 바꿀 이유는 없기 때문이다. 필요에 따라 몇 가지 기호를 더하거나 빼고 음가를 바꾸는 것만으로도 충분하다. 예컨대 프랑스어는 영어와 동일한 알파벳을 사용하면서 추가로 *à*와 *ê*를 더하고, *k*와 *w*를 뺐으며, 몇몇 알파벳의 음가는 영어와 다르다. 선형문자 A와 선형문자 B의 차이점은 그리스 알파벳과 로마 알파벳 사이의 관계와 비슷하다(예를 들어 A와 B는 철자가 같지만 영어의 G와 D는 Γ와 Δ로 다르게 표기한다). 이러한 1:1 대응 비교를 동일 기호가 다른 음가를 갖는 경우(그리스 문자 X의 음가는 *kh*로, 로마 문자 X의 음가는 *x*로 발음한다)로까지 확대할지 여부가 선형문자 A를 해독하는 데 결정적인 역할을 하는 것은 아니다. 지금까지 선형문자 A를 해독하는 과정에서 선형문자 A를 선형문자 B에 대응하는 시도가 수차례 이루어졌지만 만족할 만한 성과를 거두지 못하였다는 점에 주목할 필요가 있다. 이처럼 두 문자의 연관성을 확인하는 과정에는 억측이 개입될 수밖에 없었다. 어쩌면 두 문자의 차이는 선형문자 B를 문자로 처음 채택하였을 때와 문자로 처음 기록하였을 때 사이에 모종의 발전 과정이 개입된 것일 수도 있다. 최초의 것으로 알려진 문서가 실제로 크레타인의 것이 아닐 수도 있다.

언뜻 보면 비슷해 보이지만, 전문가의 눈에는 두 문자 간에 뚜렷한 차이점이 발견된다. 가장 확실한 차이는 선형문자 B 점토판에서 행을 구별하기 위해 사용하는 행 경계선(guide lines, 행과 행 사이를 구분한 가로줄─옮긴이) 또는 행 경계 규칙(guide rules)이 선형문자 A에는 사용되지 않는다는 점이다. 이보다 더 큰 차이점은 숫자 체계에서 발견된다. 다른 부분은 매우 유사한데, 분수 표시 방법이 전혀 다르다. 선형문자 A에서는 불완전하지만 분수 체계를 사용하였다. 하지만 선형문자 B에서는 그러한 역할을 하는 기호를 찾아볼 수 없고, 분수의 양을 더 작은 단위로 환산해 표시한다. 즉 파운드를 실링이나 펜스로, 달러를 센트로, 톤을 헌드레드웨이트(Hundredweight)나 쿼터, 파운드로 보다 작은 단위로 환산하여 표기하는 것이다. 1950년 에밋 베넷 주니어(Emmett L. Bennett Jr.) 교수는 이러한 도량형의 차이를 놀라우리만치 명료하게 입증하였다.

선형문자 A와 B 사이의 차이점에 주목한 베넷은 사실상 에번스의 견해를 정면으로 반박한 것이나 다름없다. 1945년 선형문자 A에 대한 탁견을 시리즈물로 펴낸 이탈리아 학자 조반니 카라텔리(Giovanni P. Carratelli, 1911~2010) 교수도 베넷의 주장을 지지하였다. 베넷의 이론에 따르면 두 언어의 체계는 동일하며, 새로운 문자는 나중에 개량되는 과정에서 생겨난 것으로 볼 수 있다. 이는 예전에 독일에서 인쇄용 활자로 투박한 '고딕체'를 사용하다가 현대적인 '로마체'로 대체한 것과 같다. 하지만 여전히 두 언어의 동일성에 대한 증거는 극히 빈약하다. 음절의 길이와 상관없이 동일한 낱말을 찾기가 어렵다. 단지 둘 또는 세 개의 기호로 구성된 몇몇 낱말이 동일하게 나타나고, 어두와 어미가 비슷한 것들이 발견될 뿐이다. 결국 두 문자 체계를 전체적으로 평가하는 과정에서 동일한 언어가 아니라는 결정적인 증거가 나왔다. 이는 뒤에서 자세히 논의할 것이다(72쪽 참조). 다시 말해 전체 체계를 놓고 보면 선형문자 A와 B 사이에는 유사성이 발견되지 않는다.

크노소스에서 출토된 대부분의 점토판은 선형문자 B로 기록되어 있으며, 지금까지 확인된 점토판의 수만 해도 3,000~4,000개가량 된다. 물론 그 안에는 파편도 다수 포함되어 있다. 이들 점토판은 고고학적으로 후기 미노아 문명 제2기로 분류되는 시기에 건축된 궁전에서 출토되었는데, 이 궁전은 기원전 15세기 말엽에 이미 화재로 소실되었다. 일반적으로 미노아인은 목재를 사용해 궁전을 건축하였으며, 석제 벽조차 목재

들보를 이용하여 연결하였다. 이는 구조적으로 중세시대 들보 방식과 비슷하다. 이런 방식으로 건축을 하면 건물에 유연성이 생겨 지진에 강하다. 하지만 일단 불이 나면 불길이 걷잡을 수 없을 만큼 맹렬하게 확산된다는 단점이 있다. 이와 관련하여 실제로 궁전에 화재가 발생하였을 때, 건물은 소실되었지만 그 덕분에 수많은 점토판들은 자기(磁器)처럼 단단히 구워져 내구성이 강해졌다. 아나톨리아(Anatolia)와 동부 지역을 제외하고 에게 해 일대에서는 결코 의도적으로 점토판을 굽지 않았다. 점토판을 필요한 모양으로 빚어 글을 새긴 다음 자연스럽게 마르도록 두었을 뿐이다. 여름날 점토판은 몇 시간만 지나면 보관하기 알맞은 상태로 굳고, 일단 굳어지면 더 이상 문자를 기록할 수 없었다. 한 번 사용한 후에 더 이상 필요하지 않게 된 점토판은 물에 넣어 '질퍽하게' 만든 후 다시 사용하였다.

일반적으로 점토판은 모양이 매우 평범하며 투박하다. 대개 옅은 회색빛을 띠지만, 일부는 굽는 동안 점토판에 흡수된 산소가 산화되어 화사한 적갈색을 띠기도 한다. 점토판의 크기는 작은 도장이나 물표(labels)처럼 2.5센티미터 남짓한 작은 형태에서부터 가로 25센티미터에 세로 12.5센티미터 크기의 두꺼운 책장(page-shaped) 형태까지 다양하다. 일반적으로 점토판은 부서지기 쉬운 상태로 발견된다. 이 때문에 에번스는 난처한 일을 당하기도 하였다. 새로 발굴한 점토판을 넣어둔 창고에 밤새 비가 새어들어 다음날 아침 점토판이 뭉개진 진흙덩이로 발견된 것이다. 그 후로 그런 일은 두 번 다시 일어나지 않았다. 점토판을 흙 속에서 찾아내는 일은 결코 쉬운 일이 아니다. 하지만 초기 발굴자들 가운데 몇 사람은 쓸모없는 흙덩이로 여겨 멀리 던져버렸을 수도 있다.

크노소스에서 다량의 점토판이 출토되자 에번스는 점토판에 담긴 수수께끼를 풀 수 있을 것이라는 희망에 부풀었다. 1901년에 작성한 최초의 기록에도 나타나듯이 그는 점토판에 새겨진 기호들을 문자라고 확신하였다.

이들 점토판에 새겨진 암호의 빈도수를 고려할 때, 이들 대부분은 왕실 창고 및 병기고 관리를 위한 회계장부임에 틀림없다. 점토판에 기록된 대략적인 내용의 요지는 대부분 도입부에 새겨 놓은 하나 또는 그 이상의 그림문자를 보면 알 수 있다. 예컨대 전차 점토판의 방(*Room of the Chariot Tablets*)이라고 부르는 곳에서 나온 전차 점토판에는 전형적인 미케네 전차의 그림(말 머리와 갑옷으로 추정되는 그림)이 새겨져 있다. ……도입부에 사용된 그림 중에는 노예인 듯한 사람의 모습을 비롯하여 집 혹은 창고, 돼지, 옥수수, 다양한 종류의 나무들, 사프란, 점토 그릇 등이 포함되어 있다. ……이 외에도 삽이나 외날 도끼와 같은 금속제 도구를 비롯하여 형체를 알아보기 힘든 물건들이 담긴 항아리도 있다.

아직 자료가 충분치 않기 때문에 가능한 한 일반적인 비교 진술 이상으로 판단하는 것은 바람직하지 않다. 그런데 일상적으로 사용된 선형문자 70여 개 가운데 10개는 키프로스 음절문자표(41쪽 참조)에 사용된 기호와 동일하다. 또한 이와 비슷한 수의 기호가 후대 그리스 문자와 형태가 유사하다. ……점토판에 사용된 단어들은 세로선(*up-right lines,* 가로줄은 행 경계선으로 사용하였고, 세로줄은 내용 경계선으로 사용하였음—옮긴이)을 경계로 일정하게 분할된다. 평균 문자수로 보아 기호에 음절 값이 포함되어 있다고 추론할 수 있다. 아울러 문자는 왼쪽에서 오른쪽으로 기록한 것으로 보인다(아테네 영국학회 연감 제4권, 57~59쪽 참고).

하지만 에번스는 선형문자를 해독하기 위해 특별한 계획을 세우지는 않았던 것 같다. 그의 주장은 대부분 논리적으로 적절하였지만 정리되지 않은 채 뒤엉켜있는 관찰 결과에 지나지 않았다. 또한 에번스는 방법론적 절차도 전혀 정하지 않았다. 단지 에번스는 매우 의욕적으로 점토판 명문(銘文)을 다룬 '미케네' 문자 특별판을 출판하도록 옥스퍼드대학교 출판부(Clarendon Press)를 설득하기에 바빴다. '미노아'라는 이름은 훨씬 나중에 채택되었다. 이 판본은 계속 증보되었지만, 선형문자 B에 관한 책으로 만족스러운 수준은 아니었다. 이 책에 실린 대부분의 문자들은 한 문자를 아무런 의미 없이 단순히 변형시킨 것에 지나지 않았다. 크레타 섬 바깥에서 새로운 기록물이 발견된 후에야 문자 목록이 보다 다양해졌다. 지금까지 선형문자 B를 다룬 몇 안 되는 책들은 대개 일반적인 필사본인데, 이것들은 사진만큼이나 정밀하게 전사되었다.

『미노아 문자 I (Scripta Minoa I)』이라는 제목으로 미노아 명문을 다룬 책이 1909년에 출판되었다. 이 책은 주로 미노아 상형문자를 다루고 있는데, 제2권과 제3권에서 다룰 선형문자에 대해서도 간접적으로 언급하고 있다. 에번스는 그 후로 몇 년간 출판 준비 작업에 들어갔다. 이를 두고 그의 출판에 대한 열정이 시들해진 것으로 보는 사람들도 있었다. 제1차 세계대전이 발발하고, 실제로 출판 계획이 폐기되지는 않았지만 그보다 더 중요하고 긴급한 일에 우선순위가 밀린 것은 사실이었다. 꼬리에 꼬리를 물고 이어지는 크노소스 궁전에 대한 전체 이야기를 기록할 뿐만 아니라, 이에 근거하여 미노아 문명을 정의 내리려는 시도가 바로 그것이다. 이 구상에서 선형문자는 단지 작은 부분에 불과하였고, 또한 어쩌면 선형문자 해독에 대한 실질적인 진전이 없어 불만족스러운 부분도 없지 않았을 것이다. 안타깝기는 하지만 현재 지식에 비추어 볼 때, 모든 자료를 즉시 이용할 수 있었더라도 선형문자 해독에 성공하였을 가능성은 매우 낮다. 하지만 제때 책을 출판하였더라면 조금이라도 시간을 앞당겨 일부 진전이 있었을 것이고, 그 후로 50년간 무익한 공론을 벌이는 일도 피할 수 있었을 것이다.

소수의 점토판이 초기의 발굴 기록과 함께 공개(사실 에번스는 다른 학자들이 자신보다 먼저 선형문자 B를 해독할 수 없도록 자신이 발굴한 점토판을 일체 공개하지 않았음—옮긴이)되었다. 이후 1935년에 미노아 궁전에 대한 방대한 연구 결과가 4권의 책으로 출판되면서 총 120개의 점토판이 공개되었다. 대략 같은 시기에 핀란드 학자 요하네스 순드월(Johnanes Sundwall, 1877~1966) 교수는 크레타 섬을 방문하여 38개의 점토판을 에번스에게 허가를 받지 않고 전사하여 책으로 출판하였다. 그는 선형문자의 중요성을 지적하면서 매우 흥미로운 의견을 제시하였지만 순드월의 행위는 타인의 권리를 침해한 것으로 에번스의 불만을 샀다. 무엇이든지 그것을 처음 발견한 사람에게 권리가 주어진다는 것은 고고학계의 묵시적인 관례이었기 때문이다. 이 관례는 매우 합리적인 것이지만, 최초 발굴자가 출판을 지나치게 미룬다거나 다른 학자에게 연구를 위임하지 않을 경우 불합리한 일이 발생할 수도 있다. 이런 경우가 드물긴 하지만, 고고학자들 사이에 국제적인 공조 정신이 정착된 오늘날에도 전혀 일어나지 않는 일은 아니다.

결국 에번스는 독일이 크레타 섬을 점령하였다는 소식이 들려오던

1941년 중순에 90세를 일기로 세상을 떠났다. 크노소스에 있던 그의 저택, 빌라 아리아드네(Villa Ariadne)는 크레타 섬의 독일군 지휘본부가 되었다. 미노아 문자 II (*Scripta Minoa* II)는 에번스의 노트 그대로 정리되지 않은 채 미완성 상태로 남았다. 그러다가 에번스의 오랜 친구이자 동료였던 존 마이어스(John Myres) 경이 때마침 출판 작업을 재개하였다. 당시 마이어스는 옥스퍼드대학교 교수직을 은퇴한 상태였으며, 은퇴 후 대부분의 시간을 이 힘들고 대가 없는 작업에 전념하였다. 하지만 아무리 옥스퍼드대학교 출판부라고 하더라도 힘든 전후 시기에 아무도 읽을 수 없는 문자와 언어를 다루는 난해한 책을 흔쾌히 출판할 여력은 없었다. 이로써 선형문자 A 명문을 출판하려던 계획은 곧 폐기되었다. 비슷한 내용의 책이라면 조반니 카라텔리 교수에 의해 이미 출판되었기 때문이다. 당시 선형문자 B 점토판들은 이라클리온(Iraklion, 크레타 섬의 가장 큰 도시—옮긴이) 박물관에 있었다. 이제 마이어스는 그리스를 다시 방문하기에 너무 늙고 쇠약하였다. 1950년까지만 해도 그곳 정세가 박물관을 다시 운영할 만큼 평화롭지 못하였다. 전쟁기간 동안 일부 소장품이 훼손되기도 하였다. 이제 이라클리온에는 새로운 박물관을 이끌어갈 사람이 필요하였다.

  마이어스는 자신의 일을 대신 맡아줄 사람을 구하였다. 미국인 앨리스 코버(Alice E. Kober, 1906~1950) 박사와 에밋 베넷(Emmett L. Bennett, 1918~2011) 박사가 선뜻 마이어스의 뜻에 따라 작업을 진행하였다. 하지만 체계적인 점검을 하기에는 이미 때가 늦었다. 1952년 『미노아 문자 II』가 출판된 후 상당한 시간이 지난 뒤에야 이 작업이 얼마나 중요한지 분명해졌다. 마이어스는 온갖 어려움에도 불구하고 출판을 강행한 데 대해 찬사를 받아 마땅하다. 그는 에번스의 필사본과 그림에 의지할 수밖에 없었다. 하지만 그 정밀도는 기대에 크게 못 미쳤다. 그렇다고 에번스를 비난할 수도 없다. 생소한 문자를 정확하게 필사하는 것은 매우 어려운 일이기도 할 뿐더러, 어쨌든 그 일은 에번스의 조수들이 맡았기 때문이다.

바로 이때쯤 새로운 발견으로 인해 문제의 성격이 바뀌게 된다. 이들 발견에 대해서는 다음 장에서 자세히 다룰 것이다. 그 전에 미노아 문자에 대한 지금까지의 설명을 마무리 지을 필요가 있다.

크레타 문자에 대한 설명을 마무리하려면 그 유명한 파이스토스 원반(Phaistos Disk)에 대해 언급하지 않을 수 없다. 이 원반은 1908년 크레타 섬 남쪽의 파이스토스에 있는 미노아 궁전을 발굴하던 이탈리아인(이탈리아의 고고학자 루이지 페르니에르가 발견함—옮긴이)에 의해 발견되었다. 평평한 점토판을 구운 것으로 직경은 16.5센티미터 가량 되는데, 가장자리부터 중심까지 나선형으로 앞면과 뒷면 모두 촘촘하게 낯선 기호가 찍혀있다. 사용된 기호는 그림문자의 형태로 45개에 이르며, 기호를 읽는 방향은 오른쪽에서 왼쪽으로 진행한다. 이 원반의 가장 큰 특징은 제작 방법에 있다. 각 기호는 점토판에 찍어서 사용할 목적으로 만든 펀치(punch, 개별 글자를 금속에 양각으로 새긴 것을 각인쇠라고 하는데 편의상 펀치라고 부름—옮긴이)나 활자(type)를 이용하여 기록하였다. 이 모든 작업이 한 번에 완성된 것은 아닐 것이다. 또한 한 세트의 펀치 중에 일부를 필요에 따라 사용한 것으로 보인다. 이처럼 표준화된 형식을 사용하였다는 것은 조판술 및 인쇄술의 주목할 만한 발전이 뒤따랐음을 의미한다. 아무리 생각해도 45개로 구성된 펀치 세트를 단지 하나의 원반을 제작하기 위해 마련한 것이라고 보기는 어려웠다. 이렇게 유용한 발명품은 수없이 사용되었을 것이다. 게다가 빈틈없이 공간을 모두 활용한 기술은 파이스토스 원반을 제작한 사람이 숙련공이라는 사실을 암시한다. 그런데 아직까지 이러한 형태의 원반은 하나밖에 발견되지 않았다. 그동안 원반의 기호를 둘러싸고 상형문자와 관련지어 해독하려는 시도가 몇 차례 있었고, 그 결과 일부 유사점을 찾기도 하였다. 하지만 에번스의 말처럼 원반이 아나톨리아에서 유입되었다는 설이 유력하다. 더욱이 아직까지 형태나 기술면에서 파이스토스 원반과 같은 것은 고대 국가 어디에서도 발견되지 않고 있다. 당연히 해독 가능성은 전혀 없다. 그렇다고 해독을 포기한 것은 아니다. 수많은 학자들과 애호가들이 나름대로 해독을 시도하였는데, 그중 몇 가지를 다음 장에 소개하도록 하겠다.

미노아 문자에는 또 다른 지류가 있었다. 양차 세계대전을 치르는 동안, 수많은 발견이 축적되면서 청동기 중기에 키프로스에서 이와 비슷한 문자가 사용되었다는 사실이 확인된 것이다. 이를 키프로스-미노아 문자라고 한다. 이 시기의 유적은 오늘날 엔코미(Enkomi)라고 불리는 키프로스 동부 해안 도시에서 집중적으로 발견되고 있다. 이 유적지는 1957년 현재도 발굴중인데, 지금까지 발굴된 기록물은 빙산의 일각에 지나지 않을 것으로 보인다. 이곳에서는 매우 상이한 시기의 유물이 모습을 드러냈는데, 가장 오래된 것은 기원전 15세기 초반의 것으로 추정되는 점토판의 작은 파편이다. 연대 추정이 옳다면 키프로스-미노아 문자는 선형문자 B보다 시기적으로 훨씬 앞선다. 기호의 모양은 다른 형식의 미노아 문자와 다르지만 선형문자 A와 밀접한 연관성을 보인다. 그 다음으로 오래된 것은 기원전 12세기로 추정되는 일련의 점토판인데 보존 상태가 좋지 않다. 이들 점토판에 새겨진 가장 단순한 기호의 모양은 크레

손(hand)

별(star)

새(bird)

물고기(fish)

〈그림 5. 쐐기문자의 변화 과정〉

타 문자의 것과 거의 동일한 자형(字形)이지만, 좀 더 복잡한 기호는 크게 변형되어 선형문자의 우아하고 섬세한 직선과 곡선의 모양이 좀 더 굵직한 선과 점으로 대체되었다. 일반적으로 선형문자 B를 점토 위에 쓰기 위해서는 날카로운 첨필(stylus)만 필요한 것이 아니라 어느 정도의 기술도 필요한데, 평소 점토에만 글을 쓰는 사람이라면 이런 형태의 자형을 유지하기 어려웠을 것이다. 크레타와 그리스 본토에서는 펜이나 붓으로 종이와 같은 재료에 글을 썼기 때문에 이런 자형을 사용하는 것이 가능하였을 테지만 근동지역과 마찬가지로 키프로스에서도 주로 점토를 사용하였다면, 실제로 자형의 변형은 필연적으로 일어날 수밖에 없었을 것이다. 즉 더 굵고 무딘 필사 도구를 사용하고, 필사의 속도도 훨씬 빠르게 하며, 글자의 크기를 줄이는 것이다. 이는 점토처럼 부피가 큰 재료에는 상당히 실용적인 방식이다. 이와 거의 흡사한 변화 과정을 바빌로니아 쐐기문자(cuneiform)에서도 찾아볼 수 있다. 초기의 인식 가능한 그림문자가 나중에는 오로지 삼각형 쐐기 모양의 자형으로 간략하게 축약되었다 (〈그림 5〉 참조). 키프로스 점토판은 그저 햇볕에 말리기만 한 그리스 점토판과 달리 불에 구웠다는 점에서 일상적인 필기 재료에 변화가 있었다는 이론과 일치한다. 형태면에 있어서도 동방의 양식과 유사하다. 키프로스-미노아 문자와 비슷하면서 쉽게 구별되는 문자 형식이 시리아 연안의 고대 도시 우가리트(Ugarit)에서도 발견된다. 이 도시는 대외적으로 서신을 보낼 때 대부분 아카드 쐐기문자를 사용하는 한편, 독특한 형태의 쐐기문자 '알파벳'으로 셈어(Semitic speech)를 기록하였다. 설령 그곳에 자기 고향의 문자를 사용하는 키프로스인 거류지가 있었다고 해도 놀랄 일은 아니다. 이들 문자의 흔적은 불과 1950년대 후반에 발견되어 선형문자 B의 해독에 큰 역할을 하지는 못하였다. 이들 문자는 아직 해독되지 않았고 더 많은 자료가 발견되지 않는다면 별다른 진전이 없을 것이다.

하지만 이런 지류가 전혀 쓸모없는 것은 아니다. 실제로 선형문자 B의 해독에 커다란 역할을 한 것은 또 다른 키프로스 문자였다. 이를 표준 키프로스 문자라고 하는데, 최소한 기원전 6세기에서 기원전 3~2세기까지 그리스어를 기록하기 위해 사용한 문자이다. 이 문자는 1870년대에 영국인 조지 스미스(George Smith, 1840~1876)에 의해 해독되었다. 해독의 열쇠는 키프로스 문자를 페니키아어와 그리스 알파벳에 1:1로 대응하는 과정에서 발견되었다. 그리스어가 아닌 것을 제외한 나머지 중에 확인된 문자 체계는 〈그림 6〉과 같다. 각 기호는 하나의 기호로 하나의 음소를 표시하는 음소문자가 아니라 하나의 기호로 여러 개의 음소를 표시하는

a		e		i		o		u	
a		e		i		o		u	
ka		ke		ki		ko		ku	
ta		te		ti		to		tu	
pa		pe		pi		po		pu	
la		le		li		lo		lu	
ra		re		ri		ro		ru	
ma		me		mi		mo		mu	
na		ne		ni		no		mu	
ja						jo			
wa		we		wi		wo			
sa		se		si		so		su	
za						zo			
		xe							

〈그림 6. 키프로스 음절문자표〉

음절문자의 형태를 띠고 있다. 여기에는 단일 모음(*a e i o u*)으로 이루어진 형태와 자음과 모음의 결합으로 이루어진 형태가 있다. 자음에는 *j*(영어의 *y*), *k, l, m, n, p, r, s, t, w, x, z* 등이 사용되었는데, 이들 자음과 모음의 모든 조합이 실제로 발견된 것은 아니다. 사실 이러한 문자 체계는 그리스 어에 맞지 않는다. *k, p, t* 등과 같은 폐쇄음은 그리스어에서 세 가지 음가를 갖는다. 즉 *k*는 *k · g · kh*, *p*는 *p · b · ph*, *t*는 *t · d · th* 등으로 발음된다(그리스어를 조금 아는 사람이라면 *kh, ph, th*가 고대 그리스어에서는 lo*ch*, *ph*ial, *th*ink처럼 발음되지 않고, bloc*kh*ead, Cla*ph*am, a*t h*ome처럼 발음된다는 사실에 당혹스러울 것이

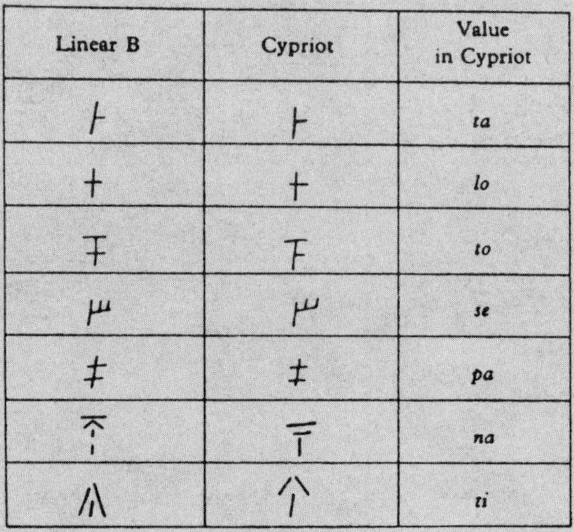

Linear B	Cypriot	Value in Cypriot
⊢	⊢	*ta*
✝	✝	*lo*
⊤	⊤	*to*
⊬	⊬	*se*
✝	✝	*pa*
𐀙	𐀙	*na*
Λ	↑	*ti*

〈그림 7. 선형문자 B와 고대 키프로스어의 표기 비교〉

다. 이는 로마인이 그리스어의 *ph*를 처음에 *p*로, 다음에 *ph*로 발음하였지만 *f*로 발음하지 않은 이유이기도 하다). 게다가 키프로스어는 (C)V 언어이기 때문에 자음군(group of consonant)이나 어말자음(final consonants)을 나타낼 수 있는 방법이 없다. 이 문제는 묵음이나 발음되지 않는 모음(unpronounced vowels)을 덧붙임으로써 해결하였다. 이는 선행 모음이나 후행 모음에서 취하였고, 어말에 *e*는 항상 사용하였다. 다른 자음 앞에 실현되는 *n*은 생략하였다. 그 결과 그리스어로 사람을 뜻하는 *anthrôpos*는 *a-to-ro-po-se*로 기록할 수 있게 된다. 이런 식이라서 그리스 알파벳 중에 특수 기호 (η, ω)로 실현되는 장모음 ē와 ō를 표기할 수 있는 방법이 없다.

고대 키프로스어는 선형문자 B와 무관하지 않다. 〈그림 7〉에 제시된 일곱 개 기호를 보면 키프로스어와 선형문자 B가 정확히 일치하며, 다른 기호에서도 다양한 유사성을 보이고 있다. 하지만 이들 기호 중 4분의 3 가량은 순전히 추측일 뿐이다. 오늘날에 와서는 그러한 추측이 사실이 아니라는 사실이 밝혀졌다. 예컨대『미노아 문자 Ⅱ』를 보면 마이어스가 그린 표에서 32개 선형문자 B 기호들 가운데 11개만 옳거나 부분적으로 옳다. 하지만 선형문자 B를 연구하는 거의 모든 연구자들은 키프로스어의 음가를 선형문자 B에 대입시키는 일부터 착수하였다. 문자 역사의 가장 초보적인 연구에서도 같은 기호가 설령 연관된 체계 내에 사용된 것이라고 할지라도 다른 소리를 낼 수 있음을 보여주는데 말이다.

키프로스어는 선형문자 B를 해독하기 위한 실마리로 이용되었는데 결국 혼선만 불러일으켰다. 선형문자 B의 철자법이 키프로스어와 유사할 것이라는 주장이 너무 쉽게 제기되었기 때문이다. 이는 중요한 추론으로 이어졌다. 즉 그리스어에서는 *s*가 가장 흔한 어말자음이고, 키프로스어에서는 *e*가 묵음이 되는, -*se*로 끝나는 단어의 비율이 높다. 현재 *se*는 선형문자 B에서 즉각 알아볼 수 있는 몇 안 되는 기호들 가운데 하나이다(〈그림 7〉 참조). 하지만 이 기호는 선형문자 B의 어말에 오는 경우가 매우 드물고 다른 기호가 이러한 특징적 분포를 보여주고 있지도 않다. 따라서 선형문자 B는 그리스어일 가능성이 희박하다는 주장이 가능하다.

이러한 결론은 에번스가 고고학적 기록에서 찾아낸 내적 증거에 근거한다. 그의 주장에 따르면 미노아 시대 크레타 문명은 미케네 시대 그리스 문명과 별개이며, 그리스어를 사용하였다는 점에서 오직 후자만이 그리스에 속한다고 말할 수 있다. 에번스와 그를 지지하는 연구자들의 영향력은 실로 엄청났다. 이 학설에 감히 의문을 제기하는 고고학자들이 거의 없었을 정도이다. 용감하게 반론을 제기한 알란 웨이스(Alan Wace)와 같은 학자는 오랫동안 그리스 발굴 작업에 참여하지 못하는 비싼 대가를 치렀다. 웨이스는 훗날 케임브리지대학교 고고학과 교수로 임명되었다. 이처럼 반대 진영의 목소리가 광야에서 울려 퍼지기 시작하고, 후기 미노아 시대 크레타의 영향력이 그리스 본토까지 미쳤다는 사실이 인정되었지만, 크노소스 궁전의 주인이 그리스어를 사용하였다는 벤트리스의 주장은 이 문제를 연구하였던 모든 사람들에게 엄청난 충격을 안겨다 주었다.

제3장

희망과 좌절

고대 문자를 해독하는 일의 성패는 해독에 필요한 자료가 충분한지, 또 얼마나 유용한지에 달려 있다. 고대 문자의 유형이나 참고 자료의 상태에 따라 더 많은 자료가 필요할 수도 있다. 따라서 아무리 적은 자료라고 하더라도 "두 가지 언어로 기록된" 문자 유물(1799년 나폴레옹 원정군이 발견한 로제타석에는 이집트 상형문자와 민용문자(이집트 상형문자의 초서체 형태―옮긴이), 그리스문자가 함께 기록되어 있어서 이집트 문자와 그리스 문자를 1:1로 대응하여 이집트 상형문자의 비밀을 풀 수 있었음―옮긴이)이 발견된다면, 즉 동일한 내용의 문장을 두 가지 문자로 기록해 놓은 자료가 있다면 해독이 훨씬 쉬울 뿐만 아니라, 다른 자료를 해독할 수 있는 단서로도 이용할 수 있다. 만약 그런 자료가 없다면 해독을 위해 더 많은 양의 자료가 필요할 수밖에 없다. 아울러 이용할 수 있는 자료의 유형에 따라서 제약이 발생하는 경우도 있다. 예들 들어 에트루리아 묘비 명문에는 수천 자의 에트루리아어가 새겨져 있지만 같은 구절이 반복되기 때문에 에트루리아어를 해독하는 데 큰 도움이 되지 않는다.

　고대 문자를 해독하는 방식에는 크게 두 가지가 있다. 한 가지는 방법론적 분석(mothodical analysis)이라는 방식인데, 이는 다음 장에서 살펴볼 예정이다. 또 다른 한 가지는 추측에 의존하는 방식이다. 추측의 방식 중에서도 이성적인 추측은 방법론적 분석에 속하며, 논리적이라고 할 수 있다. 반면에 일반적인 추측은 시행착오를 피하기 어렵다. 충분히 내적 분석을 거친 후에 이루어지는 해독과 수차례 시행착오를 거치는 가운데 이루어지는 해독 간에는 엄청난 차이가 있다. 물론 시행착오를 통해서도 올바른 해독이 가능하지만, 그 기원의 개연성을 확보하지 못하였기 때문에 새로운 자료에 적용하여 검증을 받아야 한다. 일반적으로 미해독 문자를 해독할 때는 어떻게 해독하는 것이 좀 더 바람직한지 냉철하게 판단해야 한다. 이는 오직 추측의 방식에 자신의 명예를 거는 이들에게 분명히 찾아볼 수 없는 능력이다.

　에번스와 그를 지지하였던 연구자들은 모든 연구 목록을 신중하게 검토하였고, 별다른 예외를 찾지 못하였다고 발표하였다. 어떻게 그런 결과가 나왔는지는 나중에 살펴보기로 하겠다. 이와 관련하여 몇몇 아마추어 연구자들은 독자적인 해독을 내놓았다. 대부분의 아마추어들은 미해독 문자를 추측에 의존하여 해결하려고 하였다. 이들 대부분은 선형문자 A와 B, 심지어 파이스토스 원반까지도 동일한 언어로 처리하였다. 어떤 이들은 자신이 습득한 지식이 문헌학적인 조사에 사용할 만큼 충분치 못함에도 불구하고 그리스어를 채택하여 분석을 시도하였다. 또 어떤 이들은 동족관계가 모호하거나 확실치 않은 언어를 채택하기도 하였다. 이를테면 바스크어나 에트루리아어를 후보로 삼은 것이다. 스스로 새로운 언어를 고안해낸 연구자도 있었는데, 이 방식은 어느 누구도 그것이 틀렸음을 입증할 수 없다는 장점(?)이 있었다. 불가리아의 블라디미르 게오르기에프(Vladimir Georgiev) 교수는 언어 요소를 독특한 방식으로 결합하였는데, 그가 원하는 목적에 맞으면 그리스어와 비슷하게 보이지만, 그렇지 않으면 전혀 비슷하게 보이지 않았다. 수많은 아마추어 해독자들은 대부분 키프로스 문자와의 유사성을 전제로 연구를 시작하였다.

여기에서 1950년까지 발표된 모든 연구 결과를 다루는 것은 지루할 뿐만 아니라 불필요한 일이 될 것이다. 일부 사례만 소개해도 이 문제에 얼마나 많은 이들이 그토록 끈질기게 매달렸는지 충분히 이해할 수 있기 때문이다.

제1차 세계대전이 벌어질 무렵, 체코의 베드리히 로즈니(Bedřich Hrozný) 교수는 쐐기문자로 기록된 히타이트어가 사실은 인도-유럽어족에서 기원하였다는 사실을 실증함으로써 명성을 얻었다. 하지만 로즈니의 후속 작업은 순탄치 못하였으며, 말년에는 자신이 알고 있는 모든 미해독 문자에 도전을 시도하였다. 인더스 문자(인도 북부 지역의 선사시대 문자)는 쉽게 '풀렸다'. 이후 그는 연구 방향을 미노아 문자로 돌려 1949년에 방대한 논문을 발표하였다(Bedřich Hrozný, *Les inscriptions Crétoises, Essai de déchiffrement*, 1949 참고). 로즈니는 필로스에서 발견된 일부 자료를 대상으로 당시에 발표된 모든 글을 모아 별다른 검토 없이 해독을 시작하였다. 그는 미노아 문자를 다른 문자와 비교하는 방식을 채택하였는데, 여기에는 고대 키프로스 문자를 비롯하여 이집트 문자, 히타이트 상형문자, 인더스 계곡 문자, 쐐기문자(점토판에 갈대 등으로 만든 뾰족한 필사 도구로 찍어낸 모양이 쐐기와 같다고 해서 유래한 말—옮긴이), 페니키아 문자 등 초기 알파벳 문자들이 모두 포함되었다. 이들 문자 가운데 선형문자 B의 특정 기호와 비슷해 보이는 것을 찾기란 그리 어렵지 않았다. 하지만 로즈니가 비슷하다고 제시한 기호들 가운데 일부는 지나치게 억지스러웠다. 사실 이러한 방식을 인정받으려면 선형문자 B가 히타이트어와 유사한 인도-유럽어족이라는 것부터 밝혀야 한다. 만약 그렇지 않으면 그가 시도한 음가의 단순 대치 방식은 전혀 쓸모가 없는 것이 될 수밖에 없기 때문이다. 다음은 그가 필로스의 고대 문자를 해독한 내용이다(로즈니가 프랑스어로 작성한 논문의 영역본 참고).

Place of administration Ḫataḫuâ: the palace has consumed all(?)

Place of administration Saḫur(i)ṭa (is) a bad(?) field(?): this (delivers in) tribute 22(?) (measures), 6 T-measures of saffron capsules(304쪽)

이 문장의 의미는 다음과 같다. "밀 21.6유닛은 제사장과 왕(key-bearers), 귀족들(Followers), 웨스트레우스(Westreus)에게 그 임차권이 있다."

로즈니의 방식은 너무 자의적이고 제멋대로여서 어느 누구도 그것을 진지하게 받아들이지 않았다. 이런 일이 학계에서 너무 자주 일어난다는 것은 참으로 슬픈 일이다. 존경받는 노학자가 원숙함에 걸맞지 않게 노망에 가까운 작업을 하고 있을 때, 주위에 있는 친구나 제자들 가운데 그 사실을 지적해 줄 용기를 가진 이가 전혀 없었던 것이다.

1931년 옥스퍼드대학교 출판부에서 『바스크어에서 미노아어까지(Through Basque to Minoan)』라는 제목의 얇은 책 한 권이 출판되었다. 책의 저자인 프랭크 고든(Frank G. Gordon)은 "바스크어와 미노아어가 밀접한 관계에 있다고 여겨 바스크어를 미노아어 문자에 적용해" 미노아어를 해독하려고 하였다. 고든이 바스크어를 채택한 이유는 미노아어가 인도-유럽어족이 아니듯이 바스크어 또한 역사시대에 소개되지 않은 채 유럽에서 살아남은 유일한 비인도-유럽어족 언어이기 때문이었다.

그의 방식은 아마추어 연구자들 사이에서 인기가 있었다. 다소 유사성이 떨어지더라도 처음에 각 기호는 하나의 사물로 인식되고, 추측되는 언어로 이름을 붙여 해독하는 것이다. 고든은 각 기호가 한 단어를 가리킨다고 결론을 내리고 연구를 마쳤다. 다른 연구자들은 '아크로폰의 원리(acrophonic principle, 이웃 나라의 문자를 활용하여 의미는 버리고 첫소리만 차용하여 문자를 만든 원리ー옮긴이)'를 적용하여 더욱 진보된 견해를 내놓았다. 즉 각 기호가 오직 단어의 첫 부분 또는 첫 글자를 나타낸다고 본 것이다.

고든도 이 방식을 이용하여 크노소스에서 발견된 문자들을 엘레지 풍의 시로 해독하였다. 그는 편의에 따라 기호들을 왼쪽에서 오른쪽으로 또는 오른쪽에서 왼쪽으로 읽어갔고, 심지어 어떤 점토판은 거꾸로 읽기도 하였는데, 이로 인해 전차가 그려져 있는 점토판을 "두 개의 다리가 달린 타원형의 단지가 비스듬하게 기울어져 물이 흘러나오는" 것으로 잘못 해독하기도 하였다. 파이스토스 원반의 경우에는 정도가 더 심하였다. 그가 시도한 해독은 다음과 같다.

……왕이 언덕길을 가볍게 오르고 있었다. 하늘에서는 별이 쏟아지고, 바닷가에서는 파도가 출렁이고, 낮게 깔린 거품 사이로 상어가 비쳤다. 왕이 말을 타고 가는데(또는 바위 위에 걸터앉아 있는데), 그 뒤를 따

르던 개가 항아리를 걷어차는 바람에 포도주가 모두 쏟아져버리고……
(55~56쪽)

　같은 해 또 하나의 비슷한 시도가 있었는데, 멜리언 스타웰(F. Melian Stawell) 여사의 『크레타 문자의 실마리(*A Clue to the Cretan Scripts*, 1931)』가 그것이다. 스타웰은 앞에서 언급한 아크로폰의 원리를 이용해 파이스토스 원반을 비롯하여 다수의 상형문자와 일부 선형문자 A로 기록된 글을 검토하였다. 그런데 그녀는 몇몇 상투적인 문구를 제외하고 선형문자 B 점토판은 해독하지 않았다. 선형문자 B로 기록된 점토판은 일종의 목록으로서 그 의미가 분명치 않다고 생각하였던 것이다.

　스타웰은 에번스와 생각이 달랐다. 즉 미노아어가 사실상 그리스어였다는 가정에서 연구를 시작한 것이다. 그녀는 그리스어로 이름을 붙이고, 그것을 축약해 음가를 추출하는 식으로 새로운 단어들을 고안해냈다. 실례로 파이스토스 원반에 기록된 각 기호 무리는 분명히 한 단어임에도 불구하고 *an-sa-kŏ-tĕ-re*처럼 한 구절로 확장되었다. 스타웰에 따르면 이 구절은 그리스어로 다음과 같은 과정을 거쳐 해독된다.

　　Ana, Saō; koō, thea, Rē
　　Arise, saviour! Listen, Goddess, Rhea!
　　일어나라 구원자여! 들어라 여신 레아여!

　스타웰은 그리스어의 기원을 그리 오래지 않은 것으로 내다보았다. 아마도 고대 그리스어를 전혀 몰랐던 것이 분명하다. 그녀의 시도는 매우

자의적이라는 점에서 이전의 아마추어 연구자들과 별반 다르지 않았다.

　그리스 학자 콘스탄티노스 크티스토폴로스(Konstantinos D. Ktistopou-los)도 파이스토스 원반의 해독을 시도하였다. 점토판에 사용된 각 기호의 빈도와 관련하여 그가 매우 유용한 통계 작업을 수행하였다는 점은 높이 평가해야 한다. 하지만 다음 사례에서처럼 그는 파이스토스 원반을 셈어(Semitic language)로 해독하는 오류를 범하였다.

> 지고의(Supreme) – 권좌(權座)의 신(deity, of the powerful thrones star),
>
> 지고의 – 부드러운 위로의 말(tenderness of the consolatory words),
>
> 지고의 – 예언의 기증자(donator of the prophecies),
>
> 지고의 – 하얀 달걀의(of the eggs the white)……(1948년 5월 27일 아테네학술
> 원에 제출된 논문 참고)

　셈어 문헌학에 문외한이라는 저자 자신의 변명이 아니더라도 여기에는 무언가 잘못된 것이 있다는 것을 금방 눈치 챌 수 있다.

　미노아 문서를 그리스어로 해독한, 가장 피상적인 연구 중의 하나는 1930년 스웨덴의 악셀 페르손(Axel W. Persson) 교수에 의해 이루어졌다. 1926년 페르손은 펠로폰네소스 반도 북동부 나우플리아(Nauplia) 근처 아시네(Asine)에서 후기 미케네 시대의 무덤을 발굴하였다. 그곳에서 그는 문자가 새겨진 항아리 하나를 찾았고, 항아리에 새겨진 기호를 고대 키프로스어 음절문자표와 비교하여 단어 몇 개를 해독하였다. 하지만 한 개의 단어를 제외하고 나머지는 그리스어로 보기 어려웠다. 그중에 po-se-i-ta-wo-no-se는 그리스어에 가장 가까운 형태를 보였는데, 페르손은

이를 포세이돈의 소유격인 *Poseidāwōnos*를 키프로스어 철자법에 따라 표기한 것이라고 보았다. 하지만 유감스럽게도 미노아 문자 전문가들은 페르손의 주장에 동의하지 않았다. 항아리에 새겨진 기호들은 선형문자 B 뿐만 아니라 지금까지 밝혀진 청동기시대 문자와 확연히 차이가 났으며, 고대 키프로스 문자와도 유사성을 찾기 어려웠다. 이후 벤트리스가 원본을 조사한 결과, 항아리에 난 자국은 문자가 아닌 것으로 판명되었다. 이들 자국은 단순한 낙서이거나 글자를 모르는 사람이 글자를 흉내 낸 것에 불과하다고 결론을 내린 것이다. 규칙성을 전혀 찾아볼 수 없는 데다가 기호들끼리 구별도 되지 않았기 때문이다. 일련의 곡선 처리를 보건대 문자라기보다 장식에 가까웠다. 더욱이 페르손이 해독한 이름은 *po-se-da-o-no*라고 썼던 미케네 방언과도 거리가 멀었다.

불가리아 언어학자 게오르기에프의 작업은 매우 특이하였다. 1953년에 그는 이전까지 출판한 책들을 한데 모아 『미노아어의 문제(*Problems of the Minoan Language*)』라는 책을 출판하였다(원본은 러시아어판). 그는 자신의 이론을 폄하하는 연구자들을 비꼬기도 하였지만, 동시에 자신의 이론을 보완하기 위해 보다 많은 시간이 필요하다는 것과 한꺼번에 모든 이들을 설득할 수 없다는 것을 인정하였다. 당시 그는 미노아어가 그리스인들이 도래하기 전에 그리스에 널리 퍼졌던 그리스 선사시대 언어 중 한 가지 방언이 확실하며, 히타이트어나 초기 아나톨리아어와 관련이 있을 것이라고 생각하였다. 그의 주장은 사실과 크게 다르지 않았으며 인기를 누리기도 하였다. 사실 그리스 지명의 상당수는 그리스어에서 유래한 말이 아니다. 실례로 뜨거운 문(Hot-gates)을 뜻하는 '*Thermopulai*(테르모필라이의 좁은 협곡—옮긴이)'를 비롯하여 *Athēnai, Mukēnai, Korinthos,*

Zakunthos, Halikarnassos, Lukabēttos 같은 지명들은 영어 지명에서 어미에 의해 의미를 파악할 수 있는 '*-bridge, -ton, -ford*'와 달리 어미에 특별한 의미가 없다. 지명이 옛말로 전해지는 것은 흔한 일이다. 켈트어가 천 년 이상 사용되지 않았는데 영국에서는 여러 강들이 *Avon*(웨일스어로는 *afon*, 즉 '강')이라고 불리는 것처럼, 수많은 켈트어가 살아 있다. 따라서 이런 지명을 매개로 그리스 선사시대 언어를 해독하려는 시도가 있었지만 그리스 선사시대 언어가 존재하였던 것이 확실할지라도 그 성격에 대한 논란은 아직도 계속되고 있다.

게오르기에프는 점토판에 새겨진 대부분의 언어가 옛 그리스어이긴 하지만 그리스 선사시대의 특징을 상당히 담고 있다고 보았다. 이에 근거하여 그리스어로 제대로 설명되지 않음에도 불구하고 자유롭게 그리스어나 유사 그리스어로 해독하였다. 하지만 숙련된 문헌학자라도 게오르기에프가 쓴 주석의 도움 없이는 그의 해독을 이해하기 힘든 형태였다. 실례로 크노소스에서 출토된 점토판(Fp7)의 한 구절 '*θetáaranà make*'를 "위대한 황금독수리(제우스의 상징―옮긴이)에게"라고 해독하였는데, 이들 단어와 그리스어 간에 유사성을 찾아보기 어렵다. 비교를 위해 같은 구절을 현대 그리스어로 고치면 *ka-ra-e-ri-jo me-no*가 되는데, 이는 "카라에리오스 달에(month of Karaerios, 7월이나 8월을 뜻하는 말―옮긴이)"라는 의미가 된다. 즉 단 한 기호도 같은 음가를 가지지 않은 것이다. 게오르기에프는 한동안 망설이다가 벤트리스의 이론을 전적으로 수용하였다는 사실을 밝혀 둔다.

1950년경 독일 학자 에른스트 시티히(Ernst Sittig)가 새로운 방식으로 해독을 시도하였다. 시티히는 그리스어로 기록되지 않은 키프로스 명문을 선택해 각 기호의 빈도수를 분석하였다. 그 다음 그는 키프로스어와 미노아어 간에 연관성이 있다고 가정하고 이들의 통계적 빈도수와 유사성을 조합하여 선형문자 B가 키프로스어 음절문자표에 일치한다고 주장하였다. 발상은 좋았지만 유감스럽게도 두 언어에 연관성이 있다는 가정은 잘못되었다. 또한 정확한 빈도 모형을 세우기 위해서는 그가 이용한 것보다 훨씬 더 많은 자료가 필요하였다. 이런 방식을 통해 그가 확실히 일치한다고 여긴 14개 기호 가운데 겨우 3개만 옳다고 판명되었다. 이 방식은 언어와 철자법이 완전히 일치하는 환경에서라면 크게 도움이 될 수 있을 것이다.

하지만 이들 실패 사례에는 일부 예외도 있었다. 특히 전체 문제에 대한 해결책을 제시하지 않고도 이런 연구를 수행한 이들이 그러하다. 에번스가 대표적인데, 미노아어는 그리스어가 아니며 당시까지 알려진 어느 언어와도 닮지 않았다고 생각한 그는 경솔하게 제시된 이론에 섣불리 이끌리지 않았다. 그는 고대 문자에 대한 경험이 풍부하여 일부 함정을 피하였지만, 어떤 면에서 이 점이 그를 엉뚱한 길로 인도하기도 하였다.

쐐기문자를 비롯하여 여러 문자의 두드러진 특징 가운데 하나를 꼽으라면 '한정사(限定詞)'라고 불리는 것이 존재한다는 것이다. 이 기호는 음가는 없지만 어디에 붙느냐에 따라 의미를 구분하는 역할을 한다. 모든 마을(town)의 이름은 '마을'을 뜻하는 한정사 기호로 시작된다. 마찬가지로 나무를 나타내는 기호도 특별한 한정사를 갖는다. 이는 복잡한 문자 체계에서 한 단어의 의미를 찾는 데 매우 중요한 실마리가 된다. 이를 통해 해독 가능성을 높일 수 있을 뿐만 아니라 식별하기가 한결 쉬워지기 때문이다. 영어에서 살아남은 한정사의 가장 단순한 형태는 고유명사를 나타내는 데 쓰는 대문자이다.

에번스는 선형문자 B에서 이런 한정사 체계를 찾아냈다고 생각하였다. 수많은 단어들이 등받이 의자에 갈고리를 결합한 기호 ᛒ로 시작되는 것을 발견한 그는 생기발랄한 상상력을 동원하여 이 기호를 '왕좌와 홀(high-backed chair with a crook)'로 해독하였다. 이보다 더 많은 단어에서 발견되는 ᛁ는 양날 도끼 모양의 상형문자에서 유래한 듯한 전형적인 형태를 띠고 있으며 주로 제례 장면에 사용되었기 때문에 종교적인 의미를 지닌 것으로 해독하였다. 두 기호가 실제로 음가를 가졌는지, 그리고 '왕족'과 '종교적'이라는 의미를 가진 최초의 한정사로 언제부터 사용되었는지, 미노아인에게 가장 중요하게 여겨졌던 종교 행위와 관련이 있을 것이라는 그의 추론을 받아들이는 전문가들은 거의 없었지만(로즈니가 그 중 한 명이었다), 에번스라는 이름만으로도 그 이론에는 권위가 부여되었다. 이 이론은 단순한 추측에 근거하였고, 이 기호의 실제 사용에 관한 전면적인 분석은 훨씬 그럴듯한 이론으로 설명되었다. 이에 대해서는 다음 장에서 자세히 다룰 것이다.

키프로스어에서 실마리를 찾던 에번스의 노력은 운 좋은 결과를 가져오기도 하였다. 이 책의 125쪽 〈도판Ⅱ〉를 보면 점토판에 숫자를 나타내는 기호와 말 머리 모양의 기호가 위아래 두 줄로 새겨져 있다. 그중에 위쪽 사진은 에번스가 그린 것이 아니라, 1955년 내가 직접 이라클리온 박물관에서 원본을 확인한 후 에번스가 그린 것을 보완하여 완성한 것이다. 각 줄에는 다른 것보다 작고, 갈기가 없는 말 머리가 새겨져 있는데, 그 앞에는 두 개의 기호가 어김없이 등장한다. 이들 기호는 키프로스어 기호와 매우 흡사하며 *po-lo*로 읽을 수 있다. 고대 그리스어로 '망아지

(foal)'는 *pōlos*라고 하였는데, 사실 영어의 *foal*도 그리스어에서 유래한다. 문헌학자라면 누구나 그림의 법칙(Grimm's law, 독일의 언어학자 야콥 그림이 발견한 게르만계 언어의 자음 전환의 법칙—옮긴이)으로 알려진 자음 전환 규칙에 따라 그리스어 *p*-가 독일어와 영어에서 *f*-로 표기된다는 것을 잘 알고 있을 것이다. 이는 놀라운 우연의 일치였다. 하지만 선형문자 B가 그리스어와 무관하다고 확신한 에번스는 한편으로는 망설이면서도 이러한 관계를 거부하였다. 오늘날 이 단어를 해독한 공로를 그에게 돌리고 있지만, 우연히 마주한 단서를 구태여 거부한 그가 측은히 여겨질 따름이다.

또 한 가지 중요한 성과는 1927년 아서 카울리(Arthur E. Cowley)가 발표한 논문이다. 카울리는 여성에 대해 언급한 일련의 점토판을 검토하면서 에번스의 이론을 따르지 않을 수 없었다. 이들 점토판은 너무도 분명한 그림문자로 표시되어 있었기 때문이다. 여성을 뜻하는 기호 다음에 두 단어 ♀⋔와 ♀⋔'가 등장하고 이어서 숫자들이 기록되어 있었다. 이들 단어가 '아이들', 즉 '소녀들'과 '소년들'을 의미한다고 추측하기란 어렵지 않았다. 당시에는 어느 것이 어느 것인지 확증할 방법이 없었지만 말이다. 결국 에번스와 카울리 둘 다 틀렸다.

1940년대 들어 이쪽 분야에 새로운 인물이 등장하였다. 바로 마이클 벤트리스였다. 당시 그의 나이는 열여덟 살에 불과하였다. 그의 논문이 「미노아 언어 연구(*Introducing the Minoan Language*)」라는 제목으로 『미국 고고학 저널(*American Journal of Archaeology*)』에 실렸는데, 그는 편집자에게 편지를 쓰면서 자신의 나이를 조심스레 감추었다. 훗날 그는 자신의 이 논문을 "미숙하다"고 폄하하였지만 사실은 훌륭한 논문이었다. 논문의 기본 발상은 미노아어와 관련 있는 언어를 찾는 것이었다. 벤트리스

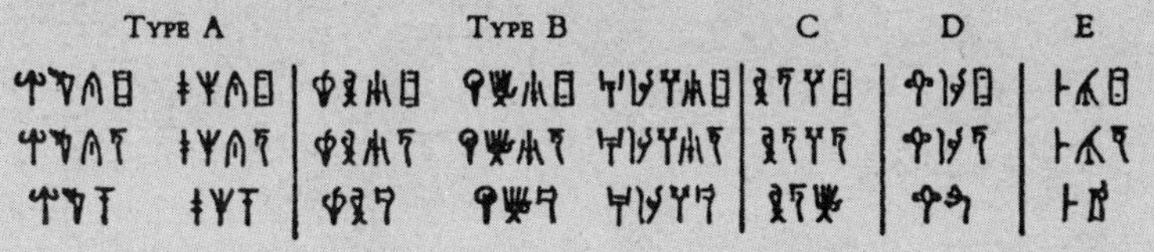

〈그림 8. 코버의 삼중어(Kober's triplets)〉

가 후보로 꼽은 언어는 에트루리아어(Etruscan language)였다. 그의 추측을 엉뚱하다고 말할 수 없는 것은 예부터 에트루리아인이 에게 해에서 이탈리아로 건너왔다고 알려져 있었기 때문이다. 벤트리스는 에트루리아어가 어떻게 선형문자 B와 들어맞는지 알아내려고 애썼다. 하지만 결과는 스스로가 인정하였듯이 좋지 않았다. 1952년 마침내 그리스어의 실마리가 예기치 않게 찾아오기까지 에트루리아어에서 출발한 발상은 고착 상태에 머물러 있었다. 당시 에번스가 주장한 미노아어 이론이 워낙 확고한 상태여서 그리스어는 고려할 필요가 없는 것처럼 보였다. 벤트리스는 "미노아어가 그리스어일 수 있다는 이론은 역사적 개연성을 고의로 무시한 결과이다"라고 말하였다. 하지만 당시에는 어느 누구도 에번스의 이론에 감히 반대할 엄두를 내지 못하였다.

얼마 후(1943~1950년) 중요한 연구 성과가 발표되었다. 주인공은 미국인 앨리스 코버 박사였다. 하지만 안타깝게도 코버는 자신이 길을 찾는 데 크게 기여한 해독 과정에 참여할 수 있었던 순간을 바로 눈앞에 둔채 불과 43세 나이로 세상을 떠났다. 코버는 문자의 장벽을 넘어 미노아어의 본질을 체계적으로 탐구하기 시작한 최초의 인물이었다. 그녀의 질문은 단순하였다. 미노아어는 문법적인 형태를 띠기 위해 여러 가지 어미를 사용한 굴절어였을까? 일관되게 복수를 표시하는 수단이 있었을까? 단어의 성(性)을 구별하였을까?

코버가 얻은 해답은 부분적이긴 하였지만 진일보한 성과였다. 예를 들어 수많은 점토판에 거듭 반복된 문구에서 분명히 확인되듯이, 코버는 두 가지 형태의 완전히 정형화된 문구가 있음을 실증해 보였다. 하나는 남성과 한 종류의 짐승을 나타내는 데 쓰였고, 다른 하나는 여성과 또 다른 종류의 짐승, 그리고 칼 같은 것을 나타내는 데 쓰였다. 이는 성(性)을 구별한 분명한 증거일 뿐만 아니라, 짐승의 성을 표현한 방식(예를 들면 해당 기호에 표시를 더하는 방식)을 알 수 있는 증거이기도 하였다. 특히 주목할 만한 점은 특정 단어들이 두 가지 다른 형태를 갖고 있음을 증명한 것이다. 이들 단어는 단순한 형태보다 기호 하나가 더 많다. 현재 이는 당연하다는 듯 '코버의 삼중어'라고 알려져 있다. 코버는 이들 단어를 어형 변화의 추가적인 증거로 삼았다. 하지만 이들 단어는 해독을 완성함에 있어 더욱 중요한 역할을 하게 된다. 여전히 살아있었다면 코버는 이후 진행된 일에 주도적인 역할을 하였을 것이다. 초기 연구자들 가운데 유일하게 그녀만이 결과적으로 벤트리스의 문제 해결 과정을 좇은 것이다.

이쯤에서 다시 발견의 역사로 돌아가자. 1939년까지 선형문자 B가 기록된 점토판은 오직 단 한 곳, 크레타 섬의 크노소스에서만 발견되었다. 하지만 약간의 항아리들이 그리스 본토에서 발견되었는데, 이들 항아리에는 굽기 전에 기록된 글이 있었다. 이들 글은 일부 변형된 형태를 띠지만, 대체로 선형문자 B와 모양이 같다. 크레타 문자의 존재가 놀랍게 받아들여지지 않은 것은 미노아 제국에 대한 에번스의 이론 때문이다. 그의 주장에 따르면 크레타인의 수입품은 미노아 지배 아래 그 어디에서

나 발견될 수 있었다. 이들 장소는 이 책의 23쪽 〈그림1〉의 지도에서도 확인할 수 있다. 하지만 제2차 세계대전이 발발하기 직전, 상황이 갑자기 그리고 극적으로 역전되었다.

하인리히 슐리만은 호메로스의 전설이 역사적 사실이라는 믿음을 가지고 미케네로 향하였다. 기원전 480년 테르모필레(Thermopylae)에서 페르시아군에 맞서 싸우도록 80명의 군사를 보낸, 한때 거대하였던 고대 제국의 수도를 찾아 나선 것이다. '호메로스가 말한 도시를 발견할 수 있을까?' 신시네티대학교 칼 블레겐(Carl Blegen, 1887~1971) 교수가 품은 의문이었다. 블레겐은 그리스 선사시대 전문가 중 한 사람으로서 트로이의 위치를 발견한 업적이 높이 평가되고 있었다. 당시 그는 호메로스 시대 군주였던 네스토르(Nestor)의 왕궁을 찾는 일에 착수하였다. 네스토르는 「일리아드」에서 달변가이자 노련한 전사이며 장수의 대명사로 알려져 있었다.

네스토르는 필로스를 지배하였다. 그렇다면 필로스는 어디일까? 고대 그리스에는 이런 속담이 전해 내려온다. "필로스에 도착하기 전에 필로스가 있고, 그 옆에 또 다른 필로스가 있다." 네스토르가 다스리던 필로스에 대한 논쟁은 기원전 3세기에 호메로스의 시를 분석하던 알렉산드리아 주석가들 사이에서 시작되었고, 이후로도 간헐적으로 이어졌다. 서기 1세기경 그리스의 지리학자 스트라보(Strabo)는 이 문제를 깊이 있게 언급하였다. 그에 따르면 필로스로 여길 만한 곳은 엘리스(Elis, 펠로폰네소스 반도 북서쪽), 트리필리아(Triphylia, 서해안 중앙부), 메세니아(Messenia, 남서쪽) 등 세 곳이다. 스트라보는 여러 가지 이유를 들어 트리필리아를 필로스의 후보지로 꼽았다. 이와 달리 20세기 초 유명한 독일의 고고학자 되르프펠트(Dörpfeld)는 미케네 시대 무덤 몇 기를 발견한 카코바토스(Kakó-vatos)를 필로스의 후보지로 꼽았다. 카코바토스는 대규모 주거지를 동반한 곳이지만 그곳에서 궁전의 흔적은 발견되지 않았다.

블레겐은 스트라보의 의견을 무시하고 메세니아 지역을 탐사하였다. 이곳은 오늘날의 필로스가 자리 잡고 있으며, 나바리노(Navarino) 만 남쪽에 위치하고 있다. 1827년 나바리노 해전으로 유명한 곳이기도 하다. 당시 영국과 프랑스, 러시아 연합 함대는 런던 협정에서 인정한 그리스 자치권을 인정하지 않은 터키와 이집트 함대를 격파하였으며, 이 사건은 그리스 독립에 결정적인 역할을 하였다. 이 도시의 중심지는 나바리노 만 북쪽 끝에 위치해 있었으며, 그곳은 펠로폰네소스 전쟁(기원전 425년)에서 아테네가 유명한 작전을 펼친 장소이기도 하다. 하지만 스트라보에 따르면 그곳은 원래 필로스가 아니며 주민들이 '아이갈리온(Aigaleon) 산 아래' 있던 도시에서 이주해 온 곳이라고 한다. 유감스럽게도 오늘날 우리는 이 산이 정확히 어느 산인지, '아래'라는 단어가 어느 정도의 거리를 가리키는지 정확하게 알지 못한다. 1939년 블레겐은 만에서 북쪽으로 6.5킬로미터 떨어진 에파노 엔글리아노스(Epáno Englianós)라고 불리는 곳을 고대의 필로스로 추정하고, 그리스 고고학자 코우로우니오티스(Kourouniotis) 박사와 함께 미국-그리스 연합 발굴단을 구성해 발굴에 나섰다.

블레겐은 한 학생의 도움을 받아 발굴에 착수하였다. 그것은 엄청난 행운이었다. 첫 번째로 발굴한 도랑은 오늘날 전시실로 알려진 곳으로 통하였다. 하루도 안 되어 점토판들이 발견되었고, 처음 한 해 동안에 600여 개의 점토판을 발굴하였다. 이들 점토판은 크노소스에서 발견된 것과 유사하였고, 동일한 선형문자 B로 기록되어 있었다. 하지만 또 다시 전쟁이 훼방을 놓았고, 1952년 다른 점토판들이 발굴되기까지 발굴 작업은 중단되었다. 이어진 발굴 작업을 통해 점토판 수가 더 늘어났다. 제2차 세계대전으로 첫 번째 발굴 성과에 대한 연구와 출판이 어려움을 겪었지만 아테네은행 금고에 보관하기 전에 점토판을 촬영하는 것이 허락되었다. 점토판은 점령 기간 내내 그곳에 안전하게 보관되었다. 전쟁이 끝나자 블레겐은 점토판 텍스트의 편집을 에밋 베넷 교수에게 맡겼는데, 그는 이제 미케네 텍스트를 해독하는 데 세계적인 전문가가 되어 있었다. 사진 촬영으로 편집이 가능하였던 베넷 교수의 책은 1951년에 출판되었다. 원본과 대조하여 수정하고, 이후 발견된 문자 유물까지 추가한 증보판은 1955년 말에 출판되었다. 이곳에서는 1957년 현재까지도 점토판이 계속 발굴되고 있다.

점토판의 내용이 세상에 소개되기까지의 역사를 마무리하기 위해서는 웨이스 교수가 1952년 미케네에서 처음 발견한 점토판에 대해 언급할 필요가 있다. 이들 점토판은 슐리만과 크리스토스 트소운다스(Christos Tsoundas)가 19세기 말에 발견한 것처럼 왕궁에서 발견되지 않았고, 성채나 궁성 바깥의 별채나 주택에서 발견되었다. 1954년 추가 발굴 시 발견된 것까지 합하면 미케네 점토판은 50개에 이른다.

필로스에서 점토판이 발견되었다는 소식에 대해 에번스가 어떻게 반응하였는지에 대해서는 기록된 것이 없다. 당시 88세였던 에번스는 논의가 시작되기 전에 세상을 떠났다. 하지만 그의 추종자들, 즉 거의 모든 국가에 망라해 있던 수많은 주류 고고학자들은 재빨리 해명에 나섰다. 당시 '크레타 약탈설'이 진지하게 제기되었다. 하지만 해적이나 침략자들이 자신들이 읽을 수도 없고 깨지기 쉬운 문서를 수집해 갔다는 것이 과연 말이 될까? 보다 설득력이 있는 가설은 미케네 침략자들이 미노아 궁정의 회계 서기들을 데려다가 똑같은 일을 시켰다고 하는 것이다. 필요하다면 중세시대 영국 왕이 라틴어로 회계장부를 기록케 한 것처럼 그리스 왕이 미노아어로 회계장부를 기록케 한 것이라고 설명할 수도 있다. 하지만 그럴 필요가 없다면 누가 회계장부를 기록하였는지 의심이 든다. 회계사가 반드시 필요할 정도로 경제 환경에 변화가 있지 않다면 글을 모르는 공동체가 그런 역할을 할 사람을 구태여 외국에서 들여올 필요는 없었을 것이다. 또 다른 가설도 제기되었다. 미케네인들이 그리스인이 아니었으며 다른 언어를 사용하였다는 것이다. 이 의견은 크노소스 점토판 또한 그리스어로 기록되었다는 사실을 거의 고려하지 않은 것이다.

베넷은 세심하게 주의를 기울여 새로운 자료들을 조사하였다. 베넷은 이들 자료를 박사학위 논문의 주제로 삼았지만 논문을 책으로 출판하지는 않았다. 선형문자 A와 B 사이의 활자선과 도량형 체계의 차이점을 다룬 그의 논문은 앞서 이미 언급하였다. 하지만 정작 그의 뛰어난 업적은 각 기호의 다양한 형태 및 차이를 인식할 수 있도록 음절문자표(signary) 체계를 수립한 데 있다. 이 일이 얼마나 힘든지는 해본 사람만이 알 것이다. 여섯 명의 사람이 각자 독특한 필체로 영어 알파벳을 쓰더라도 글자를 식별하기는 그다지 어렵지 않다. 하지만 글자 수가 얼마나 되고 그 글자를 어떻게 읽어야 할지 모른다면, 이따금 등장하는 글자들이 서로 다른 글자인지 동일한 글자가 모양만 다를 뿐인지 식별하기 정말 어려울 것이다. 선형문자 B에 대한 우리의 처지가 이와 같다. 이 책의 서문에 실린 문자 목록의 18번과 19번은 몇 회만 등장할 뿐이다. 그렇다면 이들은 17번의 변형일까? 이런 문제가 대부분 해결된 것은 순전히 베넷 덕분이다. 그는 부지런히 비교 작업을 하였고, 대부분의 기호 변형표를 구성할 수 있었다. 아주 드물게 쓰이는 기호들도 가능한 변형 범위를 정할 수 있었다. 반면『미노아 문자 II』는 서로 다른 기호들이 때로 혼동되고 같은 기호의 변형이 다른 기호로 간주되는 취약점이 있었다. 당시 벤트리스는 이미 베넷과 의견을 교환하고 있었고, 그의 제안들이 분명 만족스런 결과를 낳도록 기여하였을 것이다. 두 사람 간의 서신 교환은 우정의 토대가 되었고, 베넷이 유럽을 방문하는 동안 둘 사이는 더욱 가까워졌다.

1951년『필로스 점토판(The Pylos Tablets)』이 출판되면서 해독의 노력이 본격화되었다. 이제 코버와 베넷에 의해 시작된 체계적인 분석이 억측과 추측을 대체할 수 있게 되었다. 하지만 제대로 된 방법인지 이해하기 위해서는 명석한 판단력이 필요하였고, 고된 분석 작업을 위해서는 집중력이, 성과가 빈약함에도 작업을 지속하기 위해서는 인내심이, 그리고 마지막으로 의미를 감춘 기호들을 고통스럽게 이리저리 맞춰보면서 불현듯 떠오르는 해답을 놓치지 않고 감지하기 위해서는 영감의 불꽃이 필요하였다.

제4장
이론의 탄생

　제2차 세계대전 말까지 축적된 우리의 문자 지식이 얼마나 혼란스러운 것이었는지 보여주기 위해 지금까지 선형문자 B의 연구사를 개략적으로 언급하였다. 이제 선형문자 B를 보다 자세하고 명확하게 분석할 단계에 이르렀다. 하지만 문제 및 해결 방법의 성격을 우선 살펴볼 필요가 있다.

　미해독 문자와 암호 사이에는 분명히 유사점이 있으며, 따라서 이 둘을 해독하는 데 비슷한 방법을 사용할 수 있다. 하지만 이 둘에 차이점이 있다는 사실을 잊어서는 안 된다. 암호는 해독자를 곤경에 빠뜨리기 위해 일부러 고안된 것이지만, 미해독 문자는 어쩌다가 수수께끼가 되어 버린 것이다. 암호로 작성된 텍스트는 대개 알려진 언어로 구성되어 있다. 반면 미해독 문자는 세 가지 경우가 있을 수 있다. 첫째, 언어가 알려져 있거나 일부만 알려져 있고 문자는 알 수 없는 경우이다. 1802년 독일 학자 그로트펜트(Grotefend)가 고대 페르시아 명문을 해독한 경우를 그 예로 들 수 있다. 당시 명문에 쓰인 상형문자는 전혀 알려지지 않았지만, 고유명사를 통해 아베스타어임이 밝혀져 대부분 해독이 되었다. 둘째, 언어는 알려지지 않았지만 문자가 알려진 경우이다. 에트루리아어를 그 예로 들 수 있는데, 이 언어는 그리스 알파벳의 변형된 형태로 기록되어졌으며 발음을 이해하는 데 별 무리가 없었지만 단어의 뜻을 밝혀줄 단서가 될 만한 언어를 찾지 못하였다. 따라서 많은 자료가 모였음에도 불구하고 오늘날 에트루리아어에 대한 지식은 아주 초보적인 수준에 머물러 있다. 마지막으로 미노아 문자 해독 과정에서 부딪힌 경우로서 언어와 문자 모두 알려지지 않은 경우이다. 언어가 나중에 알려졌다는 것은 의미가 없다. 정작 필요할 때는 해독 초기 단계였기 때문이다.

마지막의 경우는 해독자가 두 개의 언어로 기록된 자료를 가지고 있을 때, 비로소 해독이 가능하다. 실례로 이집트 상형문자는 세 개의 언어로 기록된 로제타석이 발견된 후에야 베일이 벗겨졌다. 즉 이집트 상형문자와 그리스어로 나란히 기록한 왕가의 이름을 1:1로 대응하여 확인한 것이다. 그런데 미노아 문자에는 로제타석과 같은 자료가 없다. 그렇다고 무작정 그런 자료가 나타나기만을 기다릴 수도 없는 노릇이다.

암호학은 미지의 문자를 연구하는 학자들에게 새로운 무기였다. 이론상으로는 어떤 암호라도 암호화된 텍스트가 충분히 제공되기만 하면 풀 수 있다. 따라서 완전히 비밀을 보장할 수 있는 유일한 방법은 암호체계를 계속 바꾸거나 코드를 복잡하게 만들어 그것을 풀기 위해서 필요한 양의 자료를 절대로 모을 수 없도록 만드는 것이다. 암호 해독 절차에 대해 자세히 설명하는 것은 불필요한 일일지 모른다. 어쨌든 그 기본 원칙은 암호화된 텍스트를 분석 및 분류하여 숨겨진 패턴과 규칙을 찾아내는 것이다. 가령 얼마간의 사례가 수집되었는데, 그것이 특별한 역할을 하는 암호화된 텍스트 속에 특정한 기호군처럼 보인다고 가정하자. 예를 들면 접속사 같은 것일 수 있다. 한 메시지가 전달된 상황을 이해함으로써 다른 사실을 밝혀내고, 그렇게 사소한 성과를 통해 한 단계 더 진전을 이루어 결국 암호문의 의미를 대부분 밝혀내게 된다. 이 방법은 미지의 언어에도 적용할 수 있다. 해독자는 이런 방법으로 미해독 문자를 어떻게 발음하는지 알지 못해도 해당 기호의 의미를 파악할 수 있다. 실제로 해당 기호의 음가를 단 하나도 알아내지 못한 채 미지의 언어로 된 텍스트를 이해할 수 있는 경우도 있다.

물론 첫 번째 단계는 해당 문자에 적용된 체계의 형태를 결정짓는 일이다. 선형문자 B에서 이 일은 언뜻 어려운 일이 아닌 것처럼 보인다. 언어를 문자화하는 데는 기본적으로 세 가지 방식이 있으며, 모든 문자 체계는 이들 중 하나가 적용되거나 세 가지 방식이 조합되어 적용된다. 가장 간단한 방식은 한 그림으로 한 단어를 표현하는 방식이다. 그 다음 이런 그림은 원래 모습이 식별되지 않을 만큼 단순화된다. 하지만 한 그림으로 한 단어를 표현한다는 원칙은 남아 있다. 이를 '표의문자'라고 하는데, 가장 발전된 형태로 한자를 꼽을 수 있다. 중국인들은 여전히 이런 문자를 쓰고 있으며, 중국 정부가 일부 개선을 시도하기도 하였다. 예를 들어 人은 '남자'를, 女는 '여자'를 뜻한다. 물론 그림으로 표현할 수 없는 개념들도 간접 수단으로 표현할 수 있다. 大는 '크다'라는 뜻인데, 이는 자기가 놓친 고기가 얼마나 큰지 떠벌이는 어부를 표현한 그림이다. '눈'을 뜻하는 目에 다리를 달면 見, 즉 '보다'라는 뜻이 된다. 표의문자 체계에서 특이한 점은 간단한 어휘를 다룰 때도 엄청난 수의 기호가 필요하다는 것이다. 중국인 식자층은 수천 개의 기호를 읽고 쓸 수 있어야 하며, 큰 사전에는 글자가 자그마치 5만 개나 실려 있다. 영어권에서도 아주 적긴 하지만 표의문자가 쓰이고 있는데, 가장 뚜렷한 예로 숫자를 들 수 있다. 5라는 숫자는 'five'라는 기호를 가리키는 것이 아니라 'five'라는 개념을 가리킨다. 또한 영국 런던의 트라팔가 광장 동쪽에 이어지는 번화가 일대를 나타내는 채링 크로스(Charing Cross)를 ✠같은 약어로 표기하기도 한다.

　　물론 표의문자가 단어의 발음에 대한 실마리를 직접 주는 것은 아니며, 사실 여러 중국 방언에서는 같은 글자를 아주 다르게 발음한다. 유럽에서도 모든 사람이 CANIS라고 표기하지만, 발음은 *cane*, *chien*, *perro*, *dog*, *Hund*, *sobaka*, *skili* 등으로 각기 다르게 한다. 5를 *cinque*, *cinq*, *cinco*, *five*, *fünf*, *piat'*, *pende* 등으로 다양하게 발음하듯이 말이다. 이 두 체계는 모두 해당 단어의 음을 나타내는 요소로 구성되어 있으며 이 요소들이 조합된 형태로 구성된다. 따라서 가장 짧은 단어를 제외하고는 무슨 단어든 표기하려면 수많은 기호가 필요하다. 둘 사이의 차이점은 기호에 의해 표현되는 음의 단위가 (발음 가능한) 전체 음절인지 아니면 (발음되지 않는 추상 개념이 일부 포함된) 한 글자인지에 있다. 음절체계는 어린아이가 처음 책을 읽을 때 단어를 또박또박 끊어 읽는 것을 생각하면 이해하기 쉽다. 따라서 *in-di-vi-du-al*을 발음하기 위해서는 다섯 개의 기호가 필요하다. 필요한 기호의 전체 숫자는 분명 표의문자 체계보다 적다. 하지만 영어처럼 복잡한 자음 집단을 사용하는 언어라면 숫자가 좀 더 많을 수도 있다. 영어에서 *strength*라는 단어는 음절 측면에서 보면 1음절어(한 단어에서 소리나는 모음이 하나만 있음—옮긴이)이다. 반면에 음절이 완전

히 '열려' 모음으로 끝을 맺는 일본어는 2개의 발음 구별 표시와 48개 기호로 구성된 가나(*kana*) 음절문자를 사용하고 있다. 예를 들어 *Hi-ro-shi-ma*는 ヒロシマ로, *Na-ga-sa-ki*는 ナガサキ로 표기한다. 실제로 일본어 철자법은 이처럼 간단하지 않다. 일본어는 표의문자와 음절문자가 혼합된 형태이기 때문이다. 일본어는 앞서 언급한 고대 키프로스어와 아주 유사한 면이 있다. 키프로스어는 54개 기호를 사용한다.

알파벳 문자는 이집트 문자의 흔적이 남아있지만 일반적으로 셈족의 발명품으로 여겨진다. 그리고 이를 완전히 발전시킨 이들은 그리스인이다. 알파벳은 필요한 기호 수가 적다는 것이 특징이다. 영어에는 26개 글자가 있고(몇 개는 중복되는데, 예를 들어 *c*와 *k*와 *q*는 일부 단어에서 같은 소리를 낸다), 보다 복잡해도 오늘날 러시아어처럼 32개를 넘지 않는다.

이상과 같은 지식을 바탕으로 다시 선형문자 B로 돌아가 보자. 이들 텍스트는 작은 세로선으로 분리된 기호들의 집합으로 구성된다. 이 집합의 길이는 두 개에서 여덟 개까지 다양하다. 대부분 이들 기호는 숫자 다음에 단독으로 사용되는 기호들이 따른다. 이들 기호는 대체로 이해 가능한 그림문자이다. 홀로 있는 단독 기호는 아마도 표의문자, 즉 한 단어 전체를 표현하는 것이라고 추측할 수 있다. 집단으로 쓰인 기호들은 음절문자이거나 알파벳으로 볼 수 있다. 이러한 기호의 수는 89개이다. 정확한 수는 여전히 논쟁 중인데, 몇몇은 사용 빈도수가 매우 적고 몇몇은 독립적인 기호인지 다른 기호의 변형인지 확실치 않다. 하지만 기호의 숫자는 중요하다. 이 숫자는 완전한 표의문자 체계를 이루기에는 너무 적고 알파벳으로 보기에는 너무 많다. 따라서 이 문자는 틀림없이 음절문자이며, 쐐기문자처럼 체계가 복잡하지 않고 키프로스어나 일본어처럼 아주 단순한 형태의 음절문자표를 갖고 있었을 것이다. 대부분의 아마추어 해독자들은 이러한 기초적인 추론을 간과하였다.

미해독 문자를 해독하기 위한 첫 번째 단계는 숫자 및 계량 체계를 규명하는 데 있다. 숫자는 순조롭게 풀렸고 에번스에 의해 도표로 구성되었다. 숫자는 십진법에 기초를 두었고 전후관계에 의존하지 않았다. 0에 해당하는 표시는 없었으며 9까지의 기호를 해당 숫자만큼 반복하는 식으로 표현하였는데 로마 숫자와 거의 비슷하였다. 세로로 그은 선은 1단위, 가로로 그은 선은 10단위, 원은 100단위, 원에 사방위 선을 그으면 1,000단위, 원에 사방위 선을 긋고 중앙에 짧은 선을 그으면 10,000단위가 되었다. 따라서 12,345를 표시하면 다음과 같이 된다.

⊙ ⅜ ⅝° ⁼⁼ ⁞⁞⁞

계량 체계의 기초는 1950년 베넷에 의해 밝혀졌다. 일반적인 무게는 ᗰᗰ, ⅜, ⊢⊢, ⅋ 등의 기호로 표시하지만, 기타 무게는 ⊤, ◁, ⊡ 또는 �ꝑ, ◁, ⊡

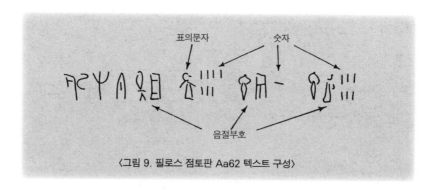

표의문자   숫자

음절부호

〈그림 9. 필로스 점토판 Aa62 텍스트 구성〉

70

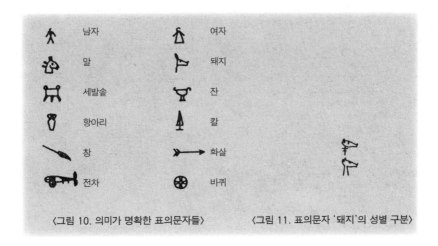

🚶	남자	🧍	여자
🐎	말	🐖	돼지
🍲	세발솥	🏺	잔
🏺	항아리	🗡️	칼
🏹	창	➤➤	화살
🛷	전차	⊛	바퀴

〈그림 10. 의미가 명확한 표의문자들〉　　〈그림 11. 표의문자 '돼지'의 성별 구분〉

와 같은 일련의 기호를 사용하였다. 베넷이 정확하게 추론하였듯이 전자는 고체의 무게를, 후자는 액체의 무게를 나타내는 기호이다. 영어의 파인트(pint)와 쿼트(quart)에 해당하는 소량 단위는 고체와 액체를 구분하지 않고 동일한 기호를 사용하여 표시하였지만, 이보다 큰 단위인 부셸(bushel)과 갤런(gallon)은 각각 구분하여 표시하였다.

따라서 점토판에 사용된 기호는 크게 두 가지 종류, 즉 표의문자(계량 기호 및 숫자 포함)와 음절 기호로 나눌 수 있다. 이는 〈그림 9〉를 보면 더욱 분명해진다. 이 그림에서 음절 기호는 표의문자로도 사용되는 복합적인 양상을 보이지만, 표의문자는 숫자와 함께 표의문자로만 사용된다는 것을 알 수 있다. 베넷은 이들 기호를 연구하여 필로스 점토판의 분류 방식을 발전시킬 수 있었고, 자신의 방식에 따라 비슷한 내용을 다룬 점토판들을 분류하였다. 해독의 관점에서 볼 때 이 체계는 매우 정확하다는 평가를 받는다. 점토판을 분류하기 위해 베넷이 고안한 접두어(Aa, Cn, Sc 등)는 아직도 널리 사용되고 있다.

〈그림 10〉에서 확인할 수 있듯이 몇몇 표의문자의 의미는 명확하다. 하지만 지나치게 상징적인 기호들이 많아서 추론하는 데도 한계가 따른다. 현재로서는 단지 문맥을 참조하여 의미를 파악할 수밖에 없으며 그 과정에서 이따금 기호의 원형을 찾아내기도 한다. 이렇게 확인 가능한 기호의 도움을 받아 보다 많은 표의문자를 해독하는 것이다.

말과 돼지는 동일한 가축 범주에 포함되어 있는 세 개의 표의문자와 함께 규칙적으로 발견된다. 그런데 정확히 어떤 기호가 어떤 가축을 가리키는지 구분이 쉽지 않기 때문에 실수를 하기 쉽다. 일반적으로 가축 표의문자는 간단한 변형을 통해 구분되는데, 가장 일반적인 방식은 기호의 중심선이나 중심축에 두 개의 짧은 수평선을 긋거나 분기선을 추가하는 것이다(〈그림 11〉 참조). 에번스는 이들 기호가 동물의 암수를 뜻한다고 밝혔으나 순드월은 암수 구분을 반대로 해독하였다. 마침내 코버가 남성과 동물 수컷을 표시하는 표의문자가 '합계(total)'를 뜻하는 단어와 동일한 형태를 공유한다는 사실을 밝혀냄으로써 문제를 해결할 수 있었다. 즉 여성과 동물 암컷에는 다른 형태의 단어가 사용된 것이다. 당연히 남성과 여성의 구별 또한 분명해졌다.

일반적으로 한 음절을 해독하기 전에 점토판의 전체 내용을 추론하는 것은 얼마든지 가능하다. 예외 없이 그것들은 인명부이거나 물품 목록이 틀림없기 때문이다. 예를 들어 남성을 뜻하는 표의문자가 숫자와 함께 기록되어 있다면 그것은 남자 이름이 기록되어 있는 인명부가 분명하다. 여성을 뜻하는 표의문자가 숫자와 함께 기록되어 있는 경우, 간혹 아이들 이름이 추가되기도 한다. 이는 카울리도 동의한 바 있다(56쪽 참조). 만약 남성을 뜻하는 표의문자와 하나 이상의 숫자가 여러 점토판에 반복해서 나타날 경우, 이는 '목동'이나 '재봉사'처럼 직업 명칭으로 볼 수 있다. 여성과 관련된 단어들도 마찬가지로 추론할 수 있다. 한 단어가 규칙적으로 특별한 표의문자와 사용될 경우, 이 단어는 해당 표의문자가 지시하는 대상일 수 있다. 하지만 여러 다양한 단어들이 하나의 표의문자와 관련된다면 그 단어들은 다양한 유형을 포괄하는 일반적인 명칭일 수밖에 없다.

물론 단어의 의미를 규명하기 어려운 것도 있다. 이와 반대로 '합계'를 뜻하는 단어는 수차례 언급되었다. 점토판 아래쪽에 일련의 숫자 합과 함께 사용되기 때문에 단어의 뜻을 비교적 쉽고 명확하게 이해할 수 있다.

이러한 추론 방식은 다양한 방식으로 조합되어 있는 동일한 단어를 연구하기 때문에 '조합법(combinatory)'이라고 부른다. 이는 특정 단어의 의미를 추론하여 의미를 파악하는 데 매우 유용하다. 이 방식은 해독의 정확성에 대한 가늠자 역할을 하기도 하는데, 그 이유는 이 방식에 따른 단어 구성은 음절 값과 무관하기 때문이다. 직업 명칭으로 규명된 단어가 음성학적으로 '목동'을 뜻하는 것으로 밝혀진다면, 이는 해독이 제대로 되었음을 의미한다. 반면 음성학적 해독이 사전에 분류된 의미와 일치하지 않으면 곧바로 의혹이 생기고, 착오에 대해 적절한 조정이 필요하게 된다.

이런 종류의 텍스트를 제대로 해독하기 위해서는 기호의 형태를 완전히 숙지해야 한다. 기호들을 혼동하지 않도록 철저히 익히는 것이 필수적이다. 다른 점토판에 있는 유사 기호군을 정확하게 식별해 낼 수 있을 정도로 텍스트와 기호군의 전체 내용을 기억해두어야 한다. 세심한

색인 작업을 거치면서 동일 기호군이 반복적으로 사용되는 현상을 확인할 수 있다. 하지만 똑같은 기호군이 반복적으로 사용되는 것을 발견하는 것보다 비슷하지만 조금 다른 기호군을 발견하는 것이야말로 정말 중요한 성과이다. 이와 관련하여 벤트리스는 시각적 기억의 필요성을 크게 강조하였는데, 다른 부분도 그렇지만 특히 이 부분에서 벤트리스는 탁월한 재능을 발휘하였다.

선형문자 B를 연구한 벤트리스의 첫 번째 공헌에 대해서는 이미 제3장에서 소개하였다. 종전 후 건축가로서 수습 활동을 마친 벤트리스는 새로운 활력을 가슴에 품고 선형문자 B를 해독하기 시작한다. 1950년대 초 벤트리스는 미노아문자를 연구하면서 가까워진, 국제적으로 명망 있는 12명의 학자에게 설문지를 돌렸다. 설문지는 해당 문자에 숨겨진 언어 또는 언어 유형, 어형 변화의 증거, 선형문자 A와 선형문자 B, 키프로스어 간의 관계 등에 대해 각자의 의견을 묻는 내용으로 구성되어 있었다. 설문 내용이 국제적인 공조를 크게 호소할 뿐 아니라, 벤트리스가 제기한 질문의 날카로움이 돋보여 10명의 학자가 이에 응답하였다. 벤트리스는 필요에 따라 이들 응답 내용을 영어로 해독하고 분석 결과를 자신의 의견과 함께 자비를 들여 모든 이에게 배포하였다. 이 문서의 공식 제목은 「미노아 문명과 미케네 문명의 언어」였다. 하지만 에번스의 첫 점토판 발견 50주년을 회고할 목적으로 기획한 까닭에 이 문서는 「반세기 보고서(Mid-Century Report)」로 알려지게 된다.

미국의 베넷을 비롯하여 독일의 보세르트(Bossert)와 그루마히(Grumach), 오스트리아의 샤체르마이어(Schachermeyr), 이탈리아의 카라텔리(Carratelli)와 페루치(Peruzzi), 불가리아의 게오르기에프(Georgiev), 그리스의 크티스토풀로스(Ktistopoulos), 필란드의 순드월, 영국의 마이어스 등이 질문에 응답하였다. 이들의 견해차는 매우 심하였다. 대부분의 학자들은 결론을 유보하였지만 게오르기에프와 크티스토풀로스는 자신들이 어느 정도 결론에 이르렀다고 생각하고 있었다. 이들 간의 의견 교환은 상황을 분명히 인식하게 만들었고, 기본 문제에 있어서도 견해차가 얼마나 심한지 보여주는 계기가 되었다.

질문에 응답하지 않은 학자는 나이 지긋한 체코슬로바키아의 흐로즈니(Hrozný)와 명성이 입증된 미국의 코버 여사였다. 코버는 질문 내용에 답하는 것이 시간 낭비라고 간단히 답하였다. 하지만 벤트리스는 그녀와의 친분을 유지하였다.

어떤 의미에서는 코버의 생각이 옳았다. 입증되지 않은 이론을 토의한다는 것은 종종 부질없는 짓이며, 당시 발표된 상당수 견해가 지금 와서 보면 비현실적이고 비논리적인 것이 사실이기 때문이다. 당시 어느 누구도 그리스어를 선형문자 B와 관련지어 진지하게 생각하지 않은 것은 놀라운 일이다. 벤트리스는 본토(크레타 섬)에 일부 그리스인이 살았을지라도 주된 언어는 다른 언어였을 것이라는 의견을 제시하였다. 대부분 선형문자 B가 그리스어에 속하긴 하지만 히타이트어와 보다 관련이 깊은 인도-유럽어족의 한 언어일 것이라고 추정하였다. 소수 의견으로는 에트루리아어에 속한 '에게(Aegean)'어라는 주장도 있었다. 이는 벤트리스가 지지하였지만 널리 알려지지는 않았다.

훗날 「반세기 보고서」로 알려진 문서에서 가장 흥미로운 대목은 벤트리스 자신이 쓴 글이다. 벤트리스는 음가와 별도로 교차하는 기호들 간의 관계를 수립하는 일이 최우선되어야 한다는 것을 분명히 밝혔다.

당시 코버를 제외한 모든 이들은 음가를 찾는 일에 몰두하였고, 결국 미해독 기호를 분류하는 일은 실패로 끝나고 말았다. 암호 해독에 있어 가장 중요한 요소는 패턴을 찾는 일이다. 당시 벤트리스와 다른 이들이 제안한 음가는 키프로스어 음절문자 체계에 근거한 추측에 불과하였고, 따라서 별다른 진전을 이루지 못하였다. 신뢰할 만한 결론을 내리기에는 자료가 턱없이 부족하다는 것이 문제였다.

벤트리스는 당분간 문자 해독에 매달릴 수 없게 되자 자신의 연구 성과를 정리하는 글을 쓰기로 결심하였다. 교육부 소속 건축가로 일하면서 더 이상 미노아문자에 시간과 열정을 쏟을 수 없었기 때문이다. 벤트리스는 다음과 같은 말로 글을 마무리하였다. "이 선형문자를 연구하는 많은 이들이 조만간 만족스러운 결론에 이르기를 간절히 바랍니다. 달리 맡은 일 때문에 이 글로서 미력하나마 마지막으로 기여코자 하며, 모든 이들에게 행운이 있기를 기원합니다."

하지만 매혹적인 문제를 풀지 않은 채, 그냥 내버려둔다는 것은 결코 쉬운 일이 아니어서 이따금 사람을 조바심 나게 만들며 결국 돌아오게 만든다. 더욱 중요한 일을 희생하고서라도 말이다. 그 후로 두 해 동안 벤트리스는 홀로 연구에 몰두하면서 자신의 연구 성과를 정리하기 시작하였다. 그리고 176쪽 분량의 풀스캡(foolscap, 40×32센티미터 크기—옮긴이) 판으로 스무 권의 작업노트를 자비로 (한정된 수의 학자들에게) 인쇄하여 배포하였다. 이는 그가 흔히 쓰는 방식으로, 이들 자료를 통해 해독의 전체 역사와 그 진행 과정을 한 눈에 알 수 있게 되었다. 아무도 벤트리스의 연구 성과를, 우연히 발견한 것을 합리적인 방법의 산물인 양 꾸민 것이라고 말할 수 없었다. 엉성한 작업 내용과 시행착오들이 그의 작업노트에 모두 드러나 있었기 때문이다. 물론 이들 작업노트를 세세히 살펴볼 수는 없다. 여기서 특히 주목하려는 내용은 현재 시점에서 볼 때 매우 흥미롭게 여겨지며 나중에 벤트리스 자신이 『미케네 그리스어 문헌』(이하 『문헌』)에서 보충 설명한 후기의 것들이다.

이제 우리는 결정적인 순간에 들어섰으며 문제를 보다 주의 깊게 살펴봐야 할 시점에 이르렀다. 벤트리스는 후기 작업노트에서 논의를 전개할 때, 점토판에 새겨진 선형문자 B를 손으로 직접 그려 표시하였다. 일급 제도사이기도 한 벤트리스는 모양이 전혀 손상되지 않게 규칙적이고 명확하게 기호를 그릴 수 있었다. 이 책에서는 아쉽지만 벤트리스의 방식을 따르지 않을 생각인데, 그 이유는 내가 그림 솜씨가 없어서가 아니라 다음 두 가지 이유 때문이다. 첫째, 현실적으로 미노아문자를 인쇄하기가 쉽지 않다. 만족스러운 자형(字形)이 아직 없을 뿐만 아니라 낱낱의 단어를 텍스트 속에 따로 끼워 넣어야 한다. 둘째, 대부분의 독자들은 낯선 문자 기호를 식별하는 데 어려움을 느낀다. 외국어를 공부할 때, 외국어가 모두 비슷비슷하게 보이는 것과 같은 이치이다. 따라서 해당 문자를 읽을 수 있고 글로 쓸 수도 있는 방법이 필요하다는 것은 누구나 공감하는 사실일 것이다. 따라서 나는 미노아문자를 대신하여 일반적인 방식으로 적용되고 있는 숫자를 사용하려고 한다. 이 체계는 비슷하게 생긴 기호를 함께 묶는 베넷의 기호 분류법에 근거한다. 선형문자 B 전체 일람표는 책 앞부분에 소개되어 있으며, 이 표에 근거하여 앞으로 미노아문자는 일련의 두 자리 숫자로 표기될 것이다. 10 미만의 숫자는 앞에 숫자 0을 덧붙여 표기하고, 각 숫자는 줄표(-)로 다음 숫자와 연결되며, 원문상의 단어 사이를 구별하기 위해 자간(字間)을 이용할 것이다. 따라서 앞

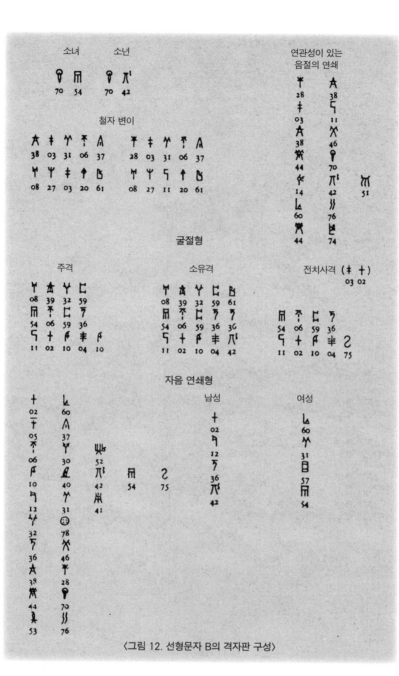

〈그림 12. 선형문자 B의 격자판 구성〉

서 언급한(56쪽) '소녀'와 '소년'은 '70-54'와 '70-42'로 표기될 수 있다. 사실 벤트리스는 알파벳 체계를 적용하려고 하였지만 혼란을 느껴 그만 두었다. 숫자보다 기호를 선호하는 이들을 위해 일부 주요 단어의 '격자 판(grid)'을 〈그림 12〉에 제시하였다.

벤트리스가 1952년 중반까지도 에트루리아어와 미노아어의 연관성 에 호의적이었다는 사실을 기억해야 한다. 그의 작업노트는 에트루리아 어와 미노아어를 비교하거나 미노아어를 에트루리아어 단어 및 접미사 와 연결하려는 시도로 가득하기 때문이다. 하지만 이런 시도가 그의 체 계적인 분석과 순전히 조합적인 방식으로 텍스트에서 의미를 끌어내려 는 시도를 가로막지는 못하였다. 이 시기에 벤트리스는 베넷과 지속적으 로 서신을 주고받으며 유익한 교제를 나누고 있었다.

1947년에 베넷은 필로스 점토판을 주제로 학위논문을 썼는데, 아쉽 게도 벤트리스는 이 논문을 직접 접하지는 못하였다. 당시 벤트리스는 다른 학자들과 견해를 주고받았는데, 그리스의 학자 크티스토풀로스가 가장 대표적인 인물이다.

베넷이 1939년에 발견된 점토판 사본(고고학자 칼 블레겐은 선형문자 B 점토판을 크레타 섬이 아닌 그리스 본토인 펠로폰네소스 서부에 위치한 필로스 왕궁 터에서 발견하였고, 점토판의 해독을 제자인 베넷에게 맡겼음—옮긴이)으로 1951 년에 『필로스 점토판』을 출간할 때까지 실질적인 진전은 거의 이루어지 지 않았다. 신뢰할 만한 기호 목록을 소개한 책은 베넷의 『필로스 점토 판』이 처음이었고, 그때까지도 비슷하게 생긴 기호들 간에 많은 혼동이 있었다. 처음 해야 할 작업은 각 기호의 전체 빈도수와 해당 기호군이 어 떤 자리, 즉 단어의 처음과 끝, 그리고 기타 위치에서 실현되는 빈도수를 보여주는 통계표를 만드는 일이었다. 벤트리스와 거의 같은 시기에 베넷과 크티스토풀로스도 비슷한 표를 만들고 있었다. 이 작업만으로도 의미 있는 이론이 도출되었다. 세 가지 기호, 즉 '양날 도끼' 기호인 08, '왕좌와 홀' 기호인 61, 그리고 38은 단어 첫 부분에서 두드러지게 나타났다. 61은 마지막 부분에서도 자주 나타났지만, 08과 38은 기타 부분에서 드물게 나타났다. 이를 통해 이들 세 기호가 한 단어 안에서 실현된다는 사실을 확인할 수 있었다. 이 이론에 따르면 08, 38, 61은 단언할수 없지만 한정사나 분류사로 볼 수 있다. 한 단어 안에서 동일한 기호를두 가지 다른 용도로, 즉 단어 첫 부분에서는 한정사로, 다른 부분에서는음가를 가진 기호로 실현된다고 가정할 필요가 없는 한, 이를 반박하기는 어려울 것이다. 음절 표기 방식에 대한 의견은 쉽게 일치하였다. 만약에 해당 언어가 단모음 V와 자음 뒤에 모음이 따라 붙는 CV의 음절문자체계를 구성한다면, 이들 세 기호가 다른 모음에 인접하여 실현될 때에는 단어 중간에서만 실현될 것이다. 모음으로 시작하는 모든 단어는 모음 기호로 시작되어야 한다. 영어에서 한 가지 사례를 들면 *individual*은여분의 모음과 함께 *i-n(i)-di-vi-du-a-l(a)*로 표기되어야 한다. 대상 언어가 무엇인지는 문제가 되지 않는다. 단어가 이런 식으로 구성된다면, 기호가 어떻게 사용되는지 분석함으로써 단어 분포의 특징적인 경향을알 수 있다. 즉 단모음은 (*individual*의 *a*처럼) 단어 중간에도 드물게 나타나지만 주로 첫 부분에 사용된다. 모음으로 시작하는 모든 단어는 모음 기호로 시작하지만, 단어 중간에 쓰인 대부분의 모음은 자음 다음에 실현되며, 자음과 모음이 합쳐진 복합 기호로 볼 수 있다. 음절문자로 기록된 키프로스어 명문을 살펴보면 이러한 사실이 분명히 드러난다. 실례로 *a*와 *e*처럼 단모음은 정확히 이런 분포를 보여준다. 이와 달리 다른 모음들은 사용이 비교적 자유로운 편이다. 그리스어는 이중모음이나 다른 모음 다음에 이들 모음을 사용하기 때문이다. 따라서 이들 세 기호, 즉 08, 38, 61 모두 아니면 적어도 08과 38은 모음이 분명하다고 추론할 수 있다.

일반적으로 78이 마지막 위치에 주로 사용된다는 사실을 통해 또 다른 추론이 가능하다. 어떤 물건의 수량 목록을 예로 들어보자.

36-14-12-41   70-27-04-27   51-80-04-**78**

11-02-70-27-04-27-**78**   77-60-40-11-02-**78**   61-39-58-70-**78**

61-39-77-72-38-75-**78**

77-70   06-40-36   03-59-36-28-**78**   38-44-41-**78**   43-77-31-80

위의 사례를 비롯하여 비슷한 텍스트를 검토한 끝에 벤트리스는 78이 '그리고'를 뜻하는 접속사이고 (라틴어의 *-que*처럼) 단어 끝에 붙어 단어를 연결하는 역할을 하였을 것이라고 추론하였다. 이 구성은 다음과 같이 분석될 수 있다.

---A 그리고 B

그리고 C 그리고 D 그리고 E 그리고 F

--- ---그리고 X 그리고 Y ---

첫째 행의 70-27-04-27과 둘째 행의 (11-02-)70-27-04-27(-78)처

럼 비슷한 단어가 사용된 양상을 비교하면 78과 같은 기호가 단어의 핵심 부분이 아니며 별도 접미사라는 사실이 드러난다. 이는 영어에서 형용사에 접미사 -ly를 붙여 형용사를 부사와 구별하는 것과 같은 방식이다. 일부 접두사도 비슷한 방식으로 식별할 수 있다. 또한 61-은 이따금 36-이나 61-39-와 번갈아 쓰고, 특별한 경우에는 08-과 번갈아 쓰기도 한다.

어떤 단어는 철자가 다르게 사용된 양상을 보임으로써 유용한 접근법을 제공하기도 한다. 물론 경우에 따라서는 두 단어가 다르다고 확신하기 어려울 때도 있지만, 여러 음절이 같고 단지 한 음절만 차이가 난다면 둘 사이에는 공통된 무엇이 있다고 가정하는 것이 합리적일 것이다. 비슷한 문맥 안에 있다면 더더욱 그렇다. 예를 들어 사람 이름인 듯한 단어가 동일한 문맥에서 한 번은 38-03-31-06-37로 기록되고, 또 한 번은 필경사에 의해 38이 28로 고쳐졌다면 이는 무엇을 의미하는 걸까? 지워진 기호를 읽을 수 있다는 것은 점토판의 특징 중 하나이다. 점토에 다른 기호를 덧씌운 후에도 원래 기호의 흔적이 여전히 남아있는 것이다. 이는 38과 28 사이에 연관성이 있음을 암시한다. 마찬가지로 08-27-03-20-61이 08-27-11-20-61로 수정되었다면 03과 11이 연관 있음을 뜻하며, 이런 연관성은 다른 곳에서도 확인된다. 단정적으로 말할 수는 없지만 38과 46, 44와 70, 14와 42·51, 60과 76과, 44와 74가 연관이 있음이 유사한 예들을 통해 확인되었다. 단순한 실수가 오해를 부르기도 하지만 진실을 드러내기도 한다. 내가 타자기를 이용할 때, 제대로 배운 적이 없어서 실수로 누르고자 하는 키 옆의 키를 누를 때가 종종 있었다. 충분한 사례가 수집되고 분석된다면 내가 e를 쳐야 할 때 자주 w나 r을 치며 다른 철자는 드물게 친다는 사실을 확인할 수 있을 것이다. 이를 통해

w, *e*, *r*이 한 데 모여 있다는 사실을 어렵지 않게 추론할 수 있고, 결국 전체 키보드를 재구성할 수도 있을 것이다. 글쓰기의 경우 관련 요소들이 보다 복잡하지만 보통 한 글자나 글자군은 비슷한 음을 가진 글자 또는 글자군으로 대치된다. 따라서 *attention*이 *atenshun*으로 쓰인다면, *t*가 *tt*와 비슷하며 *tio*가 *shu*처럼 소리 난다고 추론할 수 있다. 음절문자의 경우, 그 연관성은 모음과 자음 어디서도 있을 수 있다. 즉 *do*와 *to* 또는 *do*와 *du*처럼 쌍을 이루어 연관되는 것이다.

단어의 수많은 변이는 어미에서 비롯된다. 코버는 몇몇 사례에서 확인하였듯이 단어의 어미를 수정하면 문법 관계가 달라진다고 가정하였다. 예를 들어 영어에서 *boxes*와 *boxing*은 기본 단어인 *box*를 변형한 것이다. 다행히 점토판에 기록된 목록들은 대부분 명사이므로 동사의 변화는 고려하지 않아도 되었다. 즉 거의 모든 변화는 명사의 격변화로 실현되는 것이다. 벤트리스는 새로 발견된 자료를 이용해 코버의 관찰을 뛰어넘어 다양한 변이형을 구별할 수 있게 되었다. 어떤 경우에는 별도의 기호를 더함으로써 변화가 이루어지기도 하였다. 예컨대 08-39-32-59는 (잠정적으로 '소유격' 표지로 분류된) -61이 더해져 소유격을 표시하였다. -36이 더해져 소유격을 나타내는 명사도 있었다. 주격이 다른 기호로 대치되면서 격변화가 이루어지기도 하였다. 11-02-10-04-10의 '소유격'은 11-02-10-04-42와 (단어 03-02를 따르는) 11-02-10-04-75로 표시되었다. 이들 단어는 특정한 부류의 점토판에 실현된 단어의 변이형을 연구하는 과정에서 고유명사로 확인되었다. 이들 명사는 다른 문구에서 사용될 때, 변이형으로 실현된다. 단어 03-02는 이러한 명사 앞에 자주 나타났고, 언제나 특별한 형태의 명사가 뒤따랐다.

이러한 변형은 '주격'의 *hito-ha*, '소유격'의 *hito-no*, '목적격'의 *hito-wo*에서 굴절형 어미로 기능하는 일본어 '후치사'처럼 독립적인 어미가 결합하여 이루어진다. 하지만 제대로 된 어형 변화는 *domin-us*, *domin-i*, *domin-o*처럼 라틴어의 양상을 보여야 한다. 다시 말해 일본어 *hito*는 그 자체로 제 역할을 할 수 있는 독립어인 반면에 라틴어 *domin*은 독립적이지 못하고 문법적 어미가 붙어야 제 역할을 할 수 있다. 만약에 라틴어의 형태가 음절문자로 기록된다면, 음절의 꼬리 부분은 사실상 *-nus*, *-ni*, *-no*의 형태를 취해야 한다. 다시 말해 교체 접미사로 사용된 자음이 어간의 일부가 되어 변하지 않은 채 그대로 남기도 하는 것이다. 어형 변화가 다양한 형태로 존재한다는 사실은 우리를 두 번째 가능성으로 인도한다. 일본어의 모든 명사는 동일한 형태의 제한된 접미사를 사용할 뿐 진정한 의미의 어형 변화는 아니다.

이는 일련의 새로운 연결 가능성이 생겼음을 의미한다. 즉 동일한 자음에 다른 모음이 연결되는 것이다. 앞서 살펴본 10이 42나 75로 대체되는 어형 변화에서 자음은 동일한데 모음만 다른 것이 그 좋은 예이다. 1951년 가을 벤트리스는 필로스 점토판에서 굴절형 변화를 보여주는 159개 단어를 선별하여 목록으로 만들었고, 이 목록과 다른 크노소스어 목록으로부터 동일한 자음을 공유하는 기호들 간에 있을 법한 연관성을 도출하였다. 벤트리스는 이들 모두가 옳지는 않더라도 여러 단어에 걸쳐 수차례 등장하는 기호들은 적어도 그럴 법하다고 생각하였다. 가능성 있는 단어들을 아래에 표로 제시하였는데, 이들은 두 개 이상의 기호가 포함되어 있고 대체로 몇 개의 조합을 통해 실현된다.

02(ro)   60(ra)

05(to) 37(ti)

06(na) 30(ni) 52(no)

10(u) 40(wi) 42(wo) 54(wa) 75(we)

12(so) 31(sa) 41(si)

32(qo) 78(qe)

36(jo) 46(je)

38(e) 28(i)

44(ke) 70(ko)

53(ri) 76(ra₂)

이러한 굴절형의 변화는 격보다 성의 변화와 관련이 있는 것처럼 보인다. 이들 단어가 남자와 여자를 뜻하는 기호와 함께 사용된다는 점에서 더욱 그렇게 생각할 수 있었다. 이에 근거하여 벤트리스는 다음과 같이 도표화하였다.

남성	여성
02(ro)	60(ra)
12(so)	31(sa)
36(jo)	57(ja)
42(wo)	54(wa)

이 가운데 벤트리스는 세 번째 기호에 의심을 품었다. 즉 -57을 복수형 파생 접미사로 본 것이다. 한편 이 표는 또 다른 연관성을 암시하기도 하였는데, 1951년 9월 벤트리스는 이를 좀 더 깊이 파고들었다. 라틴어처럼 남성형과 여성형의 형태가 비슷하다고 생각한 것이다.

남성	여성
domin-us	*domin-a*
bon-us	*bon-a*
serv-us	*serv-a*

이에 근거하여 앞서 제시한 표의 세로 행(02 12 36 42와 60 31 57 54)을 보면, 모음은 같은데 자음만 다른 것을 알 수 있다. 이렇게 발견된 연관성 중에 무엇이 옳은지 판단하기 쉽지 않지만, 벤트리스는 가장 그럴 듯한 형태로 일관성 있게 표를 구성하였다. 우선 접미사의 기능에 따라 각 기호를 세로 행에 할당하고, 남성 및 여성뿐만 아니라 확인 가능한 격과 파생어를 가로 열에 할당하였다. 이로써 동일한 모음을 가진 기호의 연관성에 일정한 원칙이 세워졌다.

1951년 9월 3일 작업노트 15에 벤트리스는 다음과 같이 기록하였다. "이런 식으로 우리가 세운 격자판에 2차원 공간을 구성함으로써 충실한 음가표의 골격을 세울 수 있었다. 이후 어느 정도 완결된 체계를 세우기 위해 소수의 음절 값만 확인하였다. 격자판이 완벽한 크노소스 점토판에 의해 수정될 때까지 기다리는 것이 현명하겠지만, 행운이든 직관이든 언제든지 해답을 찾을 수 있게 되었다." 분명 벤트리스는 해답이 멀리 있지 않다고 생각하였다. 하지만 그는 여전히 그리스어가 전해지기 전에 선형문자 B가 사용되고 있었고, 에트루리아어 외에는 해독의 단서를 찾을 수 없을 만큼 희귀한 미지의 언어라고 확신하였다.

이 다음 단계는 위의 표로부터 일관성 있고 타당한 듯 보이는 다수의 등식을 사용하여 거칠게나마 음절 격자판을 구성하는 일이었다. 확인

된 여러 연관성을 고려하였고, 그 결과 모음 열은 다섯, 자음 행은 열다섯
으로 완성되었다. 1951년 9월 28일 아테네에서 〈그림 13〉과 같은 표가
재구성되었다. 나중에 오류가 다수 확인되었지만, 주요 골격은 이미 드
러나 있었다. 격자판은 숫자 형태로 표시하되, 괄호 안의 기호는 확실치
않은 것을 표시한 것이다. 벤트리스의 원본에는 좀 더 작은 크기로 그려
져 있다.

모음 ...		I	II	III	IV	V
단모음?		61	–	–	–	08
반모음?		–	–	–	59	57
자음	I	40	10	75	42	54
	II	39	11	–	–	03
	III	–	(14)	–	51	01
	IV	37	05	–	–	66
	V	41	12	–	55	31
	VI	30	52	–	24	06
	VII	46	36	–	–	–
	VIII	73	15	–	(72)	80
	IX	–	70	–	44	(74)
	X	53	–	(04)	76	20
	XI	60	02	27	26	33
	XII	28	–	–	38	77
	XIII	–	32	78	–	–
	XIV	07	–	–	–	–
	XV	67	–	–	–	–

1951년 11월 벤트리스는 주격의 −10으로 끝나는 단어를 연구하면서 이 표를 수정하였다. 벤트리스는 모든 단어에서 (03-02 다음에 오는) −10이 소유격의 −42와 전치사격의 −75로 변화된다고 발표하였다. 벤트리스의 이론은 새롭게 정립되었다. 일반적으로 어말에 나타날 수 있는 기호는 제한되어 있다. 이는 어말에 항상 동일한 모음이 나타난다면 쉽게 설명될 수 있다. 이를 통해 모음은 같은데 자음만 다른 일련의 새 기호들을 구성할 수도 있을 것이다. 벤트리스는 다음과 같이 모음 III을 재구성하였다.

자음				
	I	75	XI	27
	V	55	XII	38
	VI	24	XIII	78
	VIII	72	?	13
	IX	44	?	09
	X	04		

이는 적절한 조치였다. 이 중에 자리를 잘못 잡은 것은 오직 55뿐이었다. 이제 그리스어가 사용되기 전에 작성된 자료에서 그리스어가 차용한 단어 또는 명사의 접미사를 찾을 때가 되었다. 실제로 벤트리스는 그렇게 하였다. 그는 다음과 같이 의미심장한 말을 남겼다. "크노소스 점토판과 필로스 점토판이 실제로 그리스어로 기록되었을 것이라는 희박한 가능성을 고려하는 것은 나름 가치가 있다. 지금까지 우리가 미노아어를 살펴본 바에 의하면 그럴 것 같지는 않지만 말이다."

키프로스어 철자법이 선형문자 B에도 들어맞는다는 가정하에 미노

DIAGNOSIS OF CONSONANT AND VOWEL EQUATIONS ATHENS, 28 SEPT 51
IN THE INFLEXIONAL MATERIAL FROM PYLOS:

THESE 51 SIGNS MAKE UP 90% OF ALL SIGN-OCCURRENCES IN THE PYLOS SIGNGROUP INDEX. APPENDED FIGURES GIVE EACH SIGN'S OVERALL FREQUENCY PER MILLE IN THE PYLOS INDEX.

	vowel 1	vowel 2	vowel 3	vowel 4	vowel 5
	Impure ending, typical syllables before -? & -B in Case 2c & 3	Pure ending, typical nominatives of forms in Column I	Includes possible 'accusatives'	Also, but less frequently, the nominatives of forms in Column I	
	THESE SIGNS DON'T OCCUR BEFORE -B-	THESE SIGNS OCCUR LESS COMMONLY OR NOT AT ALL BEFORE -B-			
	MORE OFTEN FEMININE THAN MASCULINE?	MORE OFTEN MASCULINE THAN FEMININE?			MORE OFTEN FEMININE THAN MASCULINE?
	NORMALLY FORM THE GENITIVE SINGULAR BY ADDING -?	NORMALLY FORM THE GENITIVE SINGULAR BY ADDING -B			
pure vowels?	30.3				37.2
a semivowel?				34.0	29.4
consonant 1	14.8	32.5	21.2	28.1	18.8
2	19.6	17.5			13.7
3		9.2		3.3	10.0
4	17.0	28.6			0.4
5	17.7	10.3		4.1	10.2
6	7.4	20.5		14.8	14.4
7	4.1	44.0			
8	6.1	6.1	13.5		15.2
9		33.1		32.3	7.4
10	22.2		34.?	3.5	2.2
11	31.2	33.8	34.4	8.3	0.7
12	17.0			37.7	24.0
13		9.4	14.2		
14	5.0				
15	12.6				

〈그림 13. 벤트리스의 격자판, 1951년 9월 28일 작업노트〉

아어와 그리스어의 어형 변화를 조화시키는 일은 불가능하였다. 따라서 벤트리스는 에트루리아어 명사 접미사들 중에서 가능한 상당 어구를 찾아 나섰지만 대부분 실패로 끝이 났다. 하지만 언젠가 벤트리스는 다음과 같이 언급하였다. "그것이 연결되든 안 되든 그리스어 남성 어미 -*eus* 는 내가 미노아어 -10으로 읽은 기호와 기능상 거의 완벽하게 일치한다." 스스로 깨닫지는 못하였지만, 여기서 그는 진실을 움켜잡았다. 하지만 가야할 길은 여전히 멀었다.

1951년에서 1952년으로 넘어가는 겨울에 다양한 주제를 놓고 심층 연구가 이루어졌다. 이를 통해 선형문자로 기록된 텍스트 성격에 대한 일반적인 이해와 어형 변화에 관한 사소한 문제에서 약간의 진전이 있었다. 예를 들어 물레에 실 뭉치를 걸쳐놓은 것처럼 보여서 오랫동안 '아마포'일 것이라고 간주된 표의문자는 그것이 확실하지 않은데도 불구하고 보편적으로 받아들여졌다. 하지만 벤트리스는 현명하게도 이 주장을 받아들이지 않고 임금을 지급하는 데 사용된 물건일 것이라고 결론을 내렸다. 사실 그는 '곡물'을 의미할 것이라고 넌지시 뜻을 비쳤으며, 십중팔구 '밀'을 의미하는 것이 분명하였다. 『미노아 문자 II』에 크노소스의 전체 텍스트가 실리기 직전인 1952년 2월 즈음 벤트리스는 격자판을 수정할 준비가 되어 있었다. 제2행의 반모음은 이제 자음 I로 간단히 번호가 매겨졌으며, 따라서 다른 번호에도 변화가 생겼다. 괄호 안의 기호는 불확실하거나 대체 가능한 것을 나타낸다. 자음과 모음에 대해 잠정적으로 몇몇 확인 작업이 시도되었는데, 이들 대부분은 벤트리스가 상응하는 에트루리아어 문자를 제공하려는 시도에 근거하며, 키프로스어 음절문자 체계는 거의 고려하지 않았다. 벤트리스의 격자판에서 가로 열에 속하는 모음 네 개(단모음과 반모음―옮긴이)는 모두 정확하게 분류되었고, I열의 세로 행에 속하는 단모음, III=*p*(대체 문자), V와 VI=*t*(V=*d*, VI=*t*), VIII=*n*, XI=*r* 또는 *l*, XII=*l* 등도 거의 정확한 편이었다. 기호의 상대적 위치 또한 비교적 정확하였다.

모음 ...	I=-i?	II=-o?	III=-e?	IV	V=-a?	불확실
단모음?	61	–	–	–	08	–
자음 I	–	–	59	–	57	–
II	40	10	75	42	54	–
III	39	–	(39)	–	03	11
IV	46	36	(46)	–	(57)	–
V	–	14	–	–	01, 51	–
VI	37	05	(04)	–	–	66
VII	41	12	55	–	31	–
VIII	30	52	24	–	06	–
IX	73	15	(72)	–	80	–
X	–	70	44, (74)	–	(20)	(45)
XI	53	–	(04)	–	76	(20)
XII	60	02	27	–	26	33
XIII	28	–	38	–	(77)	–
XIV	–	–	13	–	–	–
XV	–	32	78	–	(32)	58
기타 자음	(67, 07)	–	(09, 45)	–	–	–

　　지금 와서 보면 벤트리스의 작업노트 19(1952년 3월 20일)의 판독 결과는 조금 실망스럽다. 벤트리스는 해당 언어의 어형 변화 체계를 재구

성하는 데 상당한 진전을 보였으며, 그의 작업노트는 해당 체계를 명확히 하려는 데 목적이 있었다. 당시 벤트리스는 복수형의 '사격' 접미사 -41의 연구에 집중하고 있었다. (이제 우리는 이 접미사가 복수형의 '여격' 접미사 -si라는 것을 안다. 하지만 이 접미사는 동사 어미로도 사용되며 철자법상 다른 경우에도 사용된다. 따라서 연구 대상의 선정이 잘못되었다.) 벤트리스는 상응하는 에트루리아어 문자 연구에도 상당한 시간을 투자하였지만 실패로 끝이 났다.

작업노트 20(1952년 6월 1일)은 "크노소스 점토판과 필로스 점토판은 그리스어로 기록되었을까?"라는 제목으로 작성되었다. 필명은 '경박한 탈선(a frivolous digression)'이라고 정하였다. 이제 누구나『미노아 문자 Ⅱ』를 이용할 수 있게 되었지만 아직 어느 누구도, 심지어 벤트리스조차도 완벽하게 해독하지는 못하였다. 벤트리스는 기원전 15세기 크노소스에 그리스어가 존재하였을 수도 있다고 생각한, 대담한 전문가의 주위를 계속 맴돌고 있었다. 그는 한 치의 흔들림도 없이 곧 반증이 나타날 것이라고 믿었다.

벤트리스는 미노아어가 그리스어일 것이라는 가설에서 출발하지 않았기 때문에 미노아어가 그리스어에 들어맞을 것이라고 생각지 않았다. 따라서 벤트리스는 그리스어와 무관한, '카테고리 3'으로 분류된 단어에 주목하였다. 여기에는 제3장에서 언급한 코버의 '삼중어'도 포함되어 있다. 글의 제목은 작업이 끝난 후에 붙여졌는데, 핵심적인 가정은 이들 단어가 장소명이라는 것이다. 코버는 여기까지 나아가지 못하였다. 이와 관련하여 벤트리스는 다음과 같이 분석하였다.

이들 기호는 고정된 자리에서 자주 사용되는 것으로 보아 인명이 아니라 다양한 상품 목록으로 보는 것이 타당하다. 이들 중에 공통된 목록은 [실례로 크노소스 점토판과 필로스 점토판에서] 각 사례별로 *12*개 그룹으로 나누어 다양한 기록에서 발견되고 있다.

가장 중요한 자료 가운데 하나인 우가리트(현재의 라스 샴라)의 기록을 유추해 볼 때, '카테고리 *3*'의 기호들은 우가리트의 '도시(*town*)와 동업조합(*corporation*)'의 이름으로 보인다. 실제로 필로스와 크노소스 점토판에 등장하는 기호들은 '동업조합'의 이름일 가능성이 크다. 해당 지역에만 나타나는 고유 기호는 '도시'나 마을 이름이고, *-37*과 *-57*로 끝나는 형용사형은 해당 민족의 이름으로 볼 수 있다.

흔히 형용사(남성 형용사와 여성 형용사)는 명사에 비해 긴 편이다. *Athens/Athenian*처럼 도시의 이름이 그 좋은 예이다. 만약에 크노소스의 도시 이름이 고전시대까지 살아남았다면 그것은 우리에게 희망을 안겨줄 것이다.

이를 토대로 세 가지 음성학적 제안을 추가할 수 있다. 즉 어두에 자주 등장하는 것으로 보아 08은 *a*로 볼 수 있다. 또한 키프로스어 *na*(42쪽 〈그림7〉 참조)이 06과 일치하는 것으로 보아 자음 VIII은 *n-*으로 볼 수 있고, 키프로스어 *ti*(42쪽 〈그림7〉 참조)이 37과 거의 일치하는 것으로 보아 모음 I은 *-i*로 볼 수 있다. 흔히 모음 I은 57(=*ja?*) 앞에는 쓰이지만 61(=*i?*) 앞에는 전혀 쓰이지 않는다. 여기에서 잘못 예측한 것은 마지막의 61이 *o*라는 것을 알아차리지 못한 것뿐이다.

크노소스에서 확인된 도시의 이름은 근처 항구도시로서 호메로스도 언급한 적이 있는 암니소스(Amnisos)이다. 자음군 -mn-은 여분의 모음과 함께 기록해야 한다. 모든 자음에는 모음이 따르기 때문이다. 따라서 이 단어는 이들 단서를 통해 대략 *a-mi-ni-so* 또는 08-..-30-..과 같은 형태를 취하게 된다. 점토판에서 이에 해당하는 한 가지 단어를 확인할 수 있는데, 이들 기호를 포함하는 단어는 유일하게 한 단어뿐이다. 이 단어는 다음과 같은 형태로 실현된다.

08-73-30-12 (단순형)

08-73-30-41-36
08-73-30-41-57 } (형용사형)

08-73-30-12-45 ('처소격' 형태?)

격자판의 I열에서 확인할 수 있는 것처럼 73과 30은 동일한 모음을 사용하므로 *mⁱ-ni*가 *-mni-*를 대신하는 것처럼 실제 모음과 함께 동일한 형태의, 여분의 모음을 더하게 된다. 이는 키프로스어의 특징과 정확히 일치한다. 따라서 12는 *so*가 될 것이며, -12로 끝나는 모든 명사는 *-sos*나 *-ssos*로 끝나는 일반 그리스어 형태를 나타낸다. 이로써 모음 II는 *-o*라는 가정이 확인된다. 아주 흔하게 쓰인 명사로는 70-52-12가 있으며, 이는 .o-no-so로 판독될 수 있다. 여기서 첫 번째 모음은 또 다른 여분의 모음이며 자음은 *k*가 되어야 하고, 따라서 철자가 *Knōssos*를 그럴 듯하게 닮은 *ko-no-so*가 된다고 추측할 수 있다. -12로 끝나는 세 번째 명사는 69-53-12=..-.i-so인데, 벤트리스는 이를 *tu-li-so=Tulissos*일 것이라 추측하였다. 툴리소스는 크레타 중심부에 위치한 주요 도시의 이름이다. 하지만 벤트리스는 이에 대해 확실성이 부족하다는 입장을 조심스럽게 취하였다. 69는 상대적으로 드물게 나타나는 기호로서 격자판상에는 위치가 매겨지지 않았다.

그 다음 벤트리스는 크노소스와 필로스 점토판에서 다양한 철자 형태로 나타나지만 (뚜껑 달린 잔을 닮은) 동일 기호와 유사한 문맥에 덧붙여진 물품명으로 관심을 돌렸다.

크노소스　70-53-57-14-52

필로스　　70-53-25-01-06

격자판에서 각 형태의 어미는 동일한 모음을 갖는다. 14와 52는 둘다 II열의 세로 행에 위치하고, 01과 06은 V열의 세로 행에 위치한다. 또한 두 단어가 동일하다는 것은 자음이 동일하다는 것을 의미한다. 14와 01은 가로 열 V에 위치하고 52와 06은 가로 열 VIII에 위치한다. 그 결과 어미는 $-t^o-no$, $-t^a-na$이고, 전체 단어는 $ko-l/ri-ja-t^o-no$(j는 영어의 y처럼 반모음)와 같은 형태가 된다. 이는 향신료로 쓰이는 '고수'(미나리과 식물로 잎과 씨를 양념으로 씀—옮긴이)를 뜻하는 그리스어 *koriannon* 또는 *koliandron*일 가능성이 아주 크다. 그러나 오늘날 우리에게 그리스어로 알려져 있다고 하더라도 원래 이 단어는 다른 언어에서 유래하였을 것이며, 따라서 이 단어가 미노아에 존재하였다고 해서 반드시 미노아어가 그리스어일 것이라고 말할 수는 없다.

벤트리스는 다음 단계에서 $a-mi-ni-si-jo$(남성형)와 $a-mi-ni-si-ja$(여성형)처럼 실현되는 장소 이름의 형용사형에 주목하였다. 벤트리스는 어미 -s, -n, -i가 다른 모음에 이어져 생략되면, 그 단어는 남성형의 *Amnisios*(또는 복수형의 *Amnisioi*), 여성형의 *Amnisia*(또는 복수형의 *Amnisiai*)처럼 영락없이 그리스어 파생어 형태가 된다는 사실을 예리하게 관찰하였다. 골치 아픈 소유격 어미 -36-36은 -(*i*)-*oio*로 끝나는 고대 그리스어 소유격과 일치하는 -*jo*-*jo*가 된다. -61로 끝나는 또 다른 소유격은 풀기가 어려웠는데, 주격이 -*ā*로 끝나고 소유격이 -*ās*로 끝나는 여성 격변화는 벤트리스가 예측한 대로 끝 철자 -*s*가 생략될 경우 철자에 차이가 없기 때문이다. 또한 벤트리스는 (-*ja*로 끝나는) 28-46-27-57의 소유격은 실제로 주격과 동일하다는 사실에 주목하였다.

다시 '소년들'과 '소녀들'을 뜻하는 단어로 돌아오면 70-42와 70-54는 둘다 *ko*-로 시작된다. 오늘날 그리스어에 '소년'을 뜻하는 단어가 다수 있지만, *ko*-(또는 *kho*-나 *go*-, 이들 두 기호는 키프로스어에 비춰보면 ko로 해독할 수 있다)로 시작되는 단어는 하나뿐이다. 바로 고대(아티카) 그리스어 *koros*이며, 여성형은 *korē*이다. 여기서 우리는 처음으로 언어 문제에 직면하게 된다. 고대 그리스어는 대개 아테네어이기도 한 아티카(Attica) 방언이었다. 하지만 우리는 명문이나 일부 문학 작품을 통해 수많은 방언이 있음을 알고 있고, 이들 방언도 역시 그리스어이지만 형태상으로는 아티카어와 다르다. 주로 이오니아어로 작품을 쓴 호메로스는 '소년'을 *kouros*로 표기하였으며 도리아 방언으로는 대개 *kōros*로 표기된다. 이처럼 다양한 형태 가운데서 온갖 다양한 방언이 유래한 원래 형태는 *korwos*였다고 추론할 수 있는데, 이 추론은 실제로 여성형 *korwā*를 보존하고 있는 아르카디아 방언을 통해 검증할 수 있다. 아티카어 *korē*의 기원은 *korwā*이다. 아티카어는 철자 *w*가 탈락되고 *ā*가 *ē*(bay의 *ay*처럼 발음되지만 단모음이며 악센트가 더 강하다)로 바뀐 것이다. 따라서 이들 단어의 그리스어 초기 형태를 찾으려면 *korwos*와 *korwā*로 더듬어 가야 한다. 벤트리스는 70-42와 70-54에서 "철자가 일부 생략되었다고 가정한다면" *ko(r)-wo(s)*와 복수형 *ko(r)-wo(i)*, *ko(r)-wā*와 복수형 *ko(r)-wa(i)*가 들어맞는다고 보았다. 이런 식의 '생략'을 가정하는 것은 대담하지만, 그 가능성은 실험 가치가 있었다. 그렇다면 격자판상의 자음 II는 *w*가 되며 이 가로 열에 무엇인가 잘못이 있음이 분명해진다. 가로 열 II에서 42가 10을 대체해야 하기 때문이다. 하지만 이제 자연스럽게 수정이 이루어진다. 세로 행의 모음 III (*e*?) 뒤에 실현되는 -10(*u*), -42(*wo*), -75(*we*)는 *-e-..*, *-e-wo*, *-e-we*로 격 변화를 일으킨다. 이는 *-eus*(그래서 10의 음가를 u로 추측할 수 있음)와 고대 그리스어 소유격 *-ēwos*를 연상시킨다. 하지만 '전치사격'은 정확히 일치하지 않는 것처럼 보인다. 그 형태가 *-e-wi*가 되어야 하기 때문이다. 이와 관련하여 벤트리스는 (고대 그리스어에서 이미 사라진) 처소격 *-ēwe*를 떠올렸다.

'합계'를 뜻하는 단어인 05-12와 05-31은 *to-so*와 *to-sa*로 남성 및 중성의 'so much'를 뜻하는 *to(s)-so(s)* 또는 *to(s)-so(n)*, 남성의 'so many'를 뜻하는 *to(s)-so(i)*, 여성의 'so much'를 뜻하는 *to(s)-sā*, 여성 및 중성의 'so many'를 뜻하는 *to(s)-sa(i)* 또는 *to(s)-sa*로 해독될 수 있다. 격자판상에 불확실하게 놓인 기호 45에는 *te*(및 *the*, *de*)가 적용되었고, 좀 더 긴 형태의 05-12-45는 *to(s)-so(n)-de* 등과 같이 된다. 또한 장소명에 접미사가 동일하게 적용되면 실례로 *Amniso(n)-de*는 '암니소스로(to Amnisos)', *Amniso-the(n)*는 '암니소스에서(from Amnisos)', *Amniso-thi*는 '암니소스에 (at Amnisos)'가 될 수 있다.

크노소스 전차 점토판의 일부 단어에서도 크노소스어가 그리스어임을 알 수 있게 해주는 증거를 찾을 수 있다. 08-60-02-15-04-13-06은 *a-l/r.-l/r.-m.-t.-....*로 쓸 수 있다. 이렇게 시작되는 그리스어 단어로 (*h*)*armata*, 즉 '전차'가 있다. 하지만 벤트리스는 -13-06이 동사 어미임을 알아차렸지만 그것이 수동태 분사 *-mena*의 종결형이라고까지는 생각지 못하였다. 아울러 '고삐 달린'이라는 뜻으로 이해될 수 있는 구절 08-60-26-57 08-30-57-39 *a-ra-ru-ja* (*h*)*ā-ni-jā-phi*에서 벤트리스는 "그리스어 괴물이 다시 머리를 쳐들었다"라고 고백하였다. 이 구절의 아티카어 형태는 *araruiai hēniais*이지만, 어미 *-phi*는 호메로스의 시에서도 흔히 등장하는 형태이다.

벤트리스는 다음과 같은 경고 문구로 작업노트를 끝맺고 있다. "연구를 계속하다보면 이 행의 판독은 조만간 난국에 처하거나 그 자체로 미궁에 빠질 것이다." 벤트리스는 예를 들어 그리스어 *te*(and)와 접속사 -78처럼 그리스어에 들어맞지 않을 것 같은 특징에 주목하였다. 여기서 벤트리스는 연구 중이던 언어의 고어를 고려하지 못하였다.

하지만 이 작업노트가 우편함에 들어갔거나 전 세계 학자들에게 배달 중일 때도 벤트리스는 이 실마리를 추적하였으며, 그리스어가 해답이 될 수밖에 없다는 사실을 깨닫고 스스로도 놀라게 된다. 말문을 굳게 닫고 있던 기호들이 천천히 고통스럽게 입을 열었고, 그 입에서 나온 말은 사실상 난도질되어 짧게 줄어든 그리스어였다. 그렇더라도 그리스어로 인식되기에 충분하였다.

제5장

성장과 발전

암호학은 추론과 검증으로 이루어지는 학문이다. 암호 해독자는 가설을 세우고 실험을 하는 과정에서 가설을 버리기도 한다. 하지만 수차례 실험을 거치면서 해독자는 발밑에 단단히 다져진 땅을 느끼는 시점에 다다른다. 해독자가 세운 가설을 통해 마침내 의미의 편린들이 허물을 벗고 모습을 드러내기 시작한다. 암호가 '풀리는 것'이다. 이는 매우 비약적인 현상으로 원자물리학의 초기 연쇄반응과 흡사하다. 일단 결정적인 단서가 풀리고 나면 반응이 스스로 증폭된다. 아주 단순한 실험이나 암호만으로도 폭발적인 연쇄반응이 일어날 수 있다. 좀 더 복잡한 문제를 해결할 때는 시간이 좀 더 필요할 수도 있다. 아주 미세하지만 해독에 꼭 필요한 증거가 모습을 감춘 채 남아 있다가 서서히 그 모습을 드러내는 것이다.

1952년 6월 벤트리스는 선형문자 B가 해독되었다고 느꼈다. 하지만 작업노트 20에는 그리스어라고 추정할 만한 단어 수가 많지 않아 설득력이 부족하였다. 이들 단어는 현실성이 전혀 없는 관례적인 표기법을 따르고 있었다. 벤트리스가 더 많은 텍스트를 전사(轉寫)할수록, 그만큼 더 많은 수의 그리스어 단어가 모습을 드러내기 시작하였다. 미지의 단어를 해독함으로써 새로운 기호들을 식별할 수 있었고, 그 값은 다른 자료를 통해 검증되었다. 철자법이 확인되고 해독 패턴이 명확해졌다.

때마침 벤트리스는 『미노아 문자 II』의 출간과 관련하여 BBC로부터 「제3프로그램(Third Programme)」에 출연해 줄 것을 요청받았다. 벤트리스는 자신이 발견한 사실을 대중에게 공개할 절호의 기회라고 생각하였다. 그는 우선 미노아 문자를 발견하기까지의 역사를 간략히 소개한 후, 자신의 해독 방법을 개괄하였다. 마침내 놀라운 공표의 순간이 찾아왔다.

지난 몇 주 동안 저는 크노소스 점토판과 필로스 점토판이 그리스어로 기록된 것이 분명하다는 결론에 이르렀습니다. 이 언어는 난해하고 오래된 그리스어로서 호메로스 때보다 500년이나 앞서며 다소 축약된 형태로 쓰였지만 분명 그리스어입니다.

일단 이런 결론을 내리자 그동안 저를 괴롭혔던 미노아 언어와 철자상의 특징들이 대부분 논리적으로 설명되는 듯하였습니다. 여전히 많은 점토판들이 예전처럼 해독되지 않은 채 남아있지만 갑자기 의미를 찾기 시작하였습니다(The Listener, 1952년 7월 10일 참고).

벤트리스는 그리스어로 알려진 네 개의 단어('목동'을 뜻하는 poimēn, '도공'을 뜻하는 kerameus, '청동세공인'을 뜻하는 khalkeus, '금세공인'을 뜻하는 khrusoworgos)를 인용하여 미노아 문서 여덟 구절을 해독하였다. 그는 다음과 같이 말을 끝맺었다. "이제 가장 초기의 유럽 명문(銘文)을 읽을 수 있게 되었지만, 내가 찾은 해답에 대해 모두가 동의하기 위해서는 여전히 풀어야 할 숙제들이 산적해 있다."

나는 그의 말에 귀를 기울였지만, 그날의 방송이 큰 반향을 불러일으킨 것은 아니었다. 새로운 주장이 거의 없었다. 나는 벤트리스의 체계가 해독의 가능성을 높였다고 생각지 않는다. 벤트리스와 달리 미케네어에 대한 나의 입장은 확고하였다. 하지만 벤트리스가 인용한 단어 *khrusoworgos*는 나를 고무시켰다. *w*는 고대 그리스어에 존재하지 않았지만, 더 오랜 옛날로 거슬러 올라가면 일부 방언에서 사용된 것으로 알려졌다. 호메로스의 시에서처럼 이 철자가 사라진 것은 근래의 일로 알려져 있다. 벤트리스가 개괄한 원리는 내가 세운 원리와 상당히 일치하였다. 제대로만 진행한다면 올바른 결과에 도달할 수 있을 것이다. 나는 대부분의 고고학자들이 그렇듯이 그리스어가 실마리를 풀 수 있는 열쇠라는 주장에 반대하지 않았다. 6년 전 나는 이 가설과 관련해 몇몇 유용한 필로스 텍스트를 조사한 적이 있었는데 자료가 턱없이 부족하였다. 나에게 1952년은 제대로 준비가 되지 않은 해였다고 고백해야겠다. 그해는 내가 케임브리지대학교에 부임하기 직전이었고, 모든 시간을 10월에 있을 강의 준비에 할애해야 하였기 때문이다.

하지만 벤트리스의 주장은 무심코 지나치기에 정말 중요하였고, 내 강의 주제인 그리스 방언과도 깊은 관련이 있었다. 나는 우선 존 마이어스 경을 찾아가 그의 의견을 물었다. 그가 벤트리스와 교분을 나누고 있다는 사실을 알고 있었기 때문이다. 그는 평소처럼 무릎 덮개로 다리를 감싼 채 큰 책상 앞 캔버스 의자에 앉아 있었다. 그는 몸을 가누기 힘들

정도로 노쇠해 손동작으로 의자에 앉으라고 권하였다. "음, 벤트리스라. 젊은 건축가지." 그는 나의 질문에 답하였다. 당시 마이어스 경의 나이가 82세였으므로 나는 "젊다"는 말의 뜻이 벤트리스가 60세가 덜 되었다는 뜻이 아닌지 궁금하였다. 그는 계속 말을 이어갔다. "여기 그의 글이 있는데, 이걸 어떻게 활용해야 할지 모르겠어. 나는 언어학자가 아니거든." 그는 그리스어가 열쇠라는 주장이 타당한지 판단할 전문적인 지식이 불충분하다는 것을 인정하면서도 회의적인 입장을 취하였다. 하지만 그는 격자판과 관련된 최신판을 포함해 벤트리스의 몇몇 작업노트를 가지고 있어 복사를 허락하였고, 벤트리스를 직접 만나게 주선하겠다고 약속하였다.

나는 새 이론을 시험하려는 열의를 품고 집으로 돌아왔다. 아주 신중하게 문제에 접근하였다. 방송을 시청하면서 느낀 인상 때문에, 나는 벤트리스가 예로 든 그리스어가 게오르기에프의 '판독'처럼 그리스어 방언이 아니라 그리스어를 흐릿하게 닮은 것에 불과할지도 모른다는 생각에 몸서리를 쳤다. 나는 두 건의 텍스트에서 보다 많은 단어를 전사하였고, 나흘 후에는 이들 단어의 밀접한 관련성을 찾았다는 확신이 들었다. 나는 타당성이 있는 23개의 그리스어 단어를 점토판에서 찾아내어 목록으로 만들었다. 이들 중에는 벤트리스가 주의해 보지 못한 것도 있었다. 1952년 7월 9일 나는 마이어스 경에게 내가 내린 결론을 글로 써서 보냈고, 벤트리스에게도 해답을 찾을 수 있도록 도움을 준 것에 대해 고맙다는 인사와 함께 몇 가지 제안을 보냈다.

7월 13일 전달된 그의 답신은 과연 그답게 솔직하고 겸손하였다. 그의 편지 내용은 다음과 같았다. "때마침 저는 도덕적으로 후원이 필요하다는 사실을 절감하고 있었습니다. ……지금까지 아주 만족스럽게 설명되지 못한 점이 많다고 생각합니다." 나는 그에게 도움이 될 수 있는지 조심스럽게 물었다. 그의 답변은 이러하였다. "저는 올바른 판단을 위해 '언어학자'의 도움이 필요하다고 생각해 왔습니다. ……자료를 이해할 뿐 아니라 방언의 형성 과정과 발전 단계에 대해 올바른 결론을 내릴 수 있도록 당신의 도움을 받을 수 있다면 저에게 더없는 힘이 될 것입니다." 이렇게 시작된 우리의 동반자 관계는 4년 이상 지속되었다.

그가 보낸 편지의 요점을 소개하기 위해 편지글을 좀 더 인용할 필요가 있다. "만약 내가 법정에 서게 된다면 그동안 내가 이룩한 성과를 우연의 결과가 아니라 자료를 조작한 결과라고 판단할지 모르지만, 마이어스 경에게 편지를 보내고 난 다음에 내가 갖게 된 일부 생각을 우리가 공유한다는 사실이 기뻤습니다." 우리가 서로 상관없이 동일한 생각을 품었다면 내릴 수 있는 결론은 두 가지 뿐이다. 첫째는 둘 다 옳고 따라서 판독이 입증되었다는 것이며, 둘째는 벤트리스가 의도적으로 그런 증거만을 제공한 것이다. 벤트리스의 지인들은 후자의 경우를 고려하지 않았다. 나는 처음부터 그의 이론에 문제가 없다는 것을 믿고 있었으며, 이후로도 나의 믿음은 전혀 흔들리지 않았다. 그해 여름 정작 심한 공포감에 시달린 사람은 벤트리스 자신뿐이었다. 예를 들어 7월 28일 그는 "하루 걸러 한 번씩 모든 것에 의심이 들어 차라리 다른 사람 일이었으면 좋겠다고 생각한다"라고 썼다. 그는 미케네어와 고대 그리스어 간의 몇몇 불일치에 대해 염려하였지만, 이 부분에 대해 나는 그를 안심시킬 수 있었다. 예를 들어 정관사의 부재에 대해 고민할 이유가 전혀 없었다. 언어학자들은 해당 언어의 초기 단계에 이미 정관사의 부재를 예상하였기 때문이다. 하지만 우리의 이런 공조 체제는 그리 오래 가지 않았다. 벤트리스가 놀라울 정도로 빨리 혼자 힘으로 그리스 언어학의 세부 내용에 정통하였기 때문이다.

초기에 나는 55의 음절값을 *nu*로 제안하였다. 이 기호는 아테나와 포세이돈을 비롯하여 신의 이름 *Enualios*(전쟁의 신 아레스)처럼 일부 호의적인 말에 사용된다는 점에 주목하였다. 벤트리스의 답장은 다음과 같았다. "나는 점토판에서 신의 이름을 찾는 데 의혹이 깊습니다. ……하지만 아타나 포트니아(*Athana potnia*, 여신 아테나)는 확실히 너무 아름답더군요. 그래서 진실성이 더 의심스러울 지경입니다."

벤트리스가 착수한 첫 번째 일은 타당해 보이는 그리스어 어휘집을 만드는 일이었다. 그는 이를 「실험 어휘집」이라고 불렀으며, 이 어휘집에는 (적절한 명칭을 포함하여) 553개의 어휘가 포함되었다. 이들 가운데 극히 일부만 잘못된 것으로 밝혀지고 대부분 수정되었으며, 우리가 참고할 수 있는 것은 대체로 여기 실린 그리스어 어휘들이었다. 아직 값도 정해지지 않았고 드물게 쓰이는 기호들이 여전히 상당수 남아 있고 완벽히 이해할 수 있는 텍스트는 거의 없었다. 하지만 우리는 다음 구절을 해독할 수 있게 되었다.

PU-RO *i-je-re-ja do-e-ra e-ne-ka ku-ru-so-jo i-je-ro-jo* WOMEN 14

ΠΥΛΟΣ· ἱερείας δοῦλαι ἕνεκα χρυσοῖο ἱεροῖο

필로스: 성스러운 금을 위한 사제의 노예들 여성 14명

이 점토판에는 두 가지 사항이 분명히 나타난다. 첫째, *e-ne-ka*의 뜻

을 이해하기 어려웠다. 이 단어가 고대 그리스어 *heneka*(~을 위하여)와 일치하더라도 어원학자들은 보다 초기 형태가 *henweka*이며 미케네어로는 *e-nu-we-ka*가 될 것이라 추측하였다. 하지만 이 단어는 점토판에 수차례 사용되었으므로 착오를 일으켰을 리 없다. 그렇다면 어원학자들이 잘못 판단하였거나 미케네어 형태에서 *w*가 탈락한 특별한 이유가 있을 것이라고 생각하지 않을 수 없었다.

둘째, 단순히 점토판을 해독할 수 있다고 해서 자동적으로 모든 문제가 풀리는 것은 아니다. 왜 이 여자들은 사제의 노예가 되었는가? 어떤 성격의 사제인가? 성스러운 금이란 무엇을 뜻하는 말인가? 이 점토판에 기록된 사건이나 거래 내역은 무엇인가? 이 모든 질문은 오늘날 우리가 풀 수 있는 문제들이 아니다. 점토판을 기록한 필경사들은 그 사실을 알고 있겠지만, 동일한 배경지식을 가지고 있지 않은 이들이 이것을 읽을 수 있으리라고는 기대하기 어렵다. 우리 가운데 많은 이들이 일기장에 분명한 의미를 기록으로 남기지만, 그 기록이 이방인에게 전혀 의미가 없는 것과 같다. 이 문제는 여전히 우리를 괴롭히고 있으며 앞으로도 그럴 것이다. 우리는 점토판의 내용이 부분적인 기록일 수밖에 없기 때문에 전체 사실 또는 사건을 알 수 없다. 우리는 가능한 한 꼼꼼하게 점토판의 내용을 살펴보고 유사한 내용의 다른 문서와 비교하고 고고학적 증거에 비춰보아야 한다. 상상력이 간격을 메우는 데 도움이 될 수 있을 텐데, 제7장에서는 텍스트의 제약 없이 미케네인들의 삶 자체를 살펴보려고 한다. 하지만 실제 알고 있는 이상으로 아는 체하는 것은 바람직하지 않다.

나와 벤트리스는 서신 교환을 통해 수시로 의견을 나누었다. 가끔 만나 문제를 토의하고 작업을 구상하긴 하였지만, 대부분의 작업은 혼자 하고 결과를 상대방에게 보내 평가받는 방식을 이용하였다. 공저 작업도 이 방법을 따랐다. 각자 맡은 부분의 초안을 작성하고 상대방이 초안 내용을 평가하도록 하였으며, 제기된 반대 의견을 고려하여 전체 내용을 다시 작성하였다. 문제에 대한 우리의 전반적 입장이 그렇게 조화를 이루지 않았다면 이 방법은 절대 성공하지 못하였을 것이다. 우리 사이에 의견 차이가 많았지만 대부분 사소한 것들이었고, 출판에 앞서 해결되었다. 상대방에게서 미리 모든 부분을 평가받는다는 것이 공저 작업에 대해 자신감을 가지는 데 적지 않게 기여하였다.

첫 번째 결과물은 해독에 관한 장문의 논문이었다. 벤트리스가 이 글을 함께 쓰자고 요청하였을 때 나는 내심 기뻤다. 나로 인해 조금이나마 공신력이 더해질 수 있기를 바랄 뿐이었지만, 벤트리스는 공저로 발표하기를 바랐다. 그 결과 나의 의견이 구체적인 지식 없이 포함되었으며, 부끄럽게도 공저로 발표되었다.

쓸데없는 논쟁을 막기 위해 제목도 「미케네 고문서에 나타난 그리스 방언의 증거(*Evidence for Greek Dialect in Mycenaean Archives*)」(이하 「증거」라고 함)라고 조심스럽게 정하였다. 우리는 선형문자 B를 해독하였다고 주장하지 않았으며, 우리가 발견한 증거를 제시만 하였을 뿐이다. '언어'보다 '방언'이라는 말을 택한 이유는 우리가 그리스어 가운데 한 가지 방언을 새로 알아냈음을 강조하기 위해서였다. '고문서'라는 말은 해독하려는 문서의 종류에 대해 우리가 전혀 착각하지 않았음을 보여주기 위해 선택하였다. 가장 대담한 용어 선택은 선형문자 B 대신 '미케네'를 택한 데 있는데, 해당 주제에 대해 글을 쓴 거의 모든 연구자들이 얼버무리거나 회

피한 사실을 분명히 언급하려는 목적에서였다. 1939년 이후 선형문자 B에 관한 한 '미노아'라는 꼬리표는 시대에 뒤떨어진 말이었다. 필로스는 미케네 지역에 위치해 있으며, 미노아 지역이 아니라는 사실을 무시하거나 미노아-미케네 또는 크레타-미케네처럼 복합 명칭을 써서 문제의 난해함을 숨기려는 것이 통상적인 해결 방법이었다. 우리는 선형문자 B가 그리스어를 담고 있다는 확신과 함께 후기 미노아 Ⅱ기의 크노소스는 미케네 문명의 일부였다는 피할 수 없는 결론으로 나아갔다. 고고학자들의 목구멍을 꽉 틀어막고 있는 것이 바로 이것이다. 하지만 주장의 정당성이 인정되었고, 미케네라는 말이 원래는 후기 헬라스 시대 그리스 본토 문화만 의미하던 것이 이제는 선형문자 B와 거기 담긴 방언으로까지 확대되었다. 1952년 미케네에서 선형문자 B가 담긴 점토판이 발견되면서 이 단어 선택은 더욱 힘을 얻었다.

1952년 11월까지 「증거」는 거듭 수정되었다. 그러다가 운이 좋게도 우리는 토머스 던바빈(Thomas J. Dunbabin)의 호의로 『그리스 연구 저널(Journal of Hellenic Studies)』 1953년 호에 논문을 실을 수 있었다. 논문을 쓰기 시작한 지 18개월 이내에 영국 고전 학술지에 논문을 발표한다는 것은 여간 어려운 일이 아니었을 뿐만 아니라 설상가상으로 1952년 전쟁의 여파가 출판계를 더욱 어렵게 만들었으며, 이런 종류의 글은 편집자의 호감을 사기도 어려워 여간 행운이 아니라고 생각하였다. 혹시 별 볼일 없는 논문으로 판명되기라도 한다면 소중한 지면을 20여 쪽이나 허비할 수도 있는 일이기 때문에 발표가 어렵다. 하지만 저자의 주장이 타당성을 인정받으면 얼마든지 논문을 발표할 수 있었다. 다행히도 편집자는 논문 게재를 결정하였다. 이에 대해 우리는 정말 감사를 드리며, 그렇지 않았다면 출판을 위해 해외로 나가야 하였을 것이다. 이를 위해 비외르크(Björck) 교수가 스웨덴 학술지 『에라노스(*Eranos*)』에 이미 지면을 할애해 준 터였기 때문이다.

글의 시작 부분은 선형문자 B가 그리스어를 담고 있다는 주장을 합리적인 역사적 가설로서 전개해 나갔다. 그 다음으로 음절 격자판의 원리를 간략히 설명하면서 순전히 내적인 증거를 토대로 텍스트를 해독하였다. 이 부분은 비평가들의 오해를 불러왔으며, 후원자들마저 내용이 불완전하다고 불평하였다. 하지만 지면 관계상 그렇게 많은 분량의 작업 노트를 메운 단계별 분석 내용을 일일이 소개하기란 불가능한 일이었고, 일단 해답이 주어졌으므로 결론에 이르도록 한 부분적 단서들보다 그런 결론에 이르도록 한 전체 증거를 모으는 일이 더 중요한 것 같았다. 아마도 이는 우리 쪽에서 잘못 판단하였는지도 모른다. 하지만 우리가 여기서 지나치게 나섰다면 편집자의 심기를 불편하게 하였을 것이다.

이러한 주제를 다루는 저자들이 공통적으로 겪는 어려움 중 하나가 바로 인쇄 문제이다. 선형문자 B의 수많은 단어와 구절들을 예문으로 사용할 때, 일일이 문자들을 본문에 끼워 넣는다면 그 비용이 만만치 않았을 것이다. 대신에 우리는 문자를 직접 그려서 한 페이지로 선형문자 B 일람표를 만들었다. 223개에 달하는 선형문자 B 단어 및 구절에 숫자를 매겨 보완하였다. 이런 편법을 통해 비용을 줄일 수 있었지만, 그것이 어떤 결과를 가져올지 예측하기는 어려웠다.

실험적 음절 격자판을 이용하여 65개 기호에 값을 매겼는데, 그중 7개는 대체 가능한 것이었다. 후속 작업을 통해 대부분의 문제가 해결되었지만 한 가지 기호는 완전히 틀렸으며(qo_2는 *su*로 밝혀졌다), 몇 가지 사소한 수정이 가해졌다(*da₂*는 *du*로 여겨지고 *nu₂*는 좀 더 정확히 말해 *nwa*이다). 하지만 해독에 대해 전적으로 반대하는 이가 아니라면 이들 대부분의 음절 값에 대해 전혀 문제 삼지 않았다. 이는 수용하든지 거부하든지 양자택일의 문제였다.

다음으로 우리는 '미케네 그리스어 정자법 규칙(가정)'을 제안하였다. 이들 규칙은 미케네어를 그리스어로 인정하면서 얻은 결과물인데, 사실 예기치 않은 일에 가까웠고 썩 달가운 것도 아니었다. 비록 이들 규칙이 경험적으로 결정된 것일지라도 일관성 있는 패턴을 형성하고 있는 것은 사실이다. 기본 원칙은 해당 언어가 개음절(開音節) 형태로 실현되어야 한다는 것이다(CV형을 개음절이라고 하고, CVC형을 폐음절이라고 함―옮긴이). 즉 둘 혹은 그 이상의 자음으로 시작하는 음절은 뒤에 오는 모음을 중복하여 사용한다. 하지만 음절 끝에 자음이 오면 다음 단어의 어두 자음 앞에서 모음을 생략한다. 이 규칙을 요약하면 다음과 같다.

1. 모음은 5개(*a, e, i, o, u*)이다. 각 모음의 음가는 구별되지만 길이는 구별되지 않는다.
2. 이중모음의 두 번째 요소로 사용된 -*u*는 표기한다(*au, eu, ou*).
3. 이중모음의 두 번째 요소로 사용된 -*i*는 일반적으로 생략된다(*ai, ei, oi, ui*). 단, *j*와 함께 실현되었을 때와 *ai*가 어두에 실현되었을 때, 다른 모음 앞에서는 예외다.
4. 발음상 *i*와 후행 모음 사이에 끼어 있는 반모음(glide)은 일반적으로 *j*로 표기하며, *u* 다음에는 *w*로 표기한다. 이들 음은 그리스어 알파벳 철자법에 따라 보통 생략된다.

5. 자음은 12개이다.

j(영어의 *y*)는 이중모음 *i*를 표기할 때나 반모음으로만 사용된다(3번 항목 참조).

w는 옛 그리스어 디감마(F)와 값이 같으며 영어의 *w*처럼 발음된다.

d, m, n, s는 후기 그리스어와 값이 같다(대체로 영어와 비슷하다).

k는 *k, kh, g*와 값이 같다.

p는 *p, ph, b*와 값이 같다.

t는 *t, th*와 값이 같다.

r은 *r, l*과 값이 같다.

z는 그리스어 **3**와 값이 같지만, 미케네 시대의 정확한 음가는 아직 밝혀지지 않았다.

q는 순연구개음(脣軟口蓋音) k^w, g^w, k^wh와 값이 같다. 이들 중 일부는 라틴어에 남아 있지만(*quis, minguit*) 고대 그리스어에서는 완전히 사라졌다. 위치에 따라 *k, p, t*로 나타난다(유성음 및 유기음 형태와 대응되는 파열음). 선사시대 그리스어에 존재하였다는 사실은 오래 전에 예상되었다.

6. 유기음 기호는 따로 없으며, 유기자음 *th, ph, kh*(그리스어 θ, φ, χ)는 무기음과 구별되지 않는다.

7. *l, m, n, r, s*는 어말에 오거나 다른 자음 앞에 올 때 생략된다(*po-me=poimēn, ka-ko=khalkos, pa-te=patēr*). 이 놀라운 규칙은 다음과 같이 보다 과학적으로 설명할 수 있다. 그리스어로 인정된 최종 자음(*n, r, s*)만 생략되며, 이 관례는 중간 폐쇄음절(즉 다른 자음 앞)과 *l, m*으

로까지 확대된다.

8. 어두의 *s*-는 자음 앞에서 생략된다. 우리는 이 규칙을 어두에 나타난 *w*-에 확대 적용하려고 하였지만, 이는 잘못된 어원 연구에 기초한 착오로 밝혀졌다.

9. 자음 +*w*로 구성된 단어에서 자음은 표기한다. 이때 자음과 자음 사이에 삽입하는 모음은 후행 음절의 모음 또는 *u*를 사용한다. *w* 앞의 *r*은 항상 생략된다.

10. 다른 자음에 선행하는 파열자음(*d*, *k*, *p*, *q*, *t*)은 그 다음 음절의 모음과 함께 쓰인다(*khrusos=ku-ru-so*). *mn*도 이와 유사하다(*Amnisos=A-mi-ni-so*). 어말 자음에는 특별한 기호를 사용하기도 한다(*wanax=wa-na-ka*).

음절문자 체계는 서로 교체 가능한 몇몇 기호를 포함하고 있는데, 이를 *pa₂*, *a₂* 등으로 표시하였다. 작업이 진행되면서 이러한 기호의 수가 늘어났다. 이를 통해 이들 기호가 사용되는 조건을 더 많이 알게 되었다. 예를 들어 *pa₂*는 원래 *qa*였으며, *ra₂*는 *ria*를 나타내고, *ra₃*은 *rai*를 나타낸다. 이 체계에는 *pte*, *nwa*, (최근에야 밝혀졌지만) *dwo*처럼 아주 특이한 경우도 일부 있다.

일반적으로 말해 철자법은 키프로스어와 일치하지만, 다음과 같은 차이점 때문에 두 체계가 정확히 일치한다고 말할 수 없다. 키프로스어에서 -*i*로 끝나는 이중모음은 규칙적으로 표시된다. 반면 순연구개자음(脣軟口蓋子音)은 이 방언에서 사라져 *q*가 없다. *d*는 *t*와 구별되지 않지만 *l*과 *r*은 구별된다. *z*의 사용은 논란의 여지가 있으며 *xe*에 해당하는 기호가 따로 있다. 어말 자음에는 묵음 *e*가 추가되는 것으로 보이며, *n*이 다른 자음 앞에서 생략되는 경우를 제외하고 모든 자음군에는 모음이 결합된다. 후기 키프로스어와 비교할 때 미케네어에는 결함이 많다. 하지만 대체로 나중에 나온 물건이 먼저 나온 물건보다 좋아지는 법이므로 미케네인의 문자 고안 문제 방식이 '유네스코 분과위원회의 기준을 왜 만족시키지 못하였는지' 미케네인을 책망할 수는 없다.

「증거」에는 격자판의 자음과 모음이 정확히 일치하는 단어의 전체 목록이 제시되어 있지만, 유감스럽게도 미해독 격자판은 제외되었다. 제4장에 개괄하였듯이 차츰 패턴이 완성되어 가면서 공신력이 확보되고 있지만, 격자판의 빈 공간이 주는 중압감은 상당하였다. 내가 아는 한 「증거」에 너무 많은 자료를 다루었다고 불평하는 사람은 없다. 돌이켜보건대 발견 순서를 좀 더 철저히 따랐다면 제4장 실험적 전사의 출발점(*Points of Departure for an Experimental Transcription*)은 좀 더 완성도를 높일 수 있었다고 생각한다. 우리는 크레타 지명의 결정적인 중요성을 간과하였으며, 이를 확인하여 그리스어가 해독의 열쇠임을 입증하려고 하지도 않았다. 이는 애당초 그리스어와 동일시함으로써 도출된 값을 검토하면서 도출되었다.

이와 관련하여 「증거」는 해독의 불완전성에 대해 공격할지도 모를 비평가들을 설득할 목적으로 다음 네 가지 주장을 한다. (1) 여기에 소개한 방언은 고대 아티카어보다 1,000년이나 앞서 사용된 것으로 베오울프(Beowulf, 8세기의 영웅서사시—옮긴이)와 셰익스피어(16세기의 극작가—옮긴이)만큼이나 간격이 크다. (2) 이들 고문서는 문학 작품이 아니라 간략하게 기록한 회계장부로 볼 수 있다. (3) 「증거」는 전혀 새로운 주제를 대상으로 불과 3개월간 작업한 결과물이다. (4) 모든 자료를 다루려고 하지 않았으며 가장 중요한 점토판에 주의를 집중하였다.

그 다음으로 살펴본 것은 성(性)에 따른 격변화였다. *doulos*(노예)의 남성형 *do-e-ro*는 *pa-te*(*patēr*, 아버지)와 연관되어 있고, 여성형 *do-e-ra*는 *ma-te*(*mētēr*, 어머니)와 연관되어 있었다. 사람 이름에서는 좀 더 다양한 형태의 격변화가 나타났고, 점토판에 수록된 수백 가지 직업명을 조사하는 과정에서 이러한 차이는 더욱 분명하게 나타났다. 동사의 격변화는 상대적으로 드물었지만 동사 *ekhō*(have)의 네 가지 형태의 변이형을 확인할 수 있었고, 다른 동사에서도 일부 확인되었다. 수동태 분사 구문에 사용되는 그리스어 어미 *-me-no*(*-menos*)가 그 좋은 예이다. 이를 몇몇 주요 점토판에서 확인할 수 있었는데, 크노소스 전차 점토판 중 하나는 다음과 같이 해독된다.

목공 작업을 끝내고, 시뻘겋게 칠한 다음, 고삐까지 딸린 말-(전차). 가로대(?)는 무화과나무로 만들고, 부속(?)은 뿔로 만들다. '말굽'(?)은 (없다?).

이후 다른 이들의 의견을 좇아 해독에 큰 진전이 있었다. 물론 여전히 "목공 작업을 끝내고"와 "부속"으로 해독한 부분에 대해서는 충분한 이해는 부족하였다. "가로대"는 말굴레 또는 말굴레 장식의 일부를, "무화과나무"는 가죽을 잘못 해독한 것으로 보인다. 이러한 변화는 그동안 우리가 얼마나 큰 진전을 이루었는지 보여주고 있다. 선형문자 B의 일반적인 의미는 이미 해독된 것이나 마찬가지다. 5년여에 걸쳐 수많은 학자들이 연구한 결과, 이들 텍스트의 배후에 놓인 의미를 더 잘 이해할 수 있게 된 것이다. 지금도 해독된 대부분의 구절들은 검열을 거치고 있다.

「증거」는 미케네 방언에 대해 짧게 언급하면서 끝을 맺었다. 우리는 이 방언의 주요한 특징을 개괄하고 고대 방언들 간의 관계에 대해 논평하였다. 결론은 이미 났고 더 이상의 수정은 없을 것이다. 이 새로운 방언은 예상대로 아르카디아어, 키프로스어와 연관이 깊었다. 하지만 이 방언과 관련된 다수 견해의 영향으로 우리는 아에올리스(Aeolis) 방언과의 관련성도 강조하였다. 1952년 이후 새롭게 전개된 연구 작업으로 인해 일반적인 관점에 수정이 가해졌고, 그에 따라 강조점이 바뀌었다. 즉 '고전 아카이아어'라는 이름이 폐기되었다. 이로써 일부는 우리가 이 방언에 대한 관점을 변경할 것이라고 생각하였다. 사실 이는 그동안 변화가 생긴 배경의 일부이다. 이 논문은 점토판이 호메로스를 연구하는 데 매우 중요하다는 사실이 판명되었다는 말로 끝을 맺었다. 예언은 급속히 이루어졌다.

「증거」를 1953년 가을에 출판하기까지 우리는 최대한 인내심을 발휘하며 자제하였다. 동료들과 대화하면서 이미 몇몇의 지지를 받는 데 성공하였으며, 결과적으로 우리 두 사람 모두에게 지식인과 일반인, 영국 내 여러 단체를 대상으로 한 강연 요청이 들어왔다. 이런 식으로 「증거」가 출판될 분위기는 무르익어갔다.

우리는 옥스퍼드대학교 고전철학과 학과장에 임명된 레너드 파머(Leonard R. Palmer) 교수와 스웨덴 출신의 웁살라대학교 아른 푸루마크(Arne Furumark) 교수, 구드문트 비요르크(Gudmund Björck) 교수 등의 지지를 받는 행운을 얻었다. 이 결정적인 시기에 이들의 도움과 후원은 동료들 사이에서 생긴 의혹을 극복하는 힘이 되었다.

우리가 처음 언론에 주목을 받은 것은 1952년 11월 푸루마크가 「스웨덴 신문」과 인터뷰를 하였을 때였다. 푸루마크는 이전에 작업노트를 받았으며, 실험 어휘집이 그에게 전달되었을 때, 이를 "자기 집 우편함에 떨어진 폭탄"에 비유하였다. 벤트리스에 대한 그의 아낌없는 찬사는 다른 지역 언론의 관심도 끌었다. 하지만 대부분의 독자들은 이 문제에 대해 아무런 관심도 보이지 않았다. 우리의 연구 성과에 대해 예일대학교의 베넷조차 의도적으로 애매하게 대답하였을 정도이다.

벤트리스와 개인적으로 서신을 주고받으면서 베넷은 좀 더 자유롭게 자기 생각을 전달하였다. 7월 6일 베넷은 다음과 같이 글을 썼다. "당신의 최근 해독 작업과 관련하여 축하의 말을 해야 할지, 위로의 말을 해야 할지 모르겠습니다. 내가 색인을 검토하고 있을 때, 그것이 너무 불편한 시간에 도착하였기 때문에…… 언뜻 보기에 l r m n t q w e r t 등을 제안한 당신의 자유분방함을 좋아하지 않지만 매우 합리적으로 보이는 것들이 있었습니다." 그해 말 베넷은 여전히 너무 바빠서 해독한 내용을 검토할 시간이 없었다. 10월에 「증거」의 사전 원고를 받은 후, 그는 "어느 날은 당신이 맞는 것 같은데, 그 다음 날은 틀린 것 같아 좀처럼 판단이 서지 않습니다"라고 답장을 썼다.

1953년 벤트리스가 런던에서 행한 강연이 「런던 타임스(The Times)」에 소개되었다. 벤트리스의 주장과 예상되는 결과를 논의한 글이 주요 기사로 취급되었는데, 공교롭게도 그의 기사는 에베레스트 산을 정복한 기사 옆에 나란히 실렸다. 우리의 연구 결과가 "그리스 고고학의 최고봉"이라고 소개되기까지는 그리 오랜 시간이 걸리지 않았다. 한 가지 위업은 확실히 입증할 수 있었지만, 다른 한 가지는 여전히 진실로 입명하기 어려웠다. 「런던 타임스」가 논평의 제목을 "문턱에 서 있는가?"라고 단 것은 옳은 선택이었다.

우리는 우리의 이론이 최종적으로 받아들여지기까지 격렬하고도 오랜 논쟁을 거칠 것이라고 예상하였다. 학자들은 면밀한 조사 없이 혁신적인 변화를 받아들이지 않는다. 심지어 분명히 입증된 후에도 일부는 입장 표명을 망설인다. 하지만 이 점에서 우리의 예상은 어긋났다. 우리의 이론이 출판될 수 있기도 전에 블레겐이 결정적인 확증을 우리 손에 쥐어주었다. 그것이 얼마나 강력한 무기인지 반대가 시작되기도 전에 이미 실패할 것이 확실할 정도였다.

제6장

해독과 비평

1953년 5월 어느 날 오후, 전화 벨소리가 케임브리지대학교에 있는 내 연구실의 정적을 깨뜨렸다. 좀처럼 감정을 드러내지 않는 마이클 벤트리스가 크게 흥분하여 런던에서 전화한 것이다. 이날은 그야말로 벤트리스 생애에 있어 가장 극적인 순간이었다. 벤트리스를 그렇게 흥분케한 것은 필로스 점토판을 발굴한 블레겐이 보낸 편지 한 통이었다. 블레겐이 1952년에 다수의 점토판을 다시 발견한 것은 널리 알려진 사실이지만, 아직 아무도 주의 깊게 이들 점토판을 조사하지 않은 상태였다. 이들 점토판은 그해 겨울 내내 깨끗이 청소되었고, 다음 해 봄이 되어서야 연구를 진행할 준비가 갖추어졌다. 블레겐이 보낸 편지 내용은 다음과 같다.

그리스에서 돌아온 후, 나는 필로스 점토판을 정리하고, 사진을 찍을 준비를 하느라 정신이 하나도 없었네. 하지만 짬을 내서 자네의 실험적 음절문자 체계를 점토판에 일부 적용해 보았지.

자네의 이해를 돕기 위해 *641*쪽의 사본을 동봉하였네. 아마 무척 흥미로울 걸세. 솥이 분명한데, 발이 셋 달린 것도 있고, 손잡이가 넷 달린 것도 있다네. 또 어떤 것은 손잡이가 셋이고, 손잡이가 없는 것도 있네. 자네의 음절문자 체계에 따르면 첫 번째 단어는 *ti-ri-po-de*가 되는데, *ti-ri-po*(단수?)라는 단어가 두 번이나 등장하더군. 손잡이가 넷 달린 솥 (pots, 항아리나 주전자로 보기도 함―옮긴이) 앞에는 *qe-to-ro-we*가 쓰이고, 셋 달린 솥 앞에는 *ti-ri-o-we*나 *ti-ri-jo-we*가 쓰이고, 손잡이가 없는 솥 앞에는 *a-no-we*가 쓰인다네. 이들 모든 내용이 너무 짜임새가 있어 내 눈을 의심할 정도일세. 이것이 과연 우연의 일치일까?

이제는 꽤 유명해진 솥 점토판의 내용은 다음과 같다.

---

1   *ti-ti-po-de ai-ke-u ke-re-si-jo we-ke* 𐃦 2

    ti-ri-po e-mc po-de o-wo-we 𐃦 1

    ti-ri-po ke-re-si-jo we-ke a-pe ke-ka-u-me-no ke-re-a$_2$ [

2   *qe-to* 𐃦 3

    di-pa me-zo-e qe-to-ro-we 𐃦 1

    di-pa-e me-zo-e ti-ri-o-we-e 𐃦 2

    di-pa me-wi-jo qe-to-ro-we 𐃦 1

3   *di-pa me-wi-jo ti-ri-jo-we* 𐃦 1

    di-pa me-wi-jo a-no-we 𐃦 1

이 점토판의 몇몇 구절은 여전히 의견이 분분하지만, 블레겐의 분석은 정확하였다. 그는 표의문자가 분명한 그림으로부터 의미를 유추하였다. 세 발 달린 솥(tripod-cauldron, 이하 '세발솥') 그림이 있는 구절에는 *ti-ri-po*(*tripos*, 세 발)와 숫자 1, *ti-ri-po-de*(*tripode*, 한 쌍)와 숫자 2가 함께 등장한다. 구절 마지막에 그려진 그릇(vessels)은 모두 *di-pa*(복수형 *di-pa-e*)라 불리는데, 이는 호메로스의 시에서 데파스(*depas*)라고 불리는 그릇이 분명하였다. 이 점토판에는 두 가지 문제점이 있었다. 우선 그리스어 ε에는 모음 *i*가 대응하는데, 여기에서는 이와 다른 경우가 발견되고, 더군다나 특정 단어에 제한되는 듯하다. 둘째, 호메로스의 시에 등장하는 데파스는 보통 '잔'(cup)으로 번역되지만, 몇몇 경우는 마시는 용도의 그릇이 아니라 훨씬 더 큰 종류의 그릇을 가리킨다. 네스토르의 데파스는 너무 무거워 장정이 들기도 어렵다. 흔히 그렇듯 세월이 흐르면서 이 단어가 뜻하는 그릇의 형태가 바뀌었을 것이다. 이들 그릇을 묘사하는 첫 번째 형용사는 *me-zo*와 *me-wi-jo*인데, 이들은 이미 우리에게 익히 알려진 단어로서 '더 큰'과 '더 작은'이라는 뜻을 갖고 있다. 아이들을 '손위'와 '손아래'로 구분하는 데 사용된 단어이다. 다음으로 손잡이 숫자를 나타내는 형용사가 뒤따른다. 복합어의 두 번째 성분은 항상 *-o-we*(*-ōwes* 또는 *-oues*)가 쓰이는데, 이는 '귀'라는 뜻을 가졌고, 그리스에서 항아리의 손잡이를 나타내기 위해 일관되게 사용된 단어이다. 네스토르의 '잔'은 네 개의 '귀'를 가졌다. 복합어의 첫 번째 성분이 '셋'을 뜻할 때는 *tri-*(*tripos*), '넷'을 뜻할 때는 *qʷetro-*(고대 그리스어로 *tetra-*, 라틴어로 *quattuor*), 손잡이가 없을 때는 *an-*(부정 접두사)이 붙는다.

순전히 우연에 의해 이렇게 놀라운 일치를 보일 가능성은 정말 희박하므로 이는 해독이 정확하다는 증거가 분명하다. 하지만 이를 선뜻 인정하지 않는 사람들이 여전히 있다. 이들의 반론에 대해서는 뒤에서 다루도록 하겠다. 하지만 편견을 갖지 않는다면 누구나 벤트리스의 음절문자 체계가 적절하다는 것을 알 수 있을 것이다. 좀 더 치밀한 보완 작업이 이루어질 필요가 분명 있지만 기본 구조는 확실히 타당하다고 말할 수 있다.

우리는 점토판의 모든 내용이 간단히 풀리지 않는다는 사실을 곧바로 인정하였다. 예를 들어 목이 긴 세 개의 항아리는 *qe-to*가 되는데, 그리스어에는 이에 맞는 단어가 없다. 베넷이 나중에 이 단어는 우리가 *pithos*라고 알고 있는 단어의 초기 형태일지 모른다는 의견을 내놓았다. 또한 우리는 세발솥에 대한 해독에도 일치를 보지 못하고 있다. 다양한 의견이 제시되었지만 하나 같이 반론에 부딪혀, 그 의미를 분명히 알기 위해서는 동일한 내용을 담고 있는 점토판이 좀 더 많이 발견되기까지 기다려야 할 것 같다. 그 다음으로 비평가들이 주목하고 있는 부분은, 솥 점토판 제2행(솥 점토판은 모두 3행으로 기록되어 있음—옮긴이)의 두 번째 기록에 복수형의 *me-zo-e*라는 단어가 숫자 1과 함께 사용된 점이다. 앞뒤 단어가 단수인데도 말이다. 해답은 아주 간단하다. 머릿속에 다음 기재할 내용을 미리 떠올리고 있다면 흔히 있을 수 있는 일로 필경사가 실수를 한 것이다. 사실 필경사가 실수하였다고 확실히 말할 수 있는 경우가 수도 없이 많다. 예를 들어 점토판에 일관되게 동일 문구가 반복되는 상황에서 아무런 이유 없이 같은 문구가 달리 기록되었다면 우리는 스스럼없이 필경사가 실수하였다고 말할 수 있을 것이다. 우리 가운데 부주의하게 실수하지 않고 수많은 목록을 기록할 수 있는 이가 과연 얼마나 될까? 또한 점토는 일단 마르면 글자를 지우고 새로 쓴다는 것이 어렵다. 물론 이런 실수가 전혀 상관없는 구절에서 발생한다면 그 실수를 감지하기란 여간 어려운 일이 아니며, 실제로 우리는 이런 실수 때문에 몇 차례나 길을 잘못 든 적이 있었다.

세발솥에 대한 서술은 해독이 불가능한 것이 문제가 아니라 해독이 너무 다양하게 가능하다는 것이 문제이다. 즉 어떤 것이 올바른 해독인지 선택할 수 있는 기준이 너무 미흡하다는 것이다. 이와 관련하여 한 구절을 꼭 언급하고 넘어갈 필요가 있다. 세 번째 세발솥은 *apukekaumenos skelea*라고 읽을 수 있으며 "불에 탄 발"이라고 해독된다. 이와 관련하여 일부에서는 쓸모없는 그릇을 목록에 기재하지 않았을 것이라는 이유로 이 구절을 예외로 취급하기도 한다. 일종의 물품 목록이 분명하더라도 이 점토판의 정확한 목적을 모르기 때문에 이에 대한 판단이 쉽지 않다. 다만 이런 문서를 다루는 데 능숙한 전문가라면 점토판에 새로운 물건만 나타나는 것이 아니라는 것을 잘 알 것이다. 실제로 우리는 쓸모없는 전차 바퀴를 기재한 일부 점토판에서 정확하게 일치하는 문구를 확인한 바 있다.

우리에게 이 점토판은 뜻밖의 행운과도 같았다. 이것은 매우 객관적인 연구 결과이며, 더 이상의 확실한 증거는 없을 것이다. 블레겐은 최대한 출판을 서둘렀으며, 벤트리스도 1954년 봄에 미국 학술지『고고학(*Archaeology*)』에 논문을 기고하였다. 물론 그 내용은 수차례 강연에서 이미 공개되었고, 「증거」를 통해 관심이 고무된 수많은 학자들 사이에 널리 알려진 사실이었다.

희랍학회(Hellenic Society)가 「증거」를 별도 논문으로 재간행하여 천여 부 이상이 팔렸는데, 이는 학회 사상 유례를 찾아보기 어려운 일이었다. 곧 전 세계 유명 학술지에 관련 논평이 소개되기 시작하였고, 수많은 논설이 신문과 잡지에 실렸다. 이 소식이 비평가들에게 얼마나 큰 영향을 미쳤는지는 말하기 어렵지만, 다음과 같은 논평이 없었다면 반응이 이렇게까지 뜨겁지는 않았을 것이다. 그 전형적인 논평으로 마틴 루이퍼레즈(Martin. S. Ruipérez) 교수의 글을 들 수 있는데, 1954년 루이퍼레즈는 스페인의 정기 간행물 『제피러스(Zephyrus)』에 다음과 같은 글을 실었다.

> 더욱 정교하게 다듬고 수정할 필요가 있겠지만 (젊은 영국 건축가 마이클 벤트리스 씨가 수년간 끈질기게 노력하여 거둔 성과인) 이번 해독 작업은 ……이를테면 (해당 기호에서 유추할 수 있을 뿐만 아니라, 그 기호에 딱 들어맞는 의미로 지명 및 인명을 판독하였을 뿐만 아니라 철자법 및 문법에 있어서도 완벽한 일관성을 유지하는 등) 필요한 모든 요건을 갖추고 있어 결론적으로 확실히 믿을 만하다고 할 수 있다.

다른 학자들도 이 의견에 동조하였지만, 그렇다고 비평이 전혀 없었던 것은 아니다. 실제로 해독은 처음부터 철저한 조사와 검증을 거칠 필요가 있었다. 그리스어 전문가인 파리대학교 피에르 샹트랭(Pierre Chantraine) 교수는 해독 과정을 전체적으로 설명하지 않은 데 대해 불만을 토로하였다. 샹트랭 교수는 드물게 나타나지만 이중자음 기호(*pte*)와 어두에 사용되는 이중모음 기호(*ai*)로 인해 음절문자 체계가 조화를 이루지 못한다는 점에 주목하고, 기타 이중모음 기호가 없다는 점을 문제점으로 지적하였다. 글자체의 조악함 또한 문제점으로 지적되었다. 철자법이 자유로우면 그만큼 그리스어를 만드는 일도 쉬웠을 것이기 때문이다. 샹트랭 교수는 20여 쪽에 걸쳐 해독이 야기한 문제점을 나열하였다. 하지만 그는 제대로 해답을 찾았다는 데는 의심하지 않았다.

히타이트어를 판독한 이후, 마이클 벤트리스의 발견은 이 분야에서 이루어진 가장 놀라운 성과임에 틀림없다. ……그가 완성한 언어 체계는 타당하다고 인정되며, 지금까지의 통념을 근본적으로 뒤흔들어 놓기에 충분하다. 하지만 글자체가 극도로 난해하고, 두 가지 언어로 기록된 텍스트도 없기 때문에 좀 더 세부적으로 살펴보면, 점토판에는 여전히 풀어야 할 숙제가 많다고 하지 않을 수 없다. 아직 '고전 아카이아어' 문헌학이 확립되었다고 말하기는 때가 이르다. 하지만 이 발명가 덕택에 그때가 멀지 않은 것 같다…….

좀 더 냉소적인 논평은 미노아 고고학 진영의 니콜라오스 플라톤(Nicolaos Platon) 박사의 입을 통해 나왔다. 그는 온갖 크노소스 보물이 보관된 이라클리온 박물관(Iraklion Museum)의 책임자이기도 하다. 아마도 그는 자국의 박물관에 소장되어 있는 점토판이 자국의 언어가 아니라 타국의 언어로 기록되었다고 주장하는 외국인이 불쾌하게 보였을지도 모른다. 그는 우리가 해독한 것을 회의적으로 보고, 가능한 한 모든 허점을 찾아내려고 애를 쓰는 것처럼 보였다. 그가 내린 평가는 공정하게 말해 증명할 수 없는 것이다. 몇 년 후 그는 생각을 바꾸었다.

이와 관련하여 미약하지만 내가 발견한 성과를 살펴볼 필요가 있다. 1955년 봄, 나는 크노소스 점토판을 연구하기 위해 크레타 섬에 일주

일 동안 머물 기회가 있었다. 플라톤과 대화를 하던 중에 그가 내게 베넷이 떠난 이듬해 점토판 파편이 가득 담긴 상자 몇 개를 박물관 보관실에서 찾았다고 말했다. 파편들은 전쟁으로 훼손된 후, 외부에 노출되어 그의 생각에 쓸모가 없어진 것처럼 보였던 모양이다. 따라서 점토판 조각들은 열악한 상태 그대로 방치되어 있었다. 일부는 가루가 되어 흙먼지를 일으키거나 손이 닿기만 해도 산산조각이 날 것만 같았다. 나는 다행히 꽤 많은 조각들을 복원할 수 있었다. 합리적인 방법으로는 도저히 할 수 없는 일이었다. 다만 일을 제대로 마무리 짓기에는 시간이 여의치 않았기 때문에 나머지는 그대로 보관해 두었다가 그해 말에 벤트리스가 마무리를 지었다. 여기에서 나는 우연한 행운을 거머쥐었다. 두 행의 글이 기록된 점토판의 왼쪽 끝부분 조각을 발견한 것이다. 그곳에는 말의 머리 절반, 즉 '말'을 나타내는 표의문자가 기록되어 있었다. 현재 크노소스 점토판에서 말 기호는 전혀 다른 형태를 띤 전차 병력 기록을 비롯하여, 말과 망아지가 표시된 점토판, 즉 에번스가 '망아지'로 식별하였다가 폐기해버린 그 유명한 점토판에서 나타난다. 당시 이 점토판의 왼쪽 가장자리는 소실된 상태였는데, 그렇다면 이 조각이 바로 그 조각일까? 나는 서둘러 발견한 조각을 깨끗이 닦은 후 점토판이 전시되어 있는 아래층으로 내려갔다. 유리 상자 위에 조각을 올려놓았다. 아주 잘 들어맞는 것처럼 보였다. 플라톤이 다가와 유리 상자를 열었다. 두 조각은 정확히 일치하였다. 얼마나 가슴 벅찬 발견인지 몰랐다. 하지만 플라톤의 의심은 그칠 줄 몰랐다. 각 행의 첫 단어는 *i-qo*와 *o-no*인데 그 뜻은 각각 '말'과 '나귀'이다. 또 다시 블레겐의 질문이 떠올랐다. 이것이 정말 우연의 일치일까? 두 종류의 말 머리 그림이 말과 나귀에 해당하는 그리스어와 정확하

〈도판 II〉 (a) 크노소스 궁전 북쪽 입구에서 출토된 '말' 점토판

〈도판 II〉 (b) 필로스 기록보관소에서 출토된 '목동' 점토판

게 상응하는 단어로 소개될 수 있을까? 이런 가능성은 더 이상 수학적으로 해결될 문제가 아니며, 상식에 따를 수밖에 없었다. 다시 비평가에 의해 문제가 제기되었다. 나귀와 말의 그림이 두드러지게 구별되지 않는 이유는 무엇인가? 간단히 말해 아마도 적절한 단어를 선택한 필경사가 그럴 필요성을 느끼지 않았을 것이다. '말'의 표준 기호는 있었지만 '나귀'의 기호는 없었을 수도 있다. 음성 표기의 차이를 표시하기 위해 같은 기호를 사용하는 것보다 자연스러운 방식이 있을까?

이 기간 동안 벤트리스는 자신의 연구 성과를 꾸준히 알리며 교분을 쌓아온 해외 전문가들로부터 수많은 편지를 받았다. 그들의 논조는 매우 호의적이었다. 예를 들어 해독에 전념해온 시티그(Sittig) 교수는 기꺼이 자기 이론을 버리고 벤트리스를 지지하였다. 1953년 5월 22일 시티그 교수는 다음과 같이 편지를 썼다. "거듭 말하지만 당신의 논증은 암호학적으로 내가 여태 들은 내용 중 가장 흥미로운 이야기입니다. 당신의 생각이 옳다면 지난 50년간 고고학을 비롯하여 민족학과 역사학, 철학에서 이루어진 방법론은 부조리한 것이 되어버리고 맙니다." 그리고 한 주가 지난 후에 "새 명문(銘文)에 대한 흥미진진한 소식을 들려주어서 정말 감사합니다. 당신이 전해준 소식을 통해 모든 의심이 사라지고 당신의 가정이 완전히 옳다는 확신을 갖게 되었습니다"라는 편지를 써 보냈다.

스웨덴 출신의 그리스 및 미케네 종교 전문가 마르틴 닐손(Martin Nilsson) 교수는 그야말로 열광적이었다. 그는 "옳다는 것이 입증된다면 벤트리스가 이룬 업적은 샹폴리옹(Champollion)과 롤린슨(Rawlinson)이 이룬 업적을 능가할 것이다. 왜냐하면 샹폴리옹과 롤린슨에게는 적어도 유사한 텍스트나 단서가 될 만한 단어들이 있었기 때문이다"라고 논평하였다. 하지만 그는 자신이 언어 문제를 판단할 자격이 없다고 여겼기 때문에 의사를 명백하게 표명하지는 않았다. 이는 고고학자들도 동일하게 느끼는 어려움이었다. 결국 해독의 평가는 언어 문제였기 때문이다. 고대 그리스어만 아는 이들은 익숙하지 않은 문자 형태에 난색을 표하였다. 하지만 이런 차이점이 언어학자들에게는 전혀 문제가 되지 않았다. 언어학자들은 고대 방언을 서로 비교하여 이미 몇몇 방언을 재구성한 터였기 때문이다.

미지의 언어를 해독한 책을 막 출간한 베를린대학교의 요한네스 프리드리히(Johannes Friedrich) 교수는 1954년 2월 12일 벤트리스에게 다음과 같은 편지를 썼다. "시간이 여의치 않아 아직 당신의 연구를 충분히 검토하지 못하였습니다. 하지만 내가 볼 때 당신은 아주 훌륭하고 충분히 숙고를 거쳐 결론에 이른 것 같습니다. 개별적인 논거들이 서로 잘 들어맞아 올바른 결론에 이른 것이 분명해 보입니다." 하지만 그가 정기 간행물『미노스(*Minos*)』에 짧은 논설을 실어 자신의 견해를 공언한 것은 그로부터 거의 2년이 지난 후였다. 미노아 문명에 대해 국제 평론지로서 살라망카(Salamanca)에서 시작된 이 학술지는 이제 선형문자 B에 대한 연구 성과를 주로 다루는 주요 매체가 되었다. 1956년 초 프리드리히는 다음과 같은 글을 실었다.

> 경험상 나는 반대하지 않았지만 마이클 벤트리스가 크레타 선형문자 *B*를 독창적으로 해독한 것과 관련하여 오랫동안 침묵을 지켜왔다. 하지만 그의 방법론과 연구 성과를 철저히 검토한 후 나는 이제 해독자 자신이 스스로 말하였듯 여전히 수정할 부분이 많지만, 그가 완성한 해독이 사실상 옳으며 확실한 기초를 세웠다는 확신에 이르렀다.

뜻밖에도 급히 동조한 사람으로 미국의 이냐스 겔브(Ignace J. Gelb) 교수가 있다. 1953년 11월 겔브 교수는 벤트리스에게 다음과 같은 편지를 썼다. "당신의 해독이 옳다고 확신하는 데 조금도 주저함이 없습니다. ……당신이 발견한 호메로스 시대 말에 가까운 그리스어는 나에게 놀라움으로 다가왔음을 고백하지 않을 수 없습니다. 이제 나는 당신의 결론을 믿어 의심치 않습니다."

해독에 대한 첫 논평은 사실에 대한 설명과 증거에 대한 평가가 대부분이었다. 하지만 곧바로 기고문들이 발표되기 시작해 우리의 지식을 넓혀주었다. 학자들은 우리의 연구 성과를 자신들 연구의 토대로 삼으려 하였고, 새로운 제안과 개선안을 제기하기 시작하였다. 푸루마크의 긴 논설은 상당한 진전을 보여주었는데, 그는 다양한 종류의 점토판을 조사한 후 그 모두가 그리스어로 어떻게 해독될 수 있는지 실증하였다. 파머는 '아카이아어와 인도-유럽어(Achaeans and Indo-Europeans)'라는 제목으로 행한 취임 강연에서 탁월한 언어 능력으로 이룬 해독 결과를 자극적이고도 흥미롭게 소개하였다. 파머와 내가 모든 세부 사항에서 완전히 의견이 일치한다고 말하면 너무 무책임한 일이 될 것이다. 나는 다음 장에서 인도-유럽 문명에 대한 그의 이론을 살펴보려고 한다. 하지만 우선미케네 문명 연구에 대해 그가 지대한 공헌을 하였음을 반드시 언급하고넘어가야겠다.

물론 벤트리스와 나는 잠자코 있지 않았다. 1953년 12월 우리는 이미 학술지『앤티쿼티(Antiquity)』에 연구 성과와 해독 방법에 대해 보다 대중적인 글을 실었다. 1954년 8월 코펜하겐에서 열린 국제고전학회(International Classical Congress)에서 벤트리스가 행한 강연도 대성공을 거두었다. 벤트리스가 강연에 앞서 해독된 세발솥 점토판의 슬라이드를 참석한 청중들에게 소개하자, 강연이 채 시작되기도 전에 참석한 모든 이들이 우레와 같은 갈채를 보낸 것이다. 벤트리스가 강연을 마친 후, 저명한 그리스 학자 다수가 공개적으로 벤트리스에게 축하의 말을 건네며 강연 내용에 전적으로 동의한다고 공언하였다. 정작 나는 그 자리에 참석하지 못하여, 강연이 얼마나 성황리에 끝났는지 다른 이들을 통해 나중에서야 알게 되었다. 벤트리스 자신은 지나치게 겸손하여 강연이 "순조롭게 진행되었다"라고만 말하였을 뿐이다.

앞으로 전개될 일들 가운데 가장 흥미로운 사건은 1952년에 새롭게 발견된 모든 필로스 점토판을 판독한 것이었다. 출판은 차분히 준비되었고, 블레겐의 호의로 우리는 텍스트를 미리 볼 수 있었다. 마침내 세발솥 점토판을 통해 확신하게 된 베넷도 새 점토판들 가운데 중요한 부분을 복사해 주었으며, 1954년 벤트리스는 필사 작업을 끝내고 아테네에서 베넷과 만나 함께 판독한 내용을 의논하였다. 웨이스 교수도 1954년 미케네에서 발견된 점토판을 복사해 주는 친절을 베풀었다.

이런 도움에 힘입어 우리는 점토판에 대해 전체 내용을 기술할 준비를 충분히 갖추었다. 다시 한 번 벤트리스가 함께 작업하자고 제안하였고, 대략 12개월에 걸쳐 450여 쪽에 이르는 책이 완성되었다. 이 기간 동안 우리는 함께 그리스를 찾아가 점토판 판독 내용을 원본과 일일이 대조하였으며, 따라서 우리가 제시한 텍스트는 베넷이 편집한 것들과 정확히 일치하지 않는다. 크노소스 점토판에 대한 우리의 연구 결과는 베넷의 도움을 받아 로마체로 필사되어 별도로 출판되었다. 『문헌』은 1955년 여름에 탈고되어 다음 해 가을 벤트리스가 죽기 몇 주 전에 출판되었다.

이 책은 크게 세 부분으로 구성되었다. 첫째 부분은 서론 격으로 다섯 장으로 구성되었으며, 해독과 글자체, 방언, 명칭 등을 다루고, 세간에 알려진 미케네 문명과 관련된 내용을 요약하였다. 본론에서는 모두 세 개 지역에서 발견된 300여 점의 점토판 중 가장 흥미롭고 중요한 것들을 선별하여 소개하였다. 해독이 어렵다는 이유로 선별 대상에서 제외된 경우는 전혀 없었으며, 많은 점토판들이 주석을 붙여 깊이 있게 다루어졌다. 몇몇 경우만 제외하고 모든 내용이 해독되었으며, 이유가 타당하여 의심이 가는 단어는 이탤릭체로 표기하였다. 해독이 아주 어려워 보이는 경우는 그 어려움을 비롯하여 가능한 해독을 주석에 밝혔다. 책의 결론 부분은 일종의 어휘집 형태를 띠었다. 이 어휘집에는 발표된 점토판에서

630여 개의 미케네어 단어를 정선해 추정되는 의미와 함께 실었고, 인명은 1,200여 개 중에 흥미로운 것들로 제한하여 소개하였다.

이 책을 환영한 논평들은 대체로 「증거」에서 보여준 만큼 호의적이었다. 하지만 『문헌』이 출판되고 몇 주가 지난 후 처음으로 공격적인 비평이 진지하게 제기되었다. 반론을 제기한 제인 헨레(Jane E. Henle)는 공교롭게도 벤트리스와 거의 같은 시기에 선형문자 B에 대한 통계 조사를 마쳤다. 따라서 그녀가 자신의 생각과 다른 이론에 적대감을 품는 것은 자연스런 일이었다. 하지만 결론적으로 문제의 언어가 그리스어라는 데는 그녀 역시 동조하였다.

3년 전에 「증거」를 실어주었던 『그리스 연구 저널』이 이번에도 에든버러대학교의 아서 비티(Arthur J. Beattie) 교수가 쓴 긴 논설에 넓은 지면을 할애하였다. 비티 교수는 케임브리지대학교 재학 시절 내 모교 은사이자 영국 최고 그리스 방언 전문가였다. 벤트리스와 나는 1952년 초 비티 교수에게 아직 채 완성되지 않은 연구 결과를 들고 찾아가 연구에 동참할 것을 설득한 바 있다. 그는 우리의 주장을 선뜻 받아들이지 못하였고, 더 많은 의견이 오가고 새로운 증거가 제시되었음에도 불구하고 끝내 입장을 바꾸지 않았다. 결국 그는 『문헌』을 검토하지도 않은 채 자신의 논설을 발표하였다. 『문헌』이 그가 품은 많은 의문에 답을 제시함에도 불구하고, 그는 자신의 생각을 굽히지 않고 『케임브리지 리뷰(*Cambridge Review*)』에 적대적인 논조의 글을 실었다.

비티는 선형문자 B가 그리스어이며 음절문자 체계가 (자음과 모음의) 개음절(開音節)로 구성된다는 사실을 가설로서 인정하였다. 하지만 격자판에 대해 논하면서 격자판이 어떻게 구성되는지, 또 격자판을 어떻게 사용하는지 제대로 이해하지도 못한 채, 격자판을 왜곡하였다. 그는 스스로 해독의 초기 단계를 격자판에서 재구성하려고 애쓰다가 시행착오를 되풀이한 뒤에 다음과 같이 결론을 내렸다. "결론적으로 내가 보기에 비교표와 격자판은 아주 의심스럽다." 실제 처리 과정을 좀 더 분명히 설명하지 못한 책임은 분명 우리에게 있다. 하지만 비티가 다른 것에 대해 우리에게 물어봤음에도 불구하고 발견의 실제 순서가 어떠하였는지 알아보려고 애쓰지 않은 점은 끝내 이해하기 어려웠다.

비티는 수많은 단어 및 구절이 의미가 잘 통한다는 사실을 인정하면서도 "우리는 벤트리스가 기호의 값을 결정할 때 가장 먼저(그는 이 말을 이탤릭체로 표시하였다) 이 단어들을 사용하였는지 알 수 없다." 이는 언뜻 보기에 정당한 지적처럼 보인다. 증거로 제시된 단어들이 값을 결정하기 위해 대입한 단어와 같다는 것을 확신할 수 없다면 모든 것은 착각일 수 있다.

실례로 영어의 한 문장을 해독하는 과정에서 해당 문장 안의 기호의 값을 모르고 있는데, 그 문장 안에 여섯 단어가 있고, 각 단어가 다음과 같은 성분과 배열로 구성되어 있다고 가정하자.

명사	XYZ	ZYX
동사	XY	ZY
형용사	XYYZ	YZZ

한 가지 명사의 뜻이 이해되면 나머지 단어의 뜻은 자동적으로 이해되기 마련이다. 하지만 한 가지 명사의 뜻이 잘못 이해되면 나머지 단어

의 뜻도 통하지 않게 된다. 이러한 방식을 거쳐 X=G, Y=O, Z=D가 유일한 답이라고 확신할 수 있게 된다(이 철자의 조합은 처음에 파머 교수가 제안하였지만, 종종 다른 방식으로 사용되곤 하였다).

이런 종류의 방식이 선형문자 B에도 적용될 수 있다. 하지만 80개의 서로 다른 기호를 가진 음절문자 체계라면 음절은 같은 데 순서가 다른 단어를 규명하기란 여간 어려운 일이 아닐 수 없다. 그런데 비티는 *to-sa pa-ka-na*(그리스어 *tossa phasgana*에 대응하며, 칼을 뜻하는 그림문자에 뒤이어 나타나므로 '칼이 아주 많은'이라는 뜻으로 해독된다)를 예로 들어 자신의 생각을 바꾸지 않는다. 왜냐하면 이들 단어를 격자판에 대입하면 *pa-?-to*가 되기도 하는데, 이는 크레타의 도시명 파이스토스(*Phaistos*)를 뜻하기 때문이다. 하지만 *ka-sa-to*는 크산토스(*Xanthos*)가 되고, *pa-sa*는 '합계'를 뜻하는 *pansan*(대격 여성형)이 되기도 한다. 이처럼 어떤 단어를 대입할지는 중요하지 않다. 값이 제대로 정해지면 의미가 부여되기 때문이다. 이를 좀 더 폭넓게 적용해 보자. 여기에 모든 값이 최소한 두 차례 이상 사용된 표가 있다. 모든 단어는 문맥상 그럴듯한 의미를 가진다.

a-ni-ja-pi	조격 복수형	*hēniai*	고삐들
a-pi-qo-ro	주격 복수형	*amphipolos*	기다리는 여인들
a-ra-ru-ja	여성 복수형 분사	*araruiai*	꼭 맞는
a-to-po-qo	주격 복수형	*artokopos*	제빵사들
a-to-ro-qo	여격 단수형	*anthrōpos*	남자
ka-ko	주격 단수형	*khalkos*	청동
ka-ru-ke	여격 단수형	*kērux*	전령

ke-ra-ja-pi	조격 복수형	*keraos*	뿔이 달린
ko-ru-to	소유격 단수형	*korus*	투구
po-ni-ke-qe	여격 단수형	*phoinix te*	그리고 종려나무
qe-to-ro-po-pi	조격 복수형	*tetrapous*	길짐승

(그리스어 단어는 고대 그리스어의 형태를 유지하고 있기 때문에 철자법상 미케네 그리스어와 직접 비교하기 어렵다.)

여기에서 확인되는 모든 단어는 다른 단어에서도 거듭 등장하는 음절로 구성된다. 『문헌』에는 어휘가 풍부하게 수록되어 있기 때문에 아주 드물게 사용되는 기호가 아니라면 무슨 기호든지 확인할 수 있다. 값이 어떻게 얻어지는지는 더 이상 중요하지 않다. 주어진 값을 통해 단어가 스스로 입증하기 때문이다. 실례로 *sa*, *pa*, *ka*, *na*가 동일한 모음을 취한다는 사실을 알고 있기 때문에 문자를 해독하기 전에 격자판을 구성하는 기호의 등식을 고려하여 거듭 확인해야 한다.

물론 비티는 모든 단어의 의미가 통하는 것은 아니라고 반박할 것이다. 예컨대 *ka-na-to-po*와 *ka-na-po-to*는 그 값이 옳을지라도 의미를 유추할 수 없다. 이와 관련하여 만약 현재 해독중인 메시지가 이미 알고 있는 언어라면 참으로 당황스러울 것이다. 예를 들어 영어로 된 암호가 YXY=OGO를 뜻한다고 가정하자. 해당 문장이 영국령 소말릴란드(Somaliland)와 관련되고, 오고(Ogo)가 베르베라(Berbera) 남부 지역의 이름이라는 사실을 모른다면 얼마나 당황스럽겠는가? 선형문자 B에는 점토판 내용의 주제(기호로 추측할 수 있는 경우 제외), 적절한 명칭(몇몇 지명 제외), 사용된 실제 그리스어 방언 등 우리가 알지 못하는 세 가지 사실이 있다.

이는 우리가 현대 영어로 기록된 문장이 아니라 초서(Chaucer, 1342~1400) 시대의 언어와 철자로 기록된 문장을 해독하는 경우에 비교할 수 있다. 우리는 이런 문장을 전혀 접해본 적이 없었다. 설상가상으로 철자까지 불완전하여 모든 단어를 빠짐없이 해독할 수 없는 것은 당연한 일이다. *Ka-na-to-po*가 여자의 이름이라면 *ka-na-po-to* 역시 이름으로 보아야 할 것이다. 그러나 이는 아주 작은 실마리를 제공하는 조그만 파편에 근거한 추측일 뿐이다. 사전을 즐겨 찾는 사람이라면 후자를 *gnamptos*, 즉 '굽은(bent)'으로 무리하게 해독할 수도 있다. 하지만 대부분의 사람들은 이런 종류의 도박을 즐겨하지 않는다. 보통은 문맥을 살핀 다음 해당 기호가 어떤 단어일지 생각을 정리한 후에야 의사 표시를 한다. 거듭 말하지만 우리에게는 미케네어 사전도 없고, 미케네어로 된 인명부도 없다. 단지 수세기 후의 증거를 바탕으로 추측할 뿐이다.

파머는 그 자체로 결정적이지는 않지만 우리 주장에 무게를 싣는 유사한 주장을 제시하였다. 앞서 살펴보았던 세발솥 점토판의 텍스트에서 *qe-to-ro-*는 숫자 '4'와 관련이 있다. 또한 제4장에서 단어 뒤에 덧붙은 기호로서 '그리고'를 뜻하는 단어가 *-qe*로 규명된 경위를 설명하였다. '그리고'를 뜻하는 단어가 숫자 '4'의 첫 부분과 소리가 거의 비슷하게 나는 언어에는 또 무엇이 있을까? 대표적으로 꼽을 수 있는 언어가 바로 그리스어이다(고대 그리스어 *te, tessares*). 하지만 예를 들어 산스크리트어(*ca, catur*)처럼 적어도 인도-유럽어족 가운데서는 다른 언어도 있을 수 있다.

이러한 지적을 통해 비티가 미처 고려하지 못한 부분까지 생각을 발전시킬 수 있었으며, 이 부분은 또 다른 비평가인 베를린대학교의 에른스트 그루마히(Ernst Grumach) 교수가 1957년 7월 「동양문예신문(*Oriental-istische Literaturzeitung*)」에 기고한 논설에서 진지하게 논의되었다. 선형문자 B가 그리스어인가? 이 철자법은 외국어와 그리스어를 등가 표시하기에 유용한 도구에 불과한 것은 아닌가? 이에 대해 다양한 방식으로 답할 수 있지만, 가장 간단한 대답은 이론의 여지가 없는 기호를 동반한 몇몇 단어 목록을 만드는 것이다.

ti-ri-po-(de)		*tripous*(tripode)	세발솥 (tripod cauldron)
di-pa		*depas*	그릇 (vessel of some kind)
pi-a₂-ra, pi-je-ra₃		*phialē, phielai*	접시(dish)
a-pi-po-re-we, a-po-re-we		*amphiphoreus, amphoreus* (원래는 이중적으로 쓰여 *-rēwe*)	항아리(amphora)
pa-ka-na		*phasgana*	칼(swords)
to-ra-ke		*thōrākes*	갑옷(corslets)
ko-ru		*korus*	투구(helmet)
pa-we-a, pa-we-a₂		*pharea* (원래는 *pharwea*)	천(cloths)
i-qo		*hippos*	말(horse)
o-no		*onos*	나귀(ass)
po-ro		*pōlos*	망아지(foal)
ta-ra-nu, ta-ra-nu-we		*thrēnus, thrēnues*	발 받침대(footstool)

(이 목록에서 2회 이상 등장하는 음절은 사용 빈도수가 높다.)

다소 불확실한 단어들이 추가될 수 있지만, 얼핏 보아도 그리스어와 밀접한 관련성이 확인된다. 고대 그리스 단어를 좀 더 고대의 단어로 대체한다면 유사성은 더욱 커진다. 따라서 우리는 선형문자 B가 그리스어이거나 그리스어와 분간하기 어려울 정도로 유사한 언어라고 결론지을 수 있다.

비티와 그루마히는 우리의 기호 확인 작업을 통렬히 비난하면서 이 목록을 뒤엎으려고 하였다. 사실 투구가 다른 것일 수 있고, 갑옷의 의미 또한 분명치 않았다. 하지만 그릇이 그릇의 종류이고 말과 나귀, 망아지가 말의 종류인 것은 틀림없는 사실이다. 세발솥의 발이 셋인 것 또한 누구도 부인하지 못한다.

이 시점에서 빈번히 제기되는 반론을 다룰 필요가 있다. 즉 누구도 동일한 단어를 음절문자와 표의문자로 거듭 사용하려고 하지 않는다는 것이다. 실제로 일본 신문을 읽는 독자들이 음절문자로 기록된 자료에 표의문자(한자)가 규칙적으로 동반된다는 사실을 알고 있을지라도 그 문자가 진정으로 표의문자라면 이 지적은 타당하다. 하지만 표의문자가 어떤 단어의 관습적인 기호라기보다 오히려 그 대상을 표현한 그림이라면 보다 정확한 정의를 추가할 필요가 있다. 어떤 그림이 그릇을 나타내는 것은 분명하지만, 그 높이가 180센티미터인지 15센티미터인지는 나타내지 못한다. 따라서 대상의 이름이 혼동을 막아주는데, 이는 미케네어의 일상적인 관례일 뿐 아니라 그 이름은 이따금 단일 기호로 축약되어 해당 그림에 삽입되기도 한다. 예를 들어 필로스 점토판의 *di-pa*를 닮은 크노소스 점토판의 그릇 그림은 그 위에 *di*라는 기호가 적혀 있다. 마찬가지로 그림은 이름이 올바로 읽히도록 보증하는 역할을 하기도 한다. 이런 유의 식별 방법은 회계 분야에서도 쉽게 찾아볼 수 있는데, '2파운드, £2' 처럼 영국식 수표 표기 방법이 그 좋은 예이다.

한편 미케네어 표의문자에는 이런 반론을 완전히 불식시키는 특징이 있다. 표의문자는 문장 구성단위로 사용되지 않으며, 'X와 Y, 남자 2'나 '상아로 장식한 발 받침대……, 발 받침대 1'처럼 문장 뒤에 숫자와 함께 사용된다. 계산이 목적이라면 2와 3을 더할 줄 모르고 오렌지 2개와 오렌지 3개로만 셈할 줄 아는 아이처럼 단위를 가질 필요가 있다. 이런 느낌이 너무 강해 기호가 존재하지 않거나 (그림 표시가 어려울 경우) 필경사가 이따금 해당 이름을 철자에 맞게 쓸 때 사용한 음절부호의 합자(合字)에서 하나를 선택해 만들 필요를 느꼈을 것이다. 예를 들면 '치즈 10개'를 *tu-ro₂* TU+RO₂ 10으로 표기하는 식이다. 이런 경우 필경사는 분명 해당 단어 *turoi*(치즈)를 두 번씩 읽지는 않았을 것이다. 근거 없이 주장된 의문은 다시 생각해 보아야 한다.

선형문자 B가 그리스어임을 입증하기 위해 또 다른 해법을 찾을 필요는 없다. 선형문자 B의 어형변화 연구를 통해 확실한 해답을 얻을 수 있기 때문이다. 이와 관련하여 중요한 몇 가지 사항만 언급하겠다. *-os* 로 끝나는 옛 호메로스 시대 명사의 소유격은 *-oio*이다. 따라서 미케네어 *do-e-ro*(노예)의 소유격은 *do-e-ro-jo*가 된다. 도구나 지명을 나타내는 접미사는 *-phi*이다. 따라서 미케네어로 *a-ni-ja-pi*는 '고삐로(with reins)', *po-ni-ki-pi*는 '종려나무로(with phoenixes)', *pa-ki-ja-pi*는 지명인 '파키아네스에서(at Pakianes)'가 된다. 여기에 미케네어에 대한 언어학자들의 추측이 옳다는 것을 입증하는 두 가지 사례가 더 있다. 완료분사 능동태는 원래 접미사인 *-wos-*로 나타내며, 다른 언어에서도 마찬가지다. 하지만 주격 단수형 이외의 경우 그리스어에서는 새로운 형태인 *-wot-*로 대체되고, 그리스 바깥에서는 발견되지 않는다. 미케네어는 이런 변화가 발생하기 이전 단계를 보여준다. 즉 *a-ra-ru-wo-a*는 '꼭 맞는'(고대 그리스어 *ararota*)을 의미하는 분사의 중성 복수형이다. 미케네어는 원래 접미사 *-wos-a*를 유지하였고, 이는 규칙적으로 변화하여 *-woa*가 된다. 이 형용사는 '큰'이라는 뜻이다. 아티카 그리스어에는 주격 복수 남성형 *meizous*가 있으며, (보다 초기 형태인 *-os-es*에서) *-oes*로 축약된 것으로 이해된다. 이에 대해 미케네어는 소실된 연결고리, 즉 *me-zo-e*를 제공한다. 사례를 더 많이 언급할 수도 있지만, 그렇게 되면 그리스어 역사에 익숙하지 않은 이들에게 지루한 일이 될 것이다.

일반적으로 해독을 반대하는 쪽에서는 글자체가 모호하여 제대로 읽기 어렵다는 점을 지적한다. 우리는 이 글자를 확실히 읽기 어려우며 이에 대해 부인할 사람은 아무도 없다. 하지만 학식 있는 미케네인이 우리와 마찬가지로 어려움을 느꼈다고 생각지 않는다. 반론에 따르면 한 기호는 70여 가지나 되는 음절을 나타낼 수 있다고 한다. 예를 들어 *ka*는 *kă, kā, gă, gā, khă, khā, kai, kal, kar, kas, kam, kan* 등이다. 이는 사실이다. 하지만 모든 기호가 그런 것은 아니다. 예를 들어 *mi*나 *u*는 경우의 수가 훨씬 적다. 어떤 단어가 세 가지 기호로 구성되면 생길 수 있는 경우의 수가 70^3이나 된다는 주장은 잘못이다. 왜냐하면 한 기호에 대해 몇 가지를 선택하면 그 다음 기호에 대한 선택의 폭이 자동적으로 줄어들기 때문이다. 예를 들어 *ke-re-a₂=skelea*의 경우처럼 다른 자음 앞에 오는 *s-*는 어두에 오지 못하며, 다만 한 단어의 첫 기호가 될 가능성이 있을 뿐이다. 왜냐하면 한 단어 중간에서 탈락된 *s*는 한 기호의 첫 부분은 물론, 이전 기호의 마지막 부분이 될 수 없기 때문이다. 따라서 *pa-ka-na=phas-ga-na* 에서 *pa*가 *phas*를 뜻한다면 *sga*는 *ka*가 될 수 없다. 미케네어 철자법상 한 단어가 *j-, w-, r-, s-, z-, n-*(*d-*도 포함될 수 있다)으로 시작되면 *s-*가 탈락 되는 경우는 없다. *kam*이나 *kan*이 선택될 가능성은 사실상 전혀 없다. 이는 언제나 그 다음 기호에 의해 결정되며, 만약 마지막 부분에 온다면 *kan*만 가능하다. 그리스어에는 *m*으로 끝나는 단어가 없기 때문이다. 이 런 식으로 이론적으로 가능한 수많은 음절이 상당 부분 걸러질 수 있다.

하지만 생각해야 할 더 중요한 문제가 있다. 읽은 내용이 미케네어 어휘 중에 들어있어야 한다는 것이다. 물론 우리는 전체 가능성을 다 알 지 못한다. 하지만 미케네인이라면 모든 가능성 가운데 미케네어가 아 닌 경우를 가려내는 데 전혀 어려움이 없을 것이다. 그렇더라도 두 개 이 상 단어를 선택해야 할 경우는 가끔 있을지 모른다. 오늘날 우리가 *row*나 *tear* 같은 글자 형태를 대할 때처럼 말이다. 다양한 굴절어미를 선택하는 것은 성가신 일이 분명하였을 것이다. 하지만 미케네 필경사가 문장을 길고 복잡하게 쓸 이유가 없었다는 점을 항상 염두에 두어야 한다. 그들 은 일상적으로 짧은 문구를 즐겨 사용하였으며, 이런 표현법에 아주 익 숙해 실수를 범할 일이 전혀 없었다. 미케네인의 읽고 쓰는 능력에 대해 서는 다음 장에서 전체적으로 다루도록 하겠다. 하지만 그들의 읽고 쓰 는 능력을 우리가 오늘날 아는 정도에 맞추어 추정하는 것은 타당하지 않다고 우선 말해두고 싶다.

단어는 읽고 쓸 줄 아는 이에게는 완결된 한 단위로 인식되어, *di-pa* 라는 단어를 읽은 미케네인이 두 기호가 나타낼 수 있는 모든 단어를 떠 올리지는 않았을 것이다. 오늘날 우리가 *thorough* 같은 단어의 글자군이 만들어낼 수 있는 모든 발음을 생각하지 않는 것처럼 말이다. 그에게는 알 필요가 있는 내용을 전달하기 위해 그림문자를 함께 쓸 필요가 거의 없었다. 모든 글쓰기 체계는 발음의 근사치일 뿐이며, 비티가 이 점에 대해 말한 일부 주장은 성실하지 못하다. 그는 "필로스인은……*pu-ro*가 무슨 뜻인지 거의 몰랐다"라고 말하였다. 필로스인이 실수를 범할 가능성은 스코틀랜드인이 에보로(*E'boro*)를 잘못 읽을 가능성만큼이나 희박하다.

순전히 우리의 음역 체계 때문에 한 가지 사소한 문제가 발생한다. *ka*로 음역되는 기호가 사실상 *ga*나 *kha*를 나타낼 수도 있지만, 원어민에게 이 기호는 둘 중 그 어느 것도 아니다. 이는 단순히 연구개폐쇄음을 의미할 뿐이며 정확한 성격은 문맥상 결정된다. 따라서 미케네인들이 *l*과 *r*을 구분하지 못하였다고 하는 것은 의미 없는 말이다. 우리는 음역의 편리성을 위해 어느 하나를 선택해야 하지만(사실 우리는 마음대로 *r*을 선택하였다), 미케네인들은 두 발음 모두에 같은 기호를 사용하였을 뿐이다. 영국인들은 이에 대해 불만을 가질 이유가 없는 것이, 그들은 서로 다른 두 발음에 대해 *th*를, 일련의 전체 발음에 대해 *gh*를 사용하기 때문이다. 하지만 오늘날의 언어는 정반대 문제에 시달리고 있다. 즉 같은 발음이 여러 가지 다른 방식으로 쓰이는 것이다.

마지막으로 한 가지 더 언급할 필요가 있다. 미케네어 기호가 정리된 색인에는 불완전한 형태이거나 문맥 없이 단편적으로 나타나는 단어들이 많이 발견되는데, 이들 단어의 분명한 의미를 찾기란 여간 어려운 일이 아니다. 이들 중 대다수가 일종의 이름인 듯한데, 적어도 65퍼센트, 좀 더 정확히 말해 75퍼센트 가량이 증명될 수 있다. 이는 아주 쉽게 실증이 가능하다. 많은 점토판이 단일 기호 집단을 담고 있고 이들 기호 집단에는 남자(또는 여자)를 뜻하는 기호와 숫자 1이 따른다. 이들 기호는 사람 이름인 것이 분명하다. 만약 직업명이라면 더 자주 언급되었을 것이기 때문이다. 이들 기호 집단 중 일부는 특정 성격을 띤 점토판 집단에서도 상투적인 문구와 함께 발견된다. 따라서 이들 이름을 대체할 수 있는 다른 모든 기호 집단도 이름이다. 이런 식으로 해독과 전혀 상관없는 명부를 구성할 수 있다.

하지만 이름을 식별하는 일은 우리로서 위험한 작업이다. 필경사는 자신이 다뤄야 할 사람들을 알고 있었다. 하지만 우리에게는 정확하게 이름을 기재하는 일이 아주 중요한 일인 법문서가 없었다. 필경사는 *e-ko-to*의 올바른 철자가 *Hektōr*라는 것을 잘 알고 있었다. 그 이름이 해당 양식에 잘 들어맞는 문제의 집단에는 오직 한 사람만 있었기 때문이다. 가끔 이름이 비슷하고 실제로 동일 인물이 아닌 두 사람이 있을 경우, 필경사는 직업이나 다른 세부 사항을 추가해 두 사람을 구별하였을 것이다. 불행히도 우리에게는 이를 확인할 방법이 없다. 일단 문맥상 문제의 단어가 이름이라는 사실을 확인하였지만, 이는 추측일 뿐이고 이런 유의 해독이 다소 불완전하고 불확실한 것은 어쩌면 당연한 일이다. 많은 이름이 그리스식이 아니라고 믿을만한 이유가 있으며, 따라서 우리로서는 이에 대해 달리 확인할 방법이 없다. 하지만 우리는 종종 아주 그럴듯한 해답을 하나 이상 생각해낼 수 있어서 무엇을 선택해야 할지 망설여질 정도이다. 비티가 *qe-ra-di-ri-jo*는 "어떤 식으로든 그리스어로 이해될 수 없다"라고 자신 있게 말할 때, 우리는 그가 충분히 연구하지 않았다고 답할 수 있다. 이 이름은 실제로 기록되지 않았지만 고대 그리스어 *Tēlandrios*를 의미하며 그리스어가 분명한 세 가지 성분 *tēle*(far), *andr-*

(man), -*ios*로 구성된다. 영어로는 *Farmanson*이다. 이 이름을 달리 구성할 수도 있지만 이런 유의 비난을 논박하는 데는 한 가지 예로도 충분하다.

비티의 글이 발표된 직후 「선데이 타임스(*Sunday Times*)」를 통해 논쟁이 촉발되었다. 발표된 글들을 살펴보면 누구 하나 비티의 입장을 지지하는 사람은 없었다. 반면에 상당수의 주장들이 벤트리스의 입장에 서 있다는 것을 알 수 있다. 이 논쟁이 누구 의견이 옳은지 검증하는 역할을 하였다면 대답은 분명하다. 비티의 글에 대한 해외의 반응은 놀라움과 조소 그 자체였다. 그와 그루마흐가 옳다면 전 세계적으로 가장 탁월한 그리스어 전문가들이 착각하였다는 뜻이 된다. 이 문제를 다수결로 판단하면 안 되겠지만, 그리스어가 연구되는 모든 국가의 최고 학자들의 권위를 무시해서도 안 된다.

미케네 문자에 대한 연구 현황 및 제반 문제는 런던대학교 고전연구소(London University Institute of Classical Studies)에서 출간한 참고문헌 목록에 가장 잘 소개되어 있다. 여기에 드러난 네 가지 쟁점은 「증거」가 출판된 후 1958년 말까지 발표되거나 출판된 논문과 책의 주요 주제가 되었다. 이 기간 동안에만 23개국 152명의 저자가 432개의 논문과 평론, 책을 발표하거나 펴낸 것으로 확인된다. 이러한 열정은 여전히 계속되고 있으며 오히려 증가하고 있다. 특정 저자들을 구태여 들먹이고 싶진 않지만 몇몇 논평은 소개할 필요가 있다. 베넷이 주도하여 출판한 점토판의 텍스트는 이들 논평에서 제외하였다. 음역과 관련하여 두 가지 용어사전이 특히 유용한데, 하나는 피에로 메리기(Piero Meriggi, 히타이트 어원사전을 출판함—옮긴이)가, 또 하나는 게오르기에프가 편찬하였다. 런던대학교 고전연구소는 선형문자 B와 관련된 일련의 세미나(이들 세미나는 영국 학자들

사이에 토론의 장이 되기도 하였다)를 개최하였을 뿐만 아니라 점토판 텍스트와 참고문헌 목록을 출판하기도 하였다.

고전연구에 있어 새 업적으로 평가된 이 연구 성과는 대학원 연구과정에 적합한 주제로 받아들여졌을 뿐만 아니라 케임브리지대학교와 옥스퍼드대학교의 시험 요강에 포함된 사실을 통해서도 그 탁월함이 충분히 입증된다. 말할 필요도 없이 학부 과정의 일반 과목으로는 아직 적합지 않지만, 그 중요성은 인정되며 전공자의 관심 대상 분야가 될 것이다.

1956년 4월 샹트렝 교수와 미셸 레조이네(Michel Lejeune) 교수의 지휘 아래 프랑스 국립과학연구센터(French Centre National de la Recherche Scientifique)는 미케네 점토판을 주제로 제1회 국제 세미나를 개최하였다. 9명의 프랑스 학자와 7개국에서 온 11명의 학자가 파리 근처 지프(Gif)에 모여 7일간 그동안의 연구 성과와 앞으로의 계획을 토론하였다. 이들의 성과는 『미케네 그리스어 연구(*Études Mycéniennes*)』라는 책으로 출판되었다. 하지만 이 모임의 가장 큰 성과는 각 연구자들의 의견 차이를 극복케 한 정신이었다. 논쟁의 조짐이 보일 때마다 우리는 '지프 정신'에 호소하였으며, 이 시작이 미케네어를 전공하려는 모든 이들에 의해 계속 이어지기를 희망한다. 물론 이 모임에서 벤트리스는 단연 돋보이는 존재였다. 그의 유창한 프랑스어 실력은 깊은 감명을 주었다. 한편 그는 스위스 대표와는 스위스-독일어로, 그리스 대표와는 그리스어로 마치 자기 나라 말을 하듯 편안하게 담소를 나누었다.

그로부터 5개월 후 벤트리스가 죽었다. 하지만 그가 남긴 업적은 여전히 살아있으며 그의 이름 또한 고대 그리스어와 고대 그리스의 문명이 연구되는 한 영원히 기억될 것이다.

제7장

미케네 그리스인의 삶

　오랫동안 우리들의 기억 속에서 사라졌지만, 옛 미케네 시대 사람들의 생활상은 그들이 남긴 회계장부를 살짝 엿보는 것만으로도 충분히 짐작할 수 있을 것으로 기대된다. 둠즈데이북(Domesday Book, 노르만족 출신의 윌리엄 1세가 1066년 잉글랜드를 정복하여 왕이 된 후, 정복지를 통치할 목적으로 조세를 징수하기 위해 작성한 토지대장—옮긴이)이 11세기 잉글랜드 사회상을 생생하게 보여주는 문서라면, 이들 점토판 역시 선사시대 그리스의 제도나 관습을 이해할 수 있도록 한 줄기 빛을 던져준다. 하지만 두 자료 간에는 큰 차이점이 있다. 둠즈데이북은 다른 자료들과 동떨어진 문서가 아니어서 동시대의 역사적인 기록을 참고할 수 있지만, 고대 그리스의 이야기는 단편적인 점토판의 기록과 완벽한 형태로 보존된 역사시대 기록 사이에 넘을 수 없는 벽이 존재한다. 미케네 문명이 쇠락하면서 이어진 중세의 암흑기에 미케네인의 생활상에 대한 기억은 아련하게 사라졌거나 설령 남아있다고 하더라도 민족 전체의 기억 속에 무질서하고, 왜곡된 모습으로 전해질 뿐이다.

따라서 우리가 복원하려는 미케네인의 생활상이 다소 불완전하고, 왜곡되어 있으며, 여러 가지 면에서 억측이 개입되었더라도 크게 문제되지는 않을 것이다. 앞으로 더 많은 조사와 발굴을 통해 세부적인 모습이 밝혀질 것으로 기대되며, 적어도 지금으로서는 대략적인 윤곽이나마 드러나리라고 확신한다. 그럼에도 불구하고 빈약한 증거를 토대로 지나친 가설을 세우는 것은 아닌지 조심스러울 따름이며, 이따금 빈약한 사실 너머로 독자들을 안내하지 못할까 못내 부담스럽다.

하지만 미케네인이 그리스인이라는 사실에는 변함이 없다. 슐리만은 미케네에서 처음 원형 왕족 무덤을 발견하였을 때, 그것이 그리스 왕조의 유적임을 전혀 의심하지 않았다. 그리스 왕에게 보낸 그 유명한 전문에서 그는 왕의 조상을 알현하였다고 장담하였다. 하지만 학자들은 보다 신중한 입장을 취하였고, 때를 같이하여 일부에서는 그토록 일찍 탁월한 문명의 꽃을 피운 미케네인들이 그리스 역사상 그렇게 빨리 몰락한 사실을 해명하기 위해 외래인 지배 이론을 제기하였다. 이와 관련하여 우리는 회계장부에 기록된 언어가 그리스어라는 증거를 제시한다면 모든 논쟁을 잠재울 수 있을 것이라고 생각하였다. 하지만 많은 이들이 이 증거에 담긴 의미를 피해가려고 갖은 애를 썼다. 회계장부에 기록된 언어가 자국어가 아닐 수 있다는 주장이 제기된 것이다. 영어로 회계장부를 기록하는 인도 기업도 있고, 중세시대 한 영국 왕은 라틴어로 회계장부를 기록하게 하였다. 하지만 내가 아는 한 회계장부에 기록된 언어는 문학적으로 주도적인 언어가 틀림없으며, 종종 적절한 철자법을 갖추지 못한 경우는 있어도 그것은 제한된 범위 안에서 지역 언어를 대체하여 널리 통용되고 있는 언어라고 할 수 있다. 헬레니즘 시기의 이집트처럼 그리스어가 외국인에 의해 문자언어로 채택되었다면, 그리스어가 이미 문학적으로 주도적인 언어였다는 뜻이 되는데, 이러한 결론은 입수할 수 있는 모든 증거에 비추어 볼 때 타당성이 부족하다.

지금까지 보존된 점토판은 외국인 통치자가 그리스인 필경사에게 명령하여 그리스어로 기록한 것이거나 그리스인 통치자가 외국인 필경사에게 명령하여 그리스어로 기록한 것이라는 설이 있는데, 이는 올바른 접근이라고 보기 어렵다. 이들 이론을 가장 확실히 반박할 수 있는 증거는 그리스어 인명 점토판이 수없이 발견되고, 이들 이름이 특정 계층에 국한된 것이 아니라 사회 전 계층에 골고루 퍼져있다는 것을 입증하기만 하면 된다. 예를 들어 필로스 최고위층 인물인 *E-ke-ra₂-wo*는 익히 알려진 그리스어 인명 *Ekhelawon*에 가깝다. 정반대 계층에 속한 대장장이의 이름 *Mnasiwergos*는 '자기 일에 전념하는 사람'이라는 멋진 의미를 담고 있고, 염소치기는 조금 평범하지만 *Philaios*라는 이름을 갖고 있다.

물론 많은 이름들이 그리스어로 해독하기 힘들고, 일부는 외국 이름이 분명한 것도 있다. 하지만 기원상 외국어적인 요소가 존재한다고 해서(하지만 말로 사용된 것은 아님) 그리스인이 사회 전반에 널리 퍼져있었다는 사실이 부정되는 것은 아니며, 대부분의 미케네인이 곧 그리스인이라는 사실 또한 부정하기 어렵다. 700년이라는 시간이나 그리스인의 도래와 필로스 점토판 사이에는 그리스 선주민이 융화되기에 충분한 시간이었다.

하지만 크노소스에 그리스인이 존재하였다는 주장은 여전히 당혹스런 면이 있다. 웨이스 교수와 일부 고고학자들은 크노소스 궁전이 몰락하기 전에 크노소스와 그리스 본토가 밀접한 관계에 있었다고 설명하고, 이를 크레타가 그리스 본토에 영향을 미친 것이 아니라 반대로 그리스 본토가 크레타에 영향을 미친 것이라고 주장하였다. 고고학적 조사의 한계 때문에 연구 대상이 어떤 언어를 사용하였는지 추론하는 것은 매우 어렵다. 발굴된 유적을 인류학적으로 분류할 수는 있어도, 그것이 특정 종족이 모두 똑같은 언어를 사용하였다는 근거로 삼을 수는 없기 때문이다. 유사한 형태의 문화적 인공물을 사용하는 사람들을 연구하는 일, 즉 '문화'에 대한 연구는 고고학자들이 주로 사용하는 무기이다. 예를 들어 기원전 1900년경 침략자들이 쇄도해 그리스에 정착하였다고 확신할 수 있는 이유는 문화에 대한 연구에 근거한다. 하지만 이들이 그리스인의 선조라는 추론은 그리스어가 해당 지역에서 나중에 쓰였다는 지식에 근거하며, 비고고학적인 전제에 기대지 않고는 성립될 수 없다.

따라서 그리스 본토가 크노소스에 처음으로 영향력을 행사한 날짜를 고고학자가 분명히 언급한다는 것은 부질없는 짓이다. 반쯤 문명화된 종족이 선진화된 종족을 정복하면, 정복자들은 가능한 한 우월한 문명을 흡수하고 이에 적응하려고 한다. 그러므로 실제 정복이 격렬한 파괴에 의한 것이 아닐 경우, 사건의 실상은 고고학자에 의해 쉽게 은폐될 수 있다. 하지만 엄밀히 말해 고고학적인 것은 아니지만, 그리스인들이 크레타를 지배한 것이 비교적 근래의 일이라는 사실을 입증해줄 한 가지 증거가 있다. 기원전 15세기 초까지 선형문자 A를 사용하였다는 것은 회계 기록을 위한 언어로 그리스어가 미노아어를 대체하지 않았음을 의미한다. 대부분의 열정적인 지지자들은 선형문자 A가 그리스어가 아니라는 것을 인정할 것이다.

우리는 미케네인이 그리스인일 뿐만 아니라 그리스어 가운데 한 가지 방언을 사용하였다는 것을 알고 있다. 미케네인은 도리아인(Dorian)도, 아에올리아인(Aeolian)도 아니다. 우리는 전통에 따라 이들을 아카이아인(Achaean)이라 부르고 싶다. 이는 호메로스가 그리스인을 지칭할 때, 가장 빈번히 사용한 말이기 때문이다. 헬레네스(*Hellēnes*)라는 말은 호메로스가 죽은 다음에나 등장하였고, 그릭(*Greek*)이라는 말은 그리스 민족을 지칭하는 로마인의 이름에서 유래한 것이다. 미케네인들이 어떤 말을 사용하였는지는(어떤 말을 사용하였다면) 여전히 베일에 가려져 있다. 하지만 적어도 고대의 언어학적인 지식을 참고하였을 때, 가장 가까운 친척 언어는 아르카디아어(Arcadian)와 키프로스어(Cypriot)이고, 그 다음은 이오니아어(Ionian)라고 말할 수 있다.

미케네 문명이 어떻게 멸망하였는지는 한 세기의 4분의 3이나 되는 기간 동안 전공자들을 사로잡은 문제였다. 하지만 점토판을 해독하는 것만으로는 분명한 해답을 얻을 수 없었다. 단지 미케네 문명이 멸망하기 바로 직전에 도리아-그리스인이 북서쪽의 거친 땅에서 남하하였다는 것은 믿을 만한 근거가 있다. 하지만 이 일이 주된 원인이었는지는 여전히 의문이다. 필로스가 적의 공격이 임박하였음을 예상하면서 점토판을 기록한 것이라면 우리는 이들 점토판 내용에 임박한 사건의 의미를 부여할 수 있다. 군대 이동을 다루고 있는 일련의 점토판이 임박한 공격에 대한 준비로 해독될 수 있다면 내용은 정말 흥미로워질 것이다. 개인적으로 나는 그렇다고 생각하지만, 평화로운 시기의 군대 모습을 보여주는 자료가 전혀 없기 때문에 이들 점토판의 내용이 평상시 일상적인 전열이 아니라고 자신 있게 말할 수는 없다. 하지만 그것이 전쟁 직전의 기록이라고 가정한다면 점토판의 그림에서 몇 가지 분명한 사실을 확인할 수 있다.

수많은 필로스 점토판이 군사 및 해군 문제를 다루고 있다. 한 작은 점토판에는 30명의 병사들을 태운 전선이 해안가 마을에서 플레우론(Pleuron)으로 항해할 것이라는 내용을 담고 있다. 해전(海戰)은 이후에 등장한 것으로, 이 시기에는 상선과 전선의 구분이 거의 없었던 듯하다. 따라서 이를 두고 순전히 평화로운 항해라고 할 수도 있지만, 이미 임박한 위험은 이 항해의 목적이 무역이 아님을 암시한다. 그들은 왜 플레우론으로 향하고 있었을까? 플레우론이 호메로스가 언급한 그 도시라면, 이 도시는 코린토스 만 북쪽 아에톨리아(Aetolia)에 위치해 있었을 것이다. 이 도시는 미케네의 도시가 분명하였고, 따라서 이번만은 지리적으로 분명히 위치가 확인되었다고 말할 수 있다. 하지만 유감스럽게도 기타 모든 나라들처럼 그리스도 지명이 겹치는 경우가 많다. 얼마나 많은 도시가 뉴포트(Newport) 또는 밀턴(Milton)으로 불렸는지 확인해 보면 알 것이다. 만약 우리가 *Ko-ri-to*라는 장소를 발견하였다면, 이곳의 철자가 코린토스(*Korinthos*)일 것이라고 확신하겠지만, 필로스 왕국에 대한 지식에 따르면 이곳은 코린트 지협에 위치한 그 유명한 도시가 아니라 같은 이름을 사용하는 작은 시골 마을에 불과하다. 플레우론도 같은 맥락으로 볼 수 있다. 하지만 그곳이 공격이 감행 중인 방향에 있다면 필로스에서 플레우론으로 배를 보내지 못할 이유는 없다. 지금껏 수많은 전공자들이 매달렸지만 여전히 필로스가 통치한 왕국의 정확한 경계를 모르기 때문에 그 누구도 정확한 것은 알 수 없다.

두 개의 또 다른 점토판에는 노 젓는 사람들에 대한 기록이 있는데, 한 점토판에는 전체 숫자가 400명을 훨씬 넘고 일부 숫자는 지워져 있다.

다른 점토판에는 "노 젓는 이들이 사라졌다"는 내용이 기록되어 있다. 또다시 호기심이 일어난다. 그들은 임무 도중에 어디로 사라진 것일까? 혹시 탈영한 것일까? 탈영은 위험이 임박한 때에 일어난 것일까? 이들 반쯤 이해되는 구절은 보다 극적인 설명을 필요로 한다.

더 중요한 것은 그들이 *o-ka*라 부른 것을 기록한 점토판이다. 악착같이 연구에 매달렸지만 우리는 세부사항들, 특히 *o-ka*가 무엇인지에 대해 의견의 일치를 보지 못하였다. 일부 연구자들은 이를 '상선'을 뜻하는 단어와 연결하였지만, 아마도 군대 단위의 일종이거나 명령인 듯하다. 문맥이 군대와 관련 있다는 점은 모든 연구자들의 공통된 의견이다. 이 글의 서문은 다음과 같다. "그래서 보초가 해안 지역을 감시하고 있다." 작전 명령의 목적이 해안 감시 부대를 구성하는 것이 분명한 것 같고, 따라서 적의 해상 공격을 우려하고 있다고 추론할 수 있다. 여기에는 열 가지 '명령'이 기록되어 있고, 각각의 명령에는 특정 이름이 기재되어 있다. 이따금 장소가 배정되어 있기도 하지만 항상 그런 것은 아니다. 그 다음에는 부하인 듯한 병사들의 이름이 나열되어 있다. 그 다음에는 배치 병력이 기재되어 있는데, 대체로 110명을 넘지 않는다. 모든 부대의 인원수는 10의 배수로 구성되었는데, 이는 군대 조직을 이해하는 단서가 될수 있다. 각 부분은 "그리고 귀족(Followers) 아무개가 이들과 함께 한다"라는 내용으로 끝을 맺는다. 여기에서 귀족을 뜻하는 *e-qe-ta*(*heqᵘetai*)는 중요한 인물로서 왕의 신하나 게르만 왕에 충성하는 '백작'과 같은 가신으로 추측된다. 그렇다면 왜 각 부대마다 귀족이 확실한 임무 없이 배속되어 있었던 것일까? 개인적인 생각이지만 아마도 그들은 연락책이었던 것 같다. 긴 해안선을 따라 널리 퍼져 있던 감시 부대는 본부와 어떻게 신속히 연락을 취할 수 있었을까? 아마도 봉화가 위험을 알리는 역할을 하였을 것이다. 하지만 위험을 알리기 위해서는 파발이 필수적이며, 다른 점토판에서도 확인되는 것처럼 귀족들은 전차를 보유하고 있었다. 이 전차는 당시 가장 빠른 이동 수단이었으므로 귀족이 보유한 전차를 이용해 각 부대와 본부가 서로 연락을 취하였던 것으로 보인다. 내 생각이 옳다면 필로스의 왕은 궁에 앉아 조기 경보 체계를 수립하고 있었던 것이다. 긴 해안선을 방어해야 하는 왕으로서는 적이 상륙하는 모든 곳을 지킬 수 없는 노릇이다. 하지만 침공을 알리는 소식을 신속히 접할 수만 있다면 군대를 효율적으로 동원하여 침략자에 맞설 수 있었을 것이다. 게다가 침략자에 맞설 그의 왕궁은 미케네와 달리 몸을 피할만한 강력한 성벽이 없었다. 따라서 웬만큼 준비해서는 적을 상대할 수 없었다. 왕궁 바깥에서 발견된 화살촉과 사람 뼈를 보면 이곳에서 꽤 치열한 전투가 벌어졌음을 알 수 있다. 실제로 왕궁은 바닥이 드러날 정도로 불탔고 다시는 재건되지 못하였다.

왕궁이 불에 타 철저히 파괴되긴 하였지만 그 덕분에 점토판이 살아남을 수 있었다. 지금까지 점토판이 잘 보존된 세 곳 모두 격렬한 불에 의해 파괴되었다는 사실은 단순한 우연으로 보기 어려울 정도이다. 하지만 당시의 침공 상황과 거주민의 운명에 대해서는 전해지는 바가 전혀 없다.

고고학자들에 따르면 크노소스 궁전의 파괴는 이보다 200여 년 앞서지만, 이들 일련의 두 기록이 꽤 흡사하여 시간상의 차이가 혹시 착각은 아닌지 많은 이들이 궁금해 할 정도이다. 고고학자들은 주로 간접적인 수단을 통해 연대를 추정한다. 조심스럽게 발굴하다보면 거대한 단층 구조처럼 시기별로 연이어 중첩된 층에 잘 정돈된 매장품을 종종 발견할 수 있다. 단층 꼭대기에 접근할수록 연대는 현재에 가까워진다. 전문가들은 보존된 물건들, 특히 도기를 조사함으로써 특정 층이나 기간의 고유 형식을 구분할 수 있다. 이들 층의 깊이는 해당 시대의 대략적인 연대를 암시한다. 여기에서 확인된 모든 연대는 상대적인 개념이다. 절대적인 연대는 역사적인 사건과 해당 층을 관련지음으로써만 얻을 수 있다. 새로운 기법인 방사성탄소연대측정법을 제외한다면 말이다. 기존의 연대 측정법은 우리가 고려 중인 범위에 대해 만족할 만큼 정확한 연대를 제공하지 못해 그다지 도움이 되지 못하였다. 선사시대의 연대는 기록된 역사를 보유한 다른 문화와 연대별 대조를 통해서만 측정할 수 있는데, 선사시대 그리스는 주로 이집트가 그 역할을 한다. 연대 추정이 가능한 이집트 유물이 크노소스에서 발견되었으며, 궁전이 파괴된 시기를 기원전 1400년으로 추정할 수 있는 것은 바로 이들 유물 또는 유사한 유물을 통해서 확인한 결과이다. 그럼에도 불구하고 정확한 연대에 대해서는 상당한 의문이 남아 결국 약간의 미세한 조정이 불가피하였다. 하지만 200년의 간격을 메우기는 거의 불가능해 보인다.

　　몇몇 크레타 지명이 해독에 중요한 역할을 하기도 하였다. 대략 열두 개 지명이 고대의 장소로 확인되었다. 기타 지명을 확인하지 못한 이유는 크레타 섬의 고대 지리에 대한 지식이 부족하였기 때문이다. 호메로스는 크레타 섬에 90개 내지 100개 정도 도시가 있다고 말하였지만, 알려진 고대 도시의 숫자는 이보다 훨씬 적었다. 하지만 점토판에 기록된 이름으로 확인된 장소는 사실상 크레타 섬 전체를 아우르며, 이는 크노소스가 섬 전체에 걸쳐 지배권을 행사하였음을 뜻한다고 볼 수 있다.

반대로 크레타 섬 바깥 지명은 전혀 발견되지 않는다. 따라서 투키디데스(Thucydides)가 말한 것처럼 크노소스가 해양 제국의 중심은 아니었던 것 같다. 투키디데스의 말이 옳다면 그 전설은 다른 시대에서 찾아야 할 것이다.

크노소스의 육해군 조직은 추적이 불가능하다. 하지만 우리에게는 당시 무기에 대한 정보가 상당량 있어 당시 군사 조직에 대한 몇 가지 사실을 재구성할 수 있다. 이 시기의 특징적인 무기는 두 마리 말이 끄는 경량 전차였다. 전차는 두 사람이 탈 수 있었으며, 예술 작품에 묘사된 장면으로 판단하건대 전시뿐만 아니라 평시에도 이용한 것으로 보인다.

유명한 티린스(Tiryns) 프레스코 벽화에는 두 명의 여인이 사냥터가 분명한 곳에서 전차를 몰고 가는 장면이 등장한다. 따라서 우리는 점토판에 등장하는 모든 전차가 군사용이라고 성급하게 단정해서는 안 된다. 실례로 상아로 장식하고 정교한 장비를 갖춘 크노소스 점토판의 전차는 의식용으로 사용되었을 것이다. 물론 왕족이나 귀족들이 그런 이동수단을 이용하였을 것이다. 전차 바퀴는 별도 목록에 기재되어 있다. 전차를 타지 않을 때는 바퀴를 빼놓았던 것이다. 우리에게는 놀라운 일일 수 있는데, 호메로스는 전차를 타기 위해 해야 할 첫 번째 일이 바퀴를 끼우는 일이라고 말하였다.

"헤베(Hebe, 헤라클레스의 아내―옮긴이)는 전차의 금속 축에 바퀴살이 여덟 개 달린 청동 바퀴를 신속히 끼웠다." 이는 호메로스가 신의 전차를 묘사한 장면인데, 이들 세부 묘사 중 일부는 미케네의 유물과 일치하지 않는다. 왜냐하면 미케네인의 전차 바퀴는 대부분 바퀴살이 네 개이기 때문이다. 설령 크노소스 점토판에 묘사된 전차의 바퀴살 한 쌍이 '청

〈그림 14. 크노소스에서 출토된 '전차' 점토판(Sc230)〉

동으로 만들어진' 것이라고 하더라도 모든 전차 바퀴가 청동으로 만들어진 것은 아닐 것이다. 점토판에 기록된 바퀴의 일반 재료로는 버드나무나 느릅나무, 사이프러스나무 등이 사용되었다. 일종의 타이어를 다양한 재료로 만든 것이라고 생각하면 되는데, 일부는 청동으로 감싸기도 하였고, 은으로 감싼 것도 한 쌍 발견된다. 한 크노소스 점토판에는 자그마치 462쌍의 바퀴살이 언급되어 있다.

일련의 크노소스 점토판은 판체르트루펜(Panzertruppen), 즉 기갑 여단의 소집 명부인 것이 분명하다. 각 점토판마다 사람 이름과 바퀴살, 흉갑, 한 쌍의 말 등이 완비된 전차가 기록되어 있다(〈그림 14〉 참조). 가끔 한 마리 말만 등장하는 경우도 있는데, 이는 전차가 동원되지 않았다는 뜻일지도 모른다. 전체 숫자는 계산이 쉽지 않다. 상당수 점토판이 파괴되어 있기 때문이다. 다만 최소 82개의 전차 기호를 셀 수 있었다. 전차 병력 수가 100대를 훨씬 넘는다고 추산해도 크게 틀리지는 않을 것이다. 전차를 운전하는 일은 전차병(driver)이 맡았다(한 크노소스 점토판에는 전차병이 특별히 언급되어 있었는데, 보통 소집 명부에는 각 전차마다 전투병의 이름만 기록한다). 전차는 전차병이 운전하기 때문에 전투병은 자유롭게 적과 싸우기만 하면 된다. 호메로스의 시에서 전차는 전투병을 전장에 투입하고 빠져나오는 이동수단에 지나지 않는 것으로 묘사되어 있다. 하지만 이는 적어도 부분적으로 전차가 구식이 된 시대에 작품을 쓴 호메로스가 전차의 진정한 용도를 잊어버렸기 때문일 수도 있다. 100대의 전차가 밀집대형을 이루며 전속력으로 질주하는 모습은 실로 장관이었을 것이다. 호메로스의 작품에 이런 전술을 회상하는 장면이 등장한다. 네스토르(Nestor, 필로스의 왕─옮긴이)가 전차 밀집대형이 더 이상 일상적인 전술이 아니라고 충고하는 장면이다. 하지만 전차를 밀집대형으로 배치할 수 있는 곳은 넓은 지역뿐이다. 그리스에서 이런 전술을 구사할 지역은 흔하지 않았을 것이 분명하다. 따라서 전차 병력은 탱크보다 기계화 보병으로 사용되었을 것이다.

유감스럽게도 필로스 전차 목록은 아직 발견되지 않았다. 아마 크노소스의 경우처럼 필로스 전차 목록도 주 보관소 바깥에 별도로 보관되었을 것이다. 하지만 수많은 바퀴 관련 기록이 발견된 것으로 보아 존재하였던 것은 분명하다. 다른 경우처럼 이 경우도 필로스의 필경사가 크노소스의 필경사보다 좀 더 꼼꼼한 것으로 볼 수 있다. 바퀴는 쓸 수 있는 것과 쓸 수 없는 것으로 주의 깊게 구분되었고, 일부는 예를 들어 '낡음'이라고 좀 더 구체적으로 표시하였다. 다소 놀라운 것은 '귀족의 것'으로 분류한 바퀴 목록이다. 이는 귀족이 사실상 전차를 몰았거나 최소한 그들의 재산이었음을 의미한다. 실제로 이들의 이름(e-qe-ta)과 말(라틴어로 equus)에 해당하는 단어의 유사성 때문에 일부 학자들은 이를 호메로스가 '기사(knight)'에 해당하는 단어로 쓴 hippota로 해독하였다. 이런 생각이 그럴듯해 보여도 미케네어 문법을 총동원해 보면 이 생각이 잘못된 것임을 알 수 있다. 말에 해당하는 단어는 언제나 i-qo이며 e-qo가 아니다. 또한 모든 파생어에는 고대 그리스어 *hippos*처럼 *i*가 들어간다. 전차는 말의 파생어 *i-qi-ja*(*hiqqʷia*)로 불린다. 사용할 수 있는 바퀴의 총 숫자는 대략 84쌍 정도인데, 우리가 알지 못하는 전차를 감안한다면 얼마나 많은 여분의 바퀴가 필요하였을까? 필로스 주변 도로 사정이 오늘날과 같았다면 아마 바퀴는 오래가지 못하였을 것이다.

호메로스의 영웅들이 입었던 갑옷도 끝없는 논쟁의 대상이 되었다. 작품 속에 묘사된 것과 실제 고고학적 유물을 조화시키려고 애를 썼지만 언제나 일치한 것은 아니어서, 다른 부분에서처럼 이 부분에서도 연대기상 오기(誤記)가 있었던 것으로 보인다. 점토판을 조사하면 그림은 좀 더 분명해진다. 다행히 크노소스와 필로스 두 곳 모두에서 상당량의 갑옷 목록이 발견되었고, 그 내용도 대략적으로 일치한다. 투구는 투박한 원추형 모양이다. 투구의 재질이 무엇인지는 밝혀지지 않았지만, 아마도 가죽일 것이라고 추측하는 이유는 4개의 '판금' 또는 '미늘'이 거기에 부착되었다는 기록 때문이다. 그렇게 번역되는 단어가 '판금' 또는 '미늘'의 의미를 담고 있는 고대 그리스어 단어와 정확하게 일치하진 않지만, 용도상으로 볼 때 대략적인 의미는 비슷하다. 이들이 어떤 식으로 배열되었는지, 그 크기는 어느 정도였는지 등은 확인할 길이 없지만, 그 숫자가 두 곳 모두에서 일치한다는 사실은 중요한 의미를 지닌다. 물론 크노소스 점토판 중에는 4개가 아니라 2개만 언급되어 있는 것도 있다. 또한 투구에는 한 쌍의 뺨 보호대가 달려있었던 것이 분명하다. 아울러 몸은 흉갑으로 감쌌다. 흉갑의 재질 역시 확인하기 어렵지만 한 점토판의 언급을 통해 아마포가 아닐까 추측이 가능하다. 흉갑에는 30개 혹은 그 이상의 판금(투구와 동일한 단어 사용)이 부착되었는데 20개는 크고 10개는 작왔다. 22개가 크고 12개가 작은 경우도 있었다. 이들 숫자는 필로스 점토판에서 발견되었으며, 크노소스에서는 이에 대응하는 점토판이 발견되지 않고 있다.

여기서 한 가지 문제를 언급해야겠다. 필로스 점토판에 나오는 흉갑은 그리스어로 보통 *thōrākes*라 불리지만, 크노소스 점토판에는 등장하지 않는다. 대신 크노소스 점토판에는 *qe-ro$_2$*라 불리는 물건이 등장한다. 우리는 처음에 이것이 '흉갑'을 의미할 것이라 생각하였다. 하지만 1956년 말에 확인된 미발표 점토판 하나가 나의 생각을 바꾸어 놓았다. 이 점토판에는 이들 물건 16개가 그릇 몇 개와 함께 나열되어 있는데, 청동으로 되어 있다고 언급되었을 뿐만 아니라 그림과 함께 기록되었다. 그 모양은 위쪽이 휘어 있는 정방형을 띠고 있는데, 좋게 보면 일종의 흉갑처럼 보일 수도 있었다. 하지만 새 점토판에는 갑옷 한 벌이 언급될 때면 언제나 2개의 *qe-ro$_2$*가 따라다녔다. 다시 말해 한 쌍으로 착용되었다는 뜻이다. 그렇다면 딱딱한 금속으로 만들어진 한 쌍의 흉갑인 셈인데, 이는 호메로스 시대에 알려지지 않았으며 필로스 점토판에 기록된 30개 이상의 판금을 단 *thōrāx*와도 분명히 달랐다. 더구나 점토판에는 '어깨 보호대'가 언급되어 있고, 그 다음 또 다른 '판금'이 언급되었는데, 이들 판금은 문제의 그 흉갑용이 분명하다. 여기서 순서가 중요한데, *qe-ro$_2$*가 투구와 부착물, 어깨 보호대 등과 함께 열거된다면 팔 보호대가 되어야 하고, 그러면 한 쌍으로 착용된 것도 제대로 설명이 가능하다.

그제야 나는 제대로 들어맞는 그리스어 단어가 떠올랐다. *pselion*, 즉 '팔찌'는 미케네어 철자와 정확하게 일치하는 *spelion*의 변형인 것이다.

전차병은 나무 끝에 뾰족한 청동 날을 매단 창([e]-ke-a ka-ka-re-

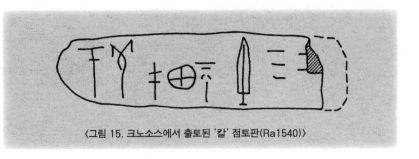

a=enkhea khalkārea)을 가지고 다녔다. 이를 통해서도 알 수 있듯이 필로스에서 청동은 주로 '창날과 화살촉'을 만드는 데 사용되었다. 크노소스 점토판에 등장하는 '칼'은 호메로스가 *phasgana*라고 불렀으며 고고학적으로 넓은 양 날을 가진 칼로 알려져 있는데, 여기에는 약간의 문제가 있다. 점토판에 나타난 유형이 이후 등장하지 않는다는 점이다. 필로스 점토판에는 칼에 대한 고대 그리스어 *xiphos*가 추가로 언급되어 있지만, 그림을 참고할 때 찌르는 용도로 쓴 것으로 보인다. 화살은 여러 번 언급되었으며, 화살촉을 넣는 상자가 크노소스에서 꼬리표가 붙은 채 발견되었다. 한 점토판에는 전체 화살 숫자가 6,010개와 2,630개인 것으로 두 차례 언급되어 있었다.

우리가 가진 미케네 갑옷 그림에는 두 가지 흥미로운 점이 발견된다. 첫째, 정강이받이가 없다. 호메로스는 '정강이받이를 댄'이란 말로 그리스인을 즐겨 묘사하였다(어떤 때는 '청동으로 정강이받이를 댄'이란 표현을 사용하기도 함). 고고학자들은 적어도 동시대 키프로스인의 모습을 토대로 그들 모습을 복원하였다. 둘째, 더욱 놀라운 것은 방패가 없다는 점이다. 이는 기록상 보기 드물게 누락된 경우인데, 결국에는 복원되리라고 생각한다. 미케네인들은 분명 방패를 사용하였기 때문이다. 초기 미케네 시대의 팔자형 방패는 예술가들이 즐겨 선호한 주제였다.

우리는 미케네의 군사 조직에 대해 사실상 지금까지 언급한 것 이상 알지 못한다. 하지만 주제가 정치 및 사회 구조로 바뀌면 흐릿하게 비쳐지던 그림이 좀 더 자세하게 모습을 드러낸다. 크노소스와 필로스는 모두 왕조 사회였다. 두 곳 모두 별다른 호칭 없이 '왕'(wanax)을 언급하고 있다. 이는 왕이 한 명이었음을 의미한다. 이와 관련하여 같은 호칭이 신하들에게도 적용되고 있어서 복잡한 문제를 야기하고 있다. 왕국이 고도로 조직화된 관료 기구에 의해 통치된 왕조 사회였다는 사실은 발견된 왕궁의 복잡성을 통해서도 간단히 입증될 수 있다. 이런 사실을 토대로 우리는 크노소스와 필로스 점토판에서 얻은 추론을 미케네에도 확대 적용할 수 있는데, 미케네에서 발견되어 복원된 점토판은 불과 몇 개 되지 않아 미케네의 사회 구조에 대한 직접적인 증거로 삼기에는 다소 미흡하다.

또한 라와게타스(Lawagetas), 즉 '무리의 지도자(Leader of Host)'라고 불리는 중요한 관직이 있는데, 서열상 왕 다음이었던 것 같다. 나는 애초에 이 직위가 분명 후계자에 대한 호칭일 것이라고 생각하였지만, 어원학적으로 접근한 파머는 총사령관이 맞을 것이라는 의견을 내놓았고, 보다 많은 이들이 그의 주장에 동의하였다. 하지만 후계자와 총사령관이 반드시 상치한다고 볼 수는 없었다. 어쨌든 분명한 것은 상인을 포함하여 가속을 거느린 이는 왕과 총사령관밖에 없었기 때문이다. 왕에게 천을 다루는 축융공(縮絨工)이 있었다면, 라와게타스에게는 양치기가 있었다. 또한 이 둘은 왕실 토지 테메노스(temenos)를 보유하는 영예를 누렸다. 이 말은 이후 그리스 사회에서 종교와 연관되어 사용된다.

이런 정보를 담고 있는 동일한 점토판에는 다른 두 계층의 토지 소유자가 언급되는데, 여기서 우리는 다시 한 번 난제에 부딪힌다. 언급된 다음 계층은 *te-re-ta*라 불리는데, 아마도 고대 그리스 시대의 텔레스타이(*telestai*)를 가리키는 듯하며, 적어도 일부 지역에서 이들은 유력한 토지 소유자임에 틀림없다. 파머는 미케네 사회를 이 텔레스타이가 '봉신'의 신분으로 등장하는 봉건 왕조 사회라고 생각하였다. 그가 제시한 게르만식 사회 구조는 얼핏 보기에 매력적이고 유용한 듯하였다. 하지만 그리스인이 인도-유럽 계통 조상으로부터 봉건 체제를 상속하였다고 가정하고, 따라서 게르만 문화와 인도 문화를 한 묶음으로 생각하게 되면 문제는 더욱 복잡해진다. 이 이론에 따르면 그리스인이 500년 후 그리스에 도래하여 다른 문명, 특히 미노아 문명과 접촉하였고, 자기 고유의 사회 조직을 사실상 바꾸지 않고 보존하였다는 것이 된다. 우리는 각 경우의 호칭들이 언어학적으로 서로 연관되었다면 기꺼이 파머의 견해를 따랐을 것이다. 하지만 사실상 사용된 단어들 간에는 아주 큰 차이가 있었다. 즉 '왕'을 뜻하는 인도-유럽계 단어조차 라틴어(*rex*)와 켈트어(*Dumno-rix*, 동일한 갈리아족 인명), 인도-이란어(산스크리트어 *rājā*, 영어 *rajah*는 여기에서 유래함)와 공통점을 가지며, 다른 모든 언어와 어원이 다르다. 또한 파머는 하위 계층을 고려하면서 의미론적 유사성에 근거해 단어를 비교하기에 이른다. 예를 들어 그에 따르면 텔레스타스(*telestas*)는 '짐을 진 사람'이 된다. 게르만 봉건사회의 봉신은 '짐을 지다'라는 동사와 관련이 있는 것처럼 말이다.

나는 이 증거가 텔레스타스를 종교적인 신분으로 해독하게 할 수도 있다고 주장하였으며, 이는 고대 그리스어 활용법과 일치하였다. 하지만 문맥상 종교와 세속적인 신분이 분리된 사회 구조가 호도될 여지가 있었다. 아주 최근까지 종교와 세속적인 권력이 이따금 구별이 어려운 경우는 티베트뿐이기 때문이다.

귀족(*heqʷetai*)의 위치에 대해서는 앞서 이미 논의하였다. 호메로스의 왕에게도 동료가 있었지만, 그들은 다른 이름(*hetairoi*)으로 불리었다. 게르만 봉건 왕조의 왕에게도 '백작'(라틴어로 *comites*)이 있었다. 귀족들은 특별한 표식이 수놓인 제복을 입고 특별한 전차 바퀴를 사용하였으며 대개 노예를 부렸을 것이다.

토지 소유 문제는 전반적으로 격렬한 논쟁 가운데 있다. 필로스 점토판이 그렇게 많음에도 불구하고 거듭 되풀이되는 문구의 정확한 의미는 여전히 풀리지 않고 있으며, 이 주제를 다루는 필로스 점토판 전부가 한 마을에만 관련되어 있어 일반화가 어려운 실정이다. 그곳 토지 소유자 대부분이 종교적인 신분을 갖고 있어 특이한 정착 형태일지도 모른다.

여기서 토지 소유 제도가 어느 정도 설명될 수 있지만, 배후에 무엇이 존재하였는지는 여전히 추측의 대상으로 남아 있다. 토지는 크게 두 가지 유형으로 나뉜다. *ke-ke-me-na*는 공동체(*dēmos*)가 공동으로 소유한 토지의 형태이다. 또 다른 유형인 *ki-ti-me-na*(*ktimenā*)는 (분명히 *telestai*였을 텐데) 개인이 소유한 토지로서 어원학적으로 '황무지를 개간한' 또는 '정착한' 토지를 의미한다. 대토지 소유자는 자신의 크티메나(*ktimena*)를 '소작인'에게 양도하였지만, 그렇다고 실제로 임대 관계가 형성되고 임대 수수료가 지불되었다고 가정해서는 안 된다. 우리는 경제학자들이 '유통(circulation)'이라고 부르는 것들과 아직 거리가 한참 먼 시대를 다루고 있기 때문이다.

두 번째 부류의 필로스 점토판이 또 다른 마을과 관련이 있는데, 여기서는 연공(annual contribution)이 포세이돈과 다른 신들에게 바쳐졌다. 다른 모든 문서에서처럼 여기에서도 혼동이 생긴다. 토지가 특정 비율로 씨를 뿌리는 데 필요한 양의 종자에 따라 측정되었기 때문이다. 이는 바빌로니아에서도 사용된 계산법이다. 토지 면적과 곡물량 사이의 관계를 계산하는 등식이 분명 있었지만, 우리가 확인할 수 있는 일부 점토판 내용은 적어도 토지보다 종자와 관련된 것처럼 보인다.

규명하기 어려운 군소 직위들이 다수 있는데, 이들은 대개 수도에는 등장하지 않아 어떤 의미에서 지방 고관인 듯하다. 필로스의 각 마을에는 *ko-re-te*라고 불리는 지역 관리가 있었다. 이들은 일종의 '시장'으로 볼 수 있고, 보좌관을 두었다. 가장 흥미로운 칭호는 바실레우스(basileus)인데, 이 칭호는 이후 그리스 시대에 '왕'을 가리키는 보통명사가 된다. 호메르스의 작품에서는 이따금 등급이 다소 떨어지는 신분으로 등장한다. 즉 미케네 시대에는 중앙정부의 왕(wanax)에 훨씬 못 미치는 지역 관리에 불과하였던 것이 분명하다. 앞서 말한 것처럼 단어의 의미는 언제나 열등한 쪽으로만 변하는 것이 아니다. 이 경우처럼 가끔 사회 규모 차원에서 단어의 의미가 확대되는 때가 있는데, 그 이유는 중세 암흑기에 거대 왕조가 사라지고 군소 수령들만 생존하였기 때문일 것이다.

전제정치가 과두정치로부터 이미 검열을 받기라도 한 것처럼, 일부 지역 지도자가 '장로회'를 둔 것이 눈길을 끈다. 하지만 더 이상 알 길이 없으며, 이런 단어가 존재한다는 것만으로 어떤 확고한 결론을 내릴 수는 없다.

사회 계층의 맨 밑바닥에는 노예가 있었다. 사회가 얼마나 오랫동안 노예 노동에 기초해 왔는지는 말할 수 없으며, 노예에게 어떤 권리가 있었는지도 알 수 없다. 필로스 점토판에는 같은 수의 아이들과 함께 600명이 넘는 여성이 꼼꼼하게 기록되어 있다. 여러 정황에 비추어 보아 이들이 노예인 것은 분명하다. 일부는 특별히 '포로'라고 언급되어 있으며, 많은 이들이 천한 일(곡식 갈기, 물 긷기, 실 잣기 등)에 종사하였다. 이들 모두가 왕궁에 모여 있었던 것은 아니고 다른 곳에도 배치되었는데, 식량 배급이 왕궁에서 지급된 것으로 보아 아마도 왕실의 지방 분가였던 것 같다. 이들의 직업보다 더욱 흥미로운 것은 출신지에 대한 설명 부분이다. 렘노스(Lemnos), 크니도스(Knidos), 밀레토스(Miletus) 등 세 곳은 에게 해 동쪽 지명과 관련이 있었다. 이들 가운데 밀레토스는 히타이트 기록에도 나타나는데, 우리는 그리스인으로 추측되는 아히자와(Ahhijaawa) 왕이 소아시아 연안에 위치하며 밀레토스라는 이름을 가진 한 장소를 지배하였다는 것을 알고 있다. 따라서 이들 장소는 미케네의 식민지이거나 외진 곳에서 노예무역을 한 속령일 수도 있고, 적국 연안을 노략질하여 얻은 전리품일 수도 있다. 이를 통해 필로스의 배들이 에게 해 너머 멀리까지 진출하였다고 추측할 수 있다.

많은 점토판에 뭇 남녀들이 직업별로 묘사되어 있어서, 당시 복잡한 도시 생활과 전문 직업을 일부 들여다 볼 수 있다. 실잣기와 옷감 짜기는 여성들의 일이다. 아마와 양털을 다듬는 이들 뿐만 아니라 소모(梳毛)하는 이들과 실 잣는 이들, 옷감 짜는 이들은 특별히 이름이 적혀 있었다. 하지만 침모뿐만 아니라 남자 재봉사도 점토판에 언급된 것으로 보아 재봉일은 남녀 모두 종사한 듯하다. 옷을 깔끔하게 마무리하는 일은 축융공의 일이다. 이를 위해 왕에게는 개인 축융공이 딸려 있었다.

이들 직업명을 통해 당시 다양한 제조업이 존재하였음을 알 수 있다. 우리가 충분히 예상할 수 있는 건축 노동자들로 목수와 석공이 있다. 배는 전문 계층인 조선공에 의해 건조되었고, 누수를 막는 전문 직업인도 있었다. 청동은 아직도 널리 사용되었기 때문에 무기와 기타 금속 제품들은 청동세공인에 의해 만들어졌다. 철제품은 매우 귀하였고, 점토판에는 전혀 언급되지 않았다. 납은 크노소스 점토판에 단 한 번 언급되었을 뿐이다. 귀금속인 금은 금세공인에 의해 제작되었는데, 일부 그릇과 가구의 장식으로 사용되었다. 실제 유물을 보면 금세공인은 보석 장신구도 제작하였음이 확인된다. 미케네의 금세공 기술은 최고 수준으로 알려져 있다. 은은 유물 가운데서 드물지 않게 발견되는데 반해 점토판에는 단 한 번만 언급될 뿐이어서 가끔 다른 이름으로 언급되는 게 아닌가 하는 의혹이 든다. 활 제작자의 존재는 직업이 어느 정도로 전문화되었는지 가늠할 수 있는 좋은 척도가 된다. 오늘날에는 향료 제조자라 불리는데, 연고 제작자가 존재하였다는 사실 또한 사치품이 거래되었음을 입증한다. 수많은 점토판에 일부 소개된 이들의 작업을 보면, 올리브유를 기본 재료로 삼아 향료와 함께 끓인 후 향유나 연고를 만든다. 대표적인 향료로는 장미와 사이프러스, 샐비어가 쓰였다. 이들 향유의 용도가 무엇이었는지는 확실치 않은데, 종교적인 제물로 사당에 보내졌다. 미케네 여인들 또한 이들 향유를 이용하였는지 점토판에는 나와 있지 않다. 하지만 당시 여인들 무덤에서 수많은 향유 병이 발견된 것으로 보아 그 용도가 충분히 상상된다. 단 한 번의 언급을 통해 당시 의사가 존재하였음이 입증되었다. 하지만 유감스럽게도 그가 토지를 하사받았다는 사실 외에 그의 시술 방법이나 신분에 대해 알 수 있는 것은 전혀 없다.

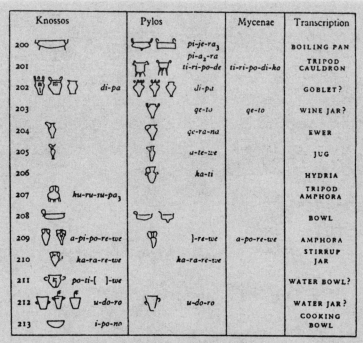

〈그림 16. 미케네 도기와 그 명칭〉

　도공이 존재하였다는 사실은 널리 알려진 도기를 통해 알 수 있다.
그런데 흥미로운 것은 도공이 왕실 가속으로 상당한 토지를 보유하고 있
었다는 점이다. 또한 점토판에 수록된 그릇들은 토기가 아니었던 것 같
고, 양이 너무 많아 별도 목록으로 남기기 어려울 정도였다. 그리고 일부
는 청동이나 금으로 제작되었다. 하지만 필로스 점토판에 기록된 세 개
의 목욕통은 토기였던 것 같으며, 세면용 스펀지를 두는 장소까지 구비
한 붙박이식 목욕통이었다. 이 목욕통은 1955년에 블레겐이 왕궁에서 발
견하였다.
　다행히도 수납장 제작자의 기술을 담은 내용이 한 무더기의 필로스

점토판에 풍부하게 기록되어 있었다. 문서의 정확한 용도는 논쟁의 여지가 있지만 수록된 품목은 무척 이채롭다.

물병 3	솥(?) 1
세발솥 6	부젓가락 2
포도주 병(?) 3	불당그래 1
그릇(*di-pa*) 6	탁자 11
납작 냄비 3	의자 5
국자(?) 1	발 받침대 15
망치(?) 6	

이 목록은 어떤 행사 때 조사된 것으로 보인다. 파머 교수는 이 행사가 어느 왕족의 장례식과 관련 있고, 이들 물품은 장례용이라는 의견을 내놓았다. 하지만 탁자와 의자의 숫자가 이런 용도로 사용하기에 너무 많기 때문에 논란이 되는 단어를 좀 더 합리적으로 해독한다면 이 행사를 어느 관리의 임명식으로 보는 것이 타당할 것이다. 아마도 이 관리가 귀중품을 보관하는 일에 철두철미한 사람이었다면 분명히 평범한 물품의 재고 목록이라도 정확히 작성하였을 것이다. 따라서 세 발 달린 솥의 한 발이 훼손되었다는 구절을 좀 더 쉽게 이해할 수 있을 것이다. 제6장에서 논의된 그 유명한 세발솥 점토판은 바로 이들 점토판 중 하나에 속한다. 그런데 이 목록에서 가장 관심을 끄는 물품은 바로 가구이다.

탁자와 의자는 그저 목록만 기재한 것이 아니라 각 물품마다 식별이 용이하도록 별도의 명칭을 붙여 관리하였다. 이들 물품은 미케네 공예의 탁월한 솜씨를 그대로 드러내고 있다. 탁자는 대리석으로 만들어졌고, 수정과 시아누스, 황금, 상아가 정교하게 장식되어 있다. 시아누스가 무엇인지는 확실치 않지만, 아마 청유리의 일종인 듯하다. 이들 장식에는 투구, 깃털, 조가비, 나선 모양 등이 사용되었다. 의자 역시 매우 정교하게 만들어졌다. 한 가지 경우를 예로 들어 묘사하면 다음과 같다.

한 흑단나무 의자는 상아로 장식되었는데, 상아 뒷부분에는 한 쌍의 피니얼(?)과 사람 및 암송아지 형상이 새겨져 있었다.

새와 사자도 장식의 모티프로 즐겨 사용되었다. 일부 발 받침대는 의자와 조화를 이루었고, 다른 부분 역시 정교하게 장식되었다. 예를 들면 다음과 같다.

발 받침대에 사람과 말, 문어, 그리핀(또는 종려나무)이 상아로 장식되어 있었다.

미케네 지역에서는 상아를 정교하게 깎아 만든 명판(plaques)이 오랫동안 사용되었는데, 실제로 1952~1954년까지 웨이스 교수에 의해 한 무더기의 명판이 미케네 지역에서 발굴되었다. 이들 명판은 목재 가구에 장식용 패널로 그리스의 풍토를 이기지 못해 분리된 것으로 추측된다. 용도를 알 수 없었던 일부 상아 명판은 앞서 언급하였던 발 받침대 장식으로 밝혀졌다. 물론 기술적 차원에서 여전히 해결되지 않은 문제가 남아 있다. 하지만 미케네 예술가들이 오랫동안 널리 다루어온 일부 모티

프의 명칭이 이제 우리에게도 알려진 것은 의심할 여지가 없다.

농경 사회는 매우 단순하였다. 양치기, 염소치기, 소치기 등의 명칭은 당시 어떤 가축을 사육하였는지 여실히 알려준다. 더욱이 방대한 기록보관소 자료에 따르면 당시 목양업이 어느 정도 규모였는지 보다 확실히 알 수 있다. 오늘날도 목양업은 크레타 섬의 주요 산업이다. 소는 수레를 끄는 용도로만 사용된 듯하며 그 수가 많지 않다. 크레타인들은 소를 '일꾼'이라고 부르며 이름을 붙였는데 점토판에 기록된 내용을 보면 참으로 흥미롭다. 검둥이, 흰 발, 포도주에 취한 놈, 금발, 올보 등 매우 다양하다. 하지만 소의 색깔을 신뢰할 수는 없다. 고대 언어에서는 색깔명을 정확하게 사용하지 못한 것으로 악명이 높기 때문이다. 한편 '멍에꾼(yokers)'이라고 불린 부류의 사람들은 소를 부린 소몰이꾼을 의미한다.

이 시기에 돼지도 사육되었다. 필로스 왕국의 여러 마을에서 25마리의 돼지 목록이 확인된 것이다. 사슴이 언급된 점토판은 아주 적은데, 이들은 아마 야생동물의 사체인 것으로 파악된다. '사냥꾼'(kunagetai)이라는 단어를 제대로 해독한 것이라면 개는 사냥용으로 이용된 것으로 보인다. 왜냐하면 어원학적으로 'kunagetai'는 '개를 부리는 사람(dog-leaders)'을 뜻하는 말이기 때문이다. 말은 전차와 관련된 경우를 제외하면 거의 언급되지 않는다. 나귀는 겨우 한 번 언급되었을 뿐이다.

이외에도 나무꾼이 등장하는데, 점토판에 등장하는 '불태우는 사람'은 화부가 아니라 숯 굽는 사람을 뜻한다. 그리스는 확실히 오늘날보다 미케네 시대에 숲이 더 울창하였던 것으로 보인다. 그때부터 숲이 황폐하게 변하기 시작한 것이다. '개간된 땅'에 대한 언급이 있는데도 불구하고 경작과 관련된 직업명이 없는 것은 다소 의외다. 이는 모든 가구가 얼마간의 토지를 소유하거나 임대하였으며, 따라서 농사는 전문 직업이 아니었기 때문이지 않을까 생각된다. 하지만 우리는 그렇게 많은 용어가 여전히 만족스럽게 확인되지 않고 있다는 사실에 주목해야 한다.

주요 식량은 말할 것도 없이 곡물이었다. 밀과 보리는 기호로도 사용되었다. 곡물을 빻는 일은 여자들이 하였지만 빵을 굽는 일은 남자들이 하였다. 빵과 포리지(porridge)에 향신료를 넣어 맛을 돋우었다. 향신료로 고수풀이 가장 널리 쓰였지만, 미케네 점토판에는 셀러리, 쿠민, 사이프러스, 회향, 박하, 페니로열, 잇꽃(꽃과 씨앗 모두 사용), 참깨 등도 쓰인 것으로 나온다. 치즈는 신들에게 바친 제물에도 포함되었는데 분명 즐겨 먹은 것으로 보인다. 무화과는 또 다른 다이어트 식품이다. 필로스 노예 여성의 하루치 식량 가운데 놀랍게도 곡물과 같은 양의 무화과와 올리브유, 열매가 포함되어 있다. 포도주도 기호로 사용되었는데, 포도주의 존재는 앞서 소개한 소의 이름을 통해서도 입증된다. 에번스와 다른 이들은 미노아인이 맥주를 즐겨 마시는 것처럼 설명하였지만 근거가 부족하다. 필리스틴 종족들(Philistines, 고대 가나안 동남부 지역을 차지하였던 종족으로 팔레스타인과 어원상 동일함—옮긴이)이 사용하였던 맥주 거르는 그릇이 없었다는 것이 그 증거이다. 꿀은 신에게 바치는 제물로서 자주 등장하며 주요 감미료로 쓰였던 것이 분명하다.

분명한 해답은 없지만 반드시 짚고 넘어가야 할 질문은 이들 왕국의 부가 어디에서 왔는가 하는 점이다. 상아와 쿠민(cumin) 같은 물품은 동방에서 수입된 것이 분명하다. 청동을 제조하는 데 쓰인 구리와 주석은 그리스에서 발견되지 않는다. 유일하게 수출할 수 있었던 상품은 농산물뿐이었으며, 가공해서 재수출하는 경우를 포함해 도기 같은 제조품도 수

출이 가능하였을 것이다. 경제 재건은 복잡한 과업이며, 그 안에는 추측을 불허하는 미지의 요소들이 아주 많이 깔려 있다. 따라서 약탈물과 포로라는 숨겨진 부의 원천을 고려해야 할지도 모른다.

하지만 우리는 왕국 내부 경제에 대해 무엇인가를 알고 있다. 주화도 없었고(동전은 기원전 7세기에 가서야 고안됨), 가치를 매길 수단이 될 만한 상품도 분명 없었다. 근동의 다른 고대 문명은 금과 은으로 상품의 가치를 매겼다. 하지만 이런 맥락을 찾아내려고 수없이 시도하였지만 미케네에서는 지금까지 이런 유의 것을 전혀 찾아볼 수 없었다. 따라서 상품 유통을 현물로 측정할 필요가 있었다. 즉 우리가 공물이라 부를 만한 것이 마을에 부과되면, 마을 사람들은 그만큼의 특정 상품을 생산해야 한다. 반면 중앙정부는 이들 마을 또는 노동자 집단이나 개인에게 상품을 분배해 주었다. 비유가 적당한지 모르겠지만 이런 신용 거래를 균형 있게 해 준 수단이 무엇이었는지는 모르겠다. 하지만 우리는 양쪽 모두에게 의무가 있었다고 확신할 수 있다. 다만 그것을 파악하기 어려운 것은 지불 수단이라 불릴 만한 무엇이 없었기 때문이다.

이의 운용과 관련된 일반적인 사례로서 두 개의 문서를 꼽을 수 있다. 첫째는 양을 기록한 일련의 긴 크노소스 점토판이 그것인데, 일부 지역과 관련된 전체 숫자가 수천 마리에 이르고, 한 점토판에는 자그마치 1만 9,000마리나 언급되어 있다. 모든 점토판의 개별 기재 사항은 일반적인 규칙에 따라 기록되었다. 우선 양떼의 소유자 또는 관리자가 분명한 사람의 이름이 점토판의 글머리를 차지한다. 그리고 해당 지역이 언급되고 왕궁의 담당 관리나 세관원인 듯한 사람이 언급되며, 마지막으로 양의 숫자가 언급된다. 이따금 '숫양 100마리'와 같이 기재 사항이 간단하기도 하지만, 대개는 '숫양 28마리, 암양 22마리, 숫양 50마리 적자'와 같이 분류하여 기재하였다. 이는 평가 대상이 모두 100마리라는 뜻이다. 앞선 두 숫자는 지불된 내용이고, 마지막 숫자는 차감 부족 수량을 의미한다. 대부분 이러한 경우에 실제 총계를 표시한 것이 아니라 어림수를 표시한 것이다. 100이라는 숫자가 가장 흔히 보이지만 50, 150, 200, 300 등의 숫자도 발견된다. 이런 특징을 맨 먼저 알아차린 순드월은 해당 짐승이 양이 아니라 소이며 100마리 단위로 사용된 희생 제물일 것이라고 생각하였다. 제물의 숫자가 이 정도면 크레타인들을 놀랍도록 경건하게 만들었을 것이다. 하지만 그렇게 고상하게 설명하기는 어렵다. 공물로 사용된 것은 양이 틀림없었다. 어림수와 부족 수량은 전수 조사에서 제외된다. 이들 점토판에는 의심스러운 부분이 또 있다. 숫양이 암양에 비해 엄청나게 많은데, 보통 숫양으로 계산되는 부족 수량뿐만 아니라 수령한 양의 숫자에 있어서 그러하다. 이는 관리자가 번식에 가장 쓸모없는 양의 무리를 솎아냈다는 것을 의미한다. 따라서 우리는 이들 큰 숫자가 전체의 일부를 나타내며 수십만 마리에 이르는 양떼의 숫자는 크레타 전체를 고려한 것이라는 결론에 도달하였다. 이는 절대 터무니없는 숫자가 아니다. 우리는 이렇게 바쳐진 양이 어떻게 되었는지에 대해서는 추측만 할 뿐이다. 고대 그리스 사회보다 훨씬 대규모로 양이 도축되지 않았다면, 희생 제물이든 식용이든 어떤 경우를 고려해도 이들 전체 숫자를 제대로 설명해내지 못한다. 어떤 경우에는 양뿐만 아니라 양털도 기록되어 있다. 개인적인 생각이지만 우리가 양털이라고 부르는 기호에 대해 반론을 제기하는 시도는 아마도 성공을 거두지 못할 것이다. 여기에서 우리는 미케네 필경사들의 수리 능력을 다시 살펴보게 된다. 양털의 합계 단위가 양의 합계의 4분의 1 또는 10분의 1에 지나지 않기 때문이다. 각각의 지불 및 미지불 수량이 일치하지 않는데도 말이다. 예를 들면 다음과 같다.

양	양털
100	$7+18=25$
50	$6+6\frac{1}{3}=12\frac{1}{3}$

또는

양	양털
$40+20+60=120$	$3+9=12$
$90+90=180$	$11+7=18$
$80+10+70=160$	$11+5=16$

정확한 수치인 12와 2분의 1을 대략적인 수치인 12와 3분의 1로 표기한 이유는 양털 단위가 3으로만 나누어지기 때문이다(각 경우는 1킬로그램과 대략 일치하는 중량 기호로 표시된다).

두 번째 사례는 필로스 점토판에서 발견되는데, 일련의 18개 점토판에 주요 마을에서 바친 6개 상품에 대한 평가가 기록되어 있다. 유감스럽게도 상품은 약호나 기호로 표시되어 있어 그 의미를 추측만 할 수 있을 뿐이다. 그중 하나는 가죽인 듯하다. 이들 상품의 액수는 $7:7:2:3:1\frac{1}{2}:150$의 고정 비율로 계산되어 있다. 하지만 분수가 제거되어 있고 작은 조정이 이루어진 듯하다. 이상적인 경우는 다음과 같다.

| *Me-ta-pa* | 28 | 28 | 8 | 12 | 6 | 600 |

다음 경우는 괄호 안에 정확한 수치가 기재된 경우이다.

Ri-jo	17(17½)	17(17½)	5	7(7½)	4(3¾)	362(375)
A-ke-re-wa	23(23½)	23(23½)	7(6⅔)	10	5	500
E-sa-re-wi-ja	42	42	12	18	8(9)	900
Pe-to-no	63	63	17(18)	27	?(13½)	1350

또 다음 경우는 평가에 이어 실제 납부 내역뿐 아니라 면제된 내역도 기재된 경우이다.

Za-ma-e-wi-ja (평가)	28	28	8	12	5	600
납부	20	21	5	8	6	450
면제	1	-	-	-	-	-
부채	-	-	1	-	-	-
*Ma-ra-ne-ni-jo*는 다음 양만큼 면제된다.	7	7	2	3	2	150

4번째 열에서 발생한 1개의 결손은 기록에서 누락되었고, 5번째 열에서 초과 납부된 3개에 대해서도 어떻게 공제 처리 되었는지 기록되어 있지 않다. *Ma-ra-ne-ni-jo*가 누군지 알 수 없지만 납부 면제된 집단은 대부분 청동세공인이다. 청동세공인은 전쟁 수행에 꼭 필요한 일, 즉 무

기 제조를 담당하고 있었기 때문에 세금을 면제받을 수 있었던 것으로 추정된다. 다른 일련의 문서에 여러 장소에서 세공인에게 청동이 배당된 내용이 아주 자세하게 기록되어 있고, 창날과 화살촉이 제조된 내용도 언급되어 있다.

일상생활에서 종교가 얼마나 큰 역할을 하였는지는 몇몇 사당에서 발굴 복원된 봉헌 예물의 수와 제물에 대해 언급하고 있는 수많은 점토판을 통해 추측할 수 있다. 점토판 해독이 갓 시작되었을 때, 일부 학자들은 많은 양의 점토판을 종교적인 관점에서 이해하였지만, 우리는 애초에 이런 해독을 회의적으로 받아들였다. 하지만 크노소스 점토판에서 세 개의 올림포스 신의 이름을 발견한 뒤부터 이 신들이 우리를 압박해 왔고, 우리는 이제 고대의 신과 여신의 이름을 대부분의 점토판에서 찾을 수 있다.

하지만 신을 확인하는 일은 절대 간단한 문제가 아니다. 우리가 확신할 수 있는 이름들은 고대 신으로 인정되는 이름들뿐이다. 이들 신과 관련하여 신일 수도 있고 아닐 수도 있는 한 무리의 낯선 이름이 포함되어 있다. 신의 대리자인 크노소스 바람 신의 사제에게 바친 제물 목록이 있다는 사실은 성급하게 결론을 내려서는 안된다는 경고이기도 하다.

식별 가능한 신 중에 제우스와 헤라, 포세이돈, 헤르메스, 아르테미스 등 고대 그리스 신화에 등장하는 친숙한 이름들이 있다. *Paiawon*은 *Paian*의 초기 형태이며 이후의 아폴론에 해당한다. *Enualios* 역시 이후의 아레스에 해당한다. 지금까지 그렇게 여겨져 왔지만, 이들 신이 훨씬 후대에 가서 보다 유력한 신들에게 흡수된 별개의 신이었는지는 알 길이 없다. 아레스라는 이름에 대한 증거는 다소 불확실하다. 아프로디테는

지금까지 텍스트에 등장하지 않고 있지만, 이는 단지 운이 없어서일 것이다. 아프로디테가 정말 키프로스에서 유래하였다면 그 유래 시기는 미케네 시대여야 한다. 이후 키프로스는 그리스 세계와 단절되었기 때문이다. 디오니소스의 이름이 소유격 형태로 조그만 필로스 점토판에서 발견되어 전문가들을 깜짝 놀라게 하였지만, 그 밖에 특별히 다른 것이 없어 관련 연구자들을 안타깝게 하였다. 이는 신의 이름이 아니라고 주장할 수도 있지만, 놀라운 우연의 일치라고 생각된다.

호메로스는 오디세우스가 "에일레이티아(Eileithyia) 동굴이 있는 암니소스(Amnisos)에" 머물렀다고 말한다. 이에 근거하여 고고학자들은 크레타 연안의 한 동굴을 찾아낼 수 있었다. 이 동굴은 크노소스에서 그리 멀지 않은 곳에 있었으며 미노아 시대 이후 줄곧 사당으로 사용된 곳이었다. 그렇다면 크노소스 점토판에 암니소스에 있는 엘레우티아(Eleuthia)에 꿀단지를 보냈다는 내용이 기록되었다고 해도 이상할 것은 전혀 없다. 엘레우티아는 출산의 여신인 에일레이티아의 또 다른 이름이기 때문이다.

이제 우리는 친숙한 세계에서 낯선 세계로 접어들고 있는 중이다. 크노소스의 "모든 신에게" 드리는 봉헌은 정말 이해하기 어렵다. 이런 범신론적인 예배는 그리스 시대 이전에는 알려져 있지 않았기 때문이다. 바람을 숭배하는 일은 널리 알려져 있지만 낯선 의식 중의 하나이다. 신의 호칭 가운데 가장 흥미로운 것은 익히 알려진 그리스 단어 포트니아(Potnia)이다. 이는 '여주인'이라는 뜻이며 오늘날의 방식으로 표현하면 성모(聖母)라 할 수 있다. 한때 이 호칭은 아테나와 관련이 있었으며, 호메로스는 여신을 일컫는 호칭으로 이 단어를 사용하였다. 대개 이 단어는 단독으로 등장하거나 장소의 이름과 함께 등장한다. '미궁의 성모(Our Lady of the Labyrinth)'는 확실히 크노소스에 기원을 둔 가장 두드러진 사례이다. 오늘날 일반적으로 고대 그리스 종교는 두 부류의 신들이 적절히 결합된 형태라고 본다. 한 부류는 올림포스 신 또는 천상계 신들이고 다른 인도-유럽계 민족들도 이들 신을 신봉하였다. 다른 한 부류는 지하 또는 지상계 신들로서 고대 그리스인들에게 데메테르(Demeter)로 알려진 풍요의 여신이다. 우리는 미노아 및 미케네 유물을 통해 이들 종교에서 여신이 주도적인 역할을 하였다는 것을 알고 있으며, 따라서 나는 포트니아가 이런 유형의 여신이었을 것이라는 의견을 내놓았다. 하지만 이 문제는 확실한 해답을 구하기 어렵기 때문에 포트니아를 고대 데메테르와 동일시하지 않도록 주의해야 한다. 혹자는 데메테르라는 이름이 필로스 점토판에서 확인된다고 생각한 것이 사실이다. 하지만 문맥상 이는 여신 자체를 의미하는 것이 아니라 대지를 비유적으로 표현한 것이 분명하다. 하지만 다른 해독도 가능하다. 1955년 필로스에서 발견된 한 점토판에 모신이 묘사되어 있음을 분명히 입증하는 주장이 있는데, 이 점토판에는 '거룩한 어머니'에게 기름을 제물로 바치는 내용이 기록되어 있다. 이 '거룩한 어머니(Divine Mother)'라는 표현은 이후의 '신들의 어머니(Mother of the Gods)'라는 표현을 강하게 암시한다. 이런 유형의 예배가 미케네의 필로스에서 행해졌다는 사실은 이제 거의 정설이 되었다.

이 외에도 점토판에는 또 다른 무리의 신들이 등장한다. 디위아(Diwia)와 포시다에이아(Posidaeia)는 제우스와 포세이돈의 여성 짝이다. 호메로스의 시에서 신비로운 반신반인(半神半人)의 인물로 등장하는 이피메데이아(Iphimedeia)도 신의 반열에 포함된다. 그 뜻이 '대단한 영웅'인 듯한 이름의 수수께끼 인물도 등장한다. 크노소스 점토판에는 복수의 여신 에리니에스(Erinys)도 등장한다. 하지만 이들을 제외하면 나머지는 더 이상 누구인지 알 수 없어 추측의 덤불을 헤매고 다녀야 한다.

　신들은 오직 한 가지 역할, 즉 제물을 향유하는 자로만 언급된다. 가끔 짐승이 제물로 바쳐지는데, 이는 희생 제사를 연상케 한다. 한 점토판에서 포세이돈은 황소 1마리, 숫양 4마리, 다량의 밀, 포도주와 꿀, 20개의 치즈, 약간의 연고 그리고 2장의 양가죽을 제물로 받았다. 이는 기념 연회를 준비하기 위한 제물인 듯하다. 하기아 트리아다의 크레타 구역에서 발굴된 한 채색 석관에서 이런 의식의 흥미로운 예가 확인되었다. 하지만 가장 흔한 제물은 올리브유이다. 일련의 크노소스 점토판에는 잡신에게 바친 제물이 기록되어 있다. 하지만 1955년 블레겐이 왕궁 뒤뜰에서 기름 창고를 찾아내기까지 필로스에서는 비슷한 사례가 발견되지 않았다. 블레겐은 커다란 저장용 병과 기름을 배급하는 내용을 담은 한 무더기 점토판을 발견하였는데, 그 대부분이 앞서 말한 것처럼 향기를 발하였다. 제물은 대개 포트니아와 포세이돈 그리고 왕에게 바쳐졌다. 왕은 문맥상 신을 의미한 듯하고 아마도 포세이돈의 다른 이름일 것이다. 기름이 '침상을 펴기 위한 것'으로 설명된 경우가 두 번 있는데, 이는 이후 그리스와 로마시대 의식에서 익히 알려진 신들에게 바친 제사 음식의 이름이다. 라틴어로는 *lectisternium*이며, 이는 이상하게도 미케네어 *lekhestrōtērion*을 연상시킨다. 향수는 '예복에 성유를 붓는 것'으로 인식되었다.

　우리가 확인한 미케네 직업들 가운데 필경사와 관련된 직업명이 눈에 띄지 않는 것이 아주 특이하다. 필경사가 누락된 것은 우리가 해당되는 단어를 모르기 때문인 것이 거의 분명하며, 그 호칭은 이 집단과 관련된 수많은 미해독 단어의 실마리일지도 모른다. 우리는 고대 그리스어 *grapheus*가 사용되지 않았을까 하고 추론하였다. '쓰다'라는 뜻의 *graphō*는 원래 '긁다'라는 뜻이며 점토판에 글을 쓰는 과정을 적절하게 표현한 단어이기 때문이다. 하지만 고대 키프로스인들은 원래 뜻이 '색칠하다'인 *alinō*를 선호하였다. 대다수 사례가 그러하듯 보수적인 키프로스인이 '쓰다'에 해당하는 옛말을 간직하였다면 미케네 말에서 이 어원을 찾을 수 있을지도 모른다. 우리가 알로이포이(*aloiphoi*)라 불리는 사람들을 만날지도 모르지만, 그들은 필경사라기보다 화가이거나 기름 치는 사람일 가능성이 크다.

아카드 쐐기문자 점토판에는 글을 쓴 필경사의 이름이 적힌 경우가 허다하다. 하지만 미케네 점토판에는 이런 서명이 단 한 군데도 없다. 점토판에 남긴 글자체는 필경사에게 자부심 거리가 아니었던 것 같다. 스스로를 '최고의 필경사'라고 서명한 우가리트(Ugarit) 필경사는 단 한 명도 없었다. 혹시 잘못 기재한 내용이 없는지 확인할 목적으로 필경 책임자의 이름을 남길 필요가 있었는지도 분명하지 않다. 하지만 오늘날 한 지혜로운 연구자의 수고를 통해 이 성가신 문제, 즉 고대인들의 글자 누락 문제가 어느 정도 규명되었다. 베넷은 미케네인의 필적을 철저히 조사하였는데, 성과는 아직 전체적으로 발표되지 않았지만 상당수의 필체가 각 지역에서 나타난다는 사실을 분명히 밝혀냈다. 각 필경사는 저마다 개성 있는 필체를 갖고 있었으며, 전문가의 눈으로 보면 선형문자 B에 나타난 필경사들의 필체는 오늘날 사람들의 필체만큼이나 큰 차이를 보인다. '매끈한 필체'로 기록된 점토판은 거의 없고 대충 기록된 점토판이 태반이다. 또한 문자를 표기하는 데 그렇게 많은 기호가 사용되었다면 필체에 있어 수많은 변형이 생길 수밖에 없을 것이다.

미케네의 한 건물에서 발견된 점토판에는 서로 다른 필체가 여섯 개나 확인되었다. 필로스와 크노소스 점토판 한 더미를 기록하기 위해서는 각각 30~40명의 필경사가 매달려야 한다. 각 지역의 모든 점토판이 좁은 경계 내에 위치한 동시대 것이 아니라면 이들 수치가 대수롭지 않을 수도 있다. 하지만 50년간 쌓인 점토판들이 기록보관소가 불탈 때 그 안에 있지 않았다고 장담할 수 있겠는가? 종종 그렇듯이 대답은 우회적이다. 일정 기간 동안 회계장부를 관리할 경우, 어떤 부분이 올해의 것이고 어떤 부분이 작년 것인지 구분하려면 반드시 날짜를 표기해야 한다. 그런데 아카드 문서와 달리 미케네 점토판에는 전혀 연도가 기입되어 있지 않다. 날짜도 없다. (종교 관련 문서가 대부분인데) 있더라도 해당 월의 이름만 표기되어 있을 뿐이다. 크노소스 점토판에 6곳, 필로스 점토판에는 2곳에 표기된 것이 확인된다. 또한 지금까지 밝혀진 바에 따르면 점토판들 간에 중첩된 경우도 없다. 크노소스 점토판의 해당 월 이름 중 하나가 고대 아르카디아에 다시 등장한다.

이와 대조적으로 '올해'(tōto wetos), '이듬해'(hateron wetos), '지난해'(perusinwos) 등의 언급이 몇 가지 나타난다. 점토판이 한 해 동안만 통용되었다면 이들 구절은 아무 의미가 없을 것이다. 이는 매년 초 점토판이 폐기되고 새로운 점토판이 쓰이기 시작하였음을 의미하는 듯하다.

하지만 어떤 이들은 날짜가 문서 자체가 아니라 문서함과 관련이 있을 것이라고 말할지도 모른다. 이에 대해서도 대답할 수 있다. 우리는 발굴자들이 남긴 글을 통해 문서철 방식에 대해 상당히 알고 있다. 일부 점토판은 분명 나무나 석고로 된 상자에 보관되었다. 하지만 대부분은 고리버들 바구니에 보관된 것 같고 가득 차면 '문서철'에 점토로 된 꼬리표를 붙였다. 우리는 이들 꼬리표를 상당수 확보하였는데, 부드러운 점토가 바구니에 눌릴 때 점토 뒷면에 바구니 모양이 찍혀 서로 식별이 가능하다. 이들 꼬리표는 대체로 보존 상태가 좋지 않고, 극히 최근에서야 해당 꼬리표와 관련된 점토판에 따라 이들 꼬리표를 분류하려고 생각하였다. 일부 꼬리표는 분명하였지만, 다른 꼬리표들은 관련 점토판과 비교하여 복원할 수 있었다. 하지만 내용물을 분류하기 위해 쓰인 몇 개 단어 외에 더 많은 글자가 쓰인 라벨은 전혀 없었다. 예를 들어 흉갑 점토판을 담은 바구니에는 '흉갑'이라는 꼬리표가 조악하게 붙어 있었다. 바퀴와 관련된 것들 중 하나는 좀 더 분명한데, 거기에는 '귀족용 가용 바퀴'라고 씌어 있었다. 이들 라벨에 기재된 일자가 지워지지 않은 것은 분명하다.

또 다른 주장이 옛 기록, 즉 사본이 따로 없었음을 확인해준다. 매년 비슷한 보고서가 편집되었을 것이다. 두 가지 예외의 경우가 있을 수 있지만, 사본은 하나도 발견되지 않았다. 또한 이들 예외도 단순한 사본이 아니다. 하나는 세부 사항을 기재한 부속 문서이고 다른 하나는 여러 점토판에 기록된 정보를 약간 수정하여 도표화된 형태로 재구성한 것 같다. 따라서 지난해의 기록들은 발굴된 유적 가운데 전혀 없다. 이를 통해 볼 때 각 지역에서 발굴된 모든 점토판은 12개월 이내 또는 훨씬 짧은 기간 동안 쓰인 것이라고 확신할 수 있다. 이런 우회의 방식을 통해 우리는 왕궁에서 글쓰기가 결코 진기한 일이 아니었다는 결론에 이르게 된다.

하지만 왕궁 바깥에서는 얼마나 많은 이들이 읽고 쓸 줄 알았을까? 우선 한때 유력해 보였던 주장을 배제하도록 하자. 이 주장은 미케네 점토판이 가정집에서 발견되었다는 것이다. 이들 건물을 애써 발굴한 웨이스 교수와 의견을 달리해야 하는 것이 유감스럽지만, 설사 성벽 바깥에 있었더라도 그 건물이 왕궁 부속 건물일 수도 있다. 웨이스는 이들 건물이 상인의 집이라고 말하였다. 하지만 이 시기의 모든 교역이 왕궁 관리의 통제를 벗어나 있었는지 의문스럽고 점토판의 일부 내적 증거도 이 부분을 지적하고 있다. 그렇다면 한 집에서 사용한 필체가 여섯 개나 된다는 사실을 가정집 가속들이 읽고 쓸 줄 알았다는 증거로 삼는 것은 위험한 생각인 것 같다.

충분히 발굴하지 못하였다는 이유로 간단히 무시할 수 없는 부정적 증거도 있다. 다듬은 돌에 선형문자 B가 새겨진 경우가 하나도 없다. 묘석에도 죽은 이의 이름이 없고 공공건물에도 건축한 이의 이름이 새겨져 있지 않다. 점토판과 글자가 새겨진 병이 없다면 미케네-그리스인들을 문맹으로 여겨야 할 지경이다. 또한 더욱 주목할 만한 것은 크레타에서 선형문자 A가 돌과 금속에 새겨진 채 발견된다는 사실이다.

분명히 읽고 쓸 줄 아는 능력은 일반적이지 않았다. 하지만 이 능력이 소수 필경사 계층의 특권이었다고 결론짓기 전에, 우리는 또 다른 증거, 즉 글자가 새겨진 병에 대해 살펴보아야 한다. 이 병들은 점토판이 발견된 곳 이외의 다른 네 곳에서 발견되었으며, 이들 가운데 적어도 한 곳, 즉 테베에서 병이 만들어진 것이 아주 분명하다. 수입된 것이 아니다. 따라서 문자 기록은 기록보관소가 있던 세 지역에서만 이루어진 것이 아니었다. 더구나 누군가 읽어야 할 이유가 없다면 불에 굽기 전 병에 새겨진 글에 색을 입힐 필요가 없다. 새겨진 글의 내용을 더욱 분명히 해독할 수만 있다면 이들 글의 목적을 좀 더 쉽게 판단할 수 있을 것이다. 현재 우리가 아는 한 새겨진 글은 주로 인명인데, 아마도 만든 사람이거나 사용한 사람일 것이다. 이 글은 헌정사가 아니다. 미케네인들이 자기가 섬긴 신들이 글을 읽을 줄 아는 것으로 여겼다고 가정할 이유가 없다. 또한 내용물과 관련된 것 같지도 않다. 요약하자면 글쓰기는 행정 수단으로 상당히 널리 쓰였지만 관료 기구 바깥을 훨씬 넘어서지는 않았다고 결론지을 수 있다. 공동체의 최하위 계층뿐 아니라 최고위 계층도 문맹이었을 수 있다. 왕궁 행정과 글쓰기의 연관성은 견고한 중앙정부를 붕괴시킨 격변을 끝내 견디지 못한 이유를 설명해줄 것이다.

키프로스-미노아 문자와 놀랍게 대조를 이루는데(38쪽 참조), 가느다란 선과 섬세한 곡선으로 이루어진 선형문자 B의 특징은 점토가 글쓰기의 유일한 재료가 아니었음을 시사한다. 기호는 펜과 잉크로 쓰는 것이 더 낫다. 파피루스가 이미 이집트에서 사용되었으며 나일 강에 널려 있던 갈대 이파리가 쓸 만한 종이의 재료가 되었다. 짐승 가죽도 같은 용도로 쓰였을 수 있다. 헤로도토스는 "이오니아인들이 한때 짐승 가죽을 글쓰기 재료로 사용하였다"라고 말한다. 그렇다면 점토는 대략적인 메모나 임시 기록에 사용되고 기록이 원장에 옮겨진 후에는 긁어내도록 고안된 하급 재료였을지도 모른다. 이 설명이 우리에게 아주 자연스러운 이유는 이전 해의 기록을 다시 참고할 수 없는 행정 업무를 상상할 수 없기 때문이다. 하지만 우리는 미케네의 서기와 관리가 왕년의 사건에 동일한 관심을 가졌다고 가정하기 전에 생각을 잠깐 멈추어야 할 것 같다. 그는 일단 일이 종료되면 이전 해에 있었던 기록을 보관할 필요가 없었을지도 모르기 때문이다.

글쓰기처럼 유용한 고안물이 이처럼 평범한 용도로만 쓰였다는 것이 이상할 수도 있다. 왜 편지나 역사, 그리고 시를 기록하지 않았을까? 어설픈 글자체가 한계였다. 당시 글이 기록된 상황을 전혀 모르는 사람이 선형문자 B로 쓰인 문서를 얼마나 읽어낼 수 있었을지 모르겠다. 이 글은 속기 같은 것이어서, 문서를 작성한 이는 다시 읽는 데 거의 어려움이 없었다. 하지만 이에 대해 전혀 낯선 이는 내용이 무엇인지 미리 알고 있지 않다면 읽어내기가 여간 어렵지 않았을 것이다. 따라서 책과 책을 읽는 대중은 처음부터 존재하지 않았던 것 같다. 고고학자들이 어느 날 미케네 도서관을 발굴할 가능성은 거의 희박하다. 하지만 편지의 경우는 어떠하였을까? 이 경우는 약간 다르다. 다른 언어로 된 당시 편지글을 토대로 판단해 보면, 이 시대 편지는 실제로 쓰이지 않았더라도 전달자에 대한 훈령 형태로 존재하였다. 예를 들어 우가리트에서 발견되는 편지의 머리글은 상투적으로 다음과 같이 시작된다. "나의 주인이신 왕에게 아룁니다……." 또는 "그러므로 비루투(Bīrûtu) 국왕이 나의 아들, 우가리트 지방 영주에게 말하노라……." 선형문자 B는 이와 별다를 바 없었을 것이다.

우연한 기회에 벤트리스와 내가 미케네 방언을 흉내 내어 선형문자 B로 편지를 주고받은 일을 소개하고 싶다. 이 편지글은 『문헌』 원고가 완성된 것을 기념하여 보내졌다. 번역하면 다음과 같다. "존이 벤트리스에게 안부를 전함. 오늘 인쇄업자에게 책을 건넸음. 행운이 있기를 바람. 케임브리지에서. 6월 7일." 벤트리스는 대부분 점토판보다 읽기가 훨씬 쉬웠다고 답장을 보냈다.

마지막으로 골치 아픈 문제 하나를 간략히 다룰 필요가 있다. 점토판은 호메로스의 시에 무슨 의미가 있을까? 이 질문에 답하기는 쉽지 않다. 이 책의 범위를 벗어나는 많은 요소를 고려해야 하기 때문이다. 이 질문을 공정히 다루려면 호메로스가 그린 세계의 전체 그림을 살펴보아야 하고 기원전 15세기부터 7세기까지 그리스인들의 삶에 대한 고고학적 증거를 꼼꼼히 조사해야 하며, 그 시의 구성 과정뿐 아니라 시가 오늘날까지 전해진 과정도 논의되어야 한다. 이 문제와 관련하여 두 부류의 학자들이 의견을 서로 달리하는데, 한 부류는 호메로스의 시에 미케네적인 요소가 크게 자리 잡고 있다고 주장하는 반면, 다른 한 부류는 그 영향이 대수롭지 않다는 입장이다. 이들 두 주장을 절충하는 것이 최선의 해답처럼 보인다. 호메로스 세계의 많은 특징들이 미케네에 기원을 두고 있다는 점을 부인하기 어렵다. 한 유명한 예를 들자면 호메로스는 펠트로 만들어진 흥미로운 투구에 대해 말하는데, 이 투구에는 야생 돼지의 엄니를 잘라 만든 뼈판이 기워져 있다. 이는 수많은 야생 돼지 엄니가 묻힌 무덤이 발굴되기까지는 좀처럼 이해될 수 없었다. 또한 웨이스는 이들 뼈판을 고정시켜 호메로스가 묘사한 투구가 만들어질 수 있음을 실증하였다. 한편 이런 유형의 투구는 기원전 8세기에 거의 사라진 듯하다. 하지만 투구에 대한 이야기는 수 세기 동안 유전된 것이 분명하며, 이 한 가지 이야기가 전해져 내려왔다면 아직 확인되진 않았지만 다른 이야기들도 있지 않을까? 또 한 예로서 호메로스가 사용한 기이한 고대 언어를 들 수 있는데, 이 언어는 마치 오늘날 우리가 에드먼드 스펜서의 『페어리 퀸(Faerie Queene, 스펜서는 페어리 퀸 글로리아나를 모시는 12명의 기사 모험담을 12권의 대서사시로 완성하려 하였으나 뜻을 이루지 못하고 1권에서 6권까지 완간한 후 제7권의 단편 「무상의 노래」로 끝을 맺었음—옮긴이)』을 읽는 것처럼 고대 아테네인들에게 그렇게 읽혔을 것이다. 호메로스의 시에 담긴 요소들은 미케네적인 특징을 띠고 있는 것이 분명하다. 예를 들어 *-phi*로 끝나는 경우는 후대 어느 방언에서도 찾아볼 수 없지만, 미케네어에서는 흔하게 발견된다. 이 모두는 호메로스의 시에 미케네적인 요소가 강하게 남아 있음을 대변하는 예들이다. 이들 부류의 학자들에게 트로이 전쟁은 역사적 사건이고, 호메로스 서사시는 미케네 그리스로 인도하는 안내 책자가 된다.

반면 호메로스의 시와 점토판의 증거를 세세하게 비교하면 차이점이 곧바로 드러난다. 왕의 위치는 호메로스의 시와 점토판 모두 동일한 듯하다. 하지만 서열상 두 번째인 라와게타스는 사정이 다르다. 서사시 구절에 그 이름이 전혀 등장하지 않을 뿐 아니라(운율도 맞지 않음), 상응하는 다른 말도 찾아볼 수 없다. 다른 특징을 살펴보아도 마찬가지이다. 호메로스가 토지 보유에 관해 그렇게 깊이 관심이 없었다고 충분히 말할 수 있지만, 사실 시에는 토지에 대해 미케네인들이 흔히 쓴 말조차도 전혀 등장하지 않는다. 몇몇 필로스 점토판은 9개 주요 마을을 일정한 순서에 따라 열거하고 있다. 우연의 일치인지 호메로스 또한 '배 목록(Catalogue of Ships)'에서 9개 도읍을 필로스 왕국에 속하였다고 말한 것이 금방 눈에 띈다. 하지만 둘의 내용은 일치하지 않는다. 호메로스의 시에는 필로스가 포함되어 있지만 점토판에는 포함되어 있지 않다. 또한 나머지 8개 이름 가운데 하나만 두 기록 모두에 들어 있다. 호메로스의 시를 기록한 언어에 미케네적인 요소가 담긴 게 사실이지만, 많은 요소가 훨씬 나중 시대의 것이다. 옛것과 새것이 혼란스럽게 뒤섞여 학자들이 이들 요소를 구분하려 그렇게 애를 썼으나, 결국에는 의견의 일치를 보지 못하고 실질적인 진전도 이루지 못하고 말았다. 따라서 호메로스의 시에 담긴 미케네의 흔적을 과대평가하지도 과소평가하지도 않는 것이 최선책인 듯하다.

이 논란이 결국 어떻게 결론지어지든 분명히 말할 수 있는 것은 해독을 통해 호메로스의 시와 관련된 문제에 전혀 새로운 요소가 더해졌다는 사실이다. 즉 해독을 통해 그리스 선사시대의 말 못하는 기념물에 언어가 덧입혀진 것이다. 불분명하고 모호하지만 점토판을 만든 이들이 그리스인이라는 분명한 증거가 제시된 것이다. 해독을 통해 처음으로 그리스어 문자가 기록된 연대가 700년가량이나 거슬러 올라가고, 따라서 그리스어에 대한 지식이 늘어났을 뿐만 아니라 이제는 그 역사가 자그마치 3,300년이나 되어 오직 중국어만 이에 견줄만하다.

제8장

전망

선형문자 B는 해독되었다. 그렇다면 이제 남은 과제는 무엇인가? 마이클 벤트리스가 친구와 동료들에게 남긴 과제는 무엇인가? 아직 우리가 할 일은 많다. 비록 그 중요성은 덜할지 모르지만 여전히 그가 알려준 방식에 따라 해결해야 할 과제가 산적해 있다.

우리는 에게 해의 또 다른 미해독 문자, 즉 크레타 문자인 선형문자 A와 키프로스의 청동기시대 문자인 키프로스-미노아 문자 해독에 착수하였다. 선형문자 A는 비록 그 원형(原形)은 아닐지라도 선형문자 B와 아주 밀접한 관계가 있는 것이 분명하다. 따라서 체계상 두 문자의 값이 대략 같을 것이라고 가정하는 것은 비합리적인 생각이 아니다. 이것이 단초가 되었지만, 음가가 정해졌다고 해서 바로 단어가 형상화되는 것은 아니다. 해당 언어가 이미 알려진 언어와 관련이 있다는 사실이 입증되면 정말 다행이지만, 그렇지 않다면 코버가 제안하고 벤트리스가 적용한 절차, 즉 먼저 선형문자 A의 텍스트를 분해하고 단어나 구절의 의미를 추론한 후, 해당 언어의 구조를 이해하고 최종적으로 격자판을 구성하여 선형문자 B에서 얻은 값을 확인하는 절차를 거쳐야 한다. 이 절차 중 첫 단계는 이미 실행되어, 여러 국가에서 많은 학자들이 이 문제에 골몰하고 있다. 하지만 1958년 현재 유용한 자료가 부족하여 당분간은 큰 진전이 있을 것 같지 않다. 선형문자 A 점토판이 일부 추가 발굴되었지만 아직 발표되지는 않았다. 이들 점토판과 다른 유물에서 참고할 만한 문자의 양을 더 많이 확보하면 해독한 내용을 검증할 수 있을 것으로 기대한다. 물론 그동안 음가를 적절히 조정해 의미를 추론하거나 이미 알려진 언어와 일치성 또는 연관성을 가정하는 등 지름길을 택하려는 유혹이 뒤따를 것이다. 한 예로 셈어 전공자인 미국인 사이러스 고든(Cyrus H. Gordon) 박사는 선형문자 A가 바빌로니아-아카드인이 사용한 말과 일치한다는 주장을 내놓았다. 그러나 아직 이 주장이 적절히 평가되기에는 때가 이른 감이 있다. 셈어와의 연관성에 대해서는 고든 박사 외에도 많은 학자들이 가세하고 있는데, 과연 이들이 해답을 찾을 수 있을지는 두고 볼 일이다. 반면 선형문자 A가 아마도 히타이트어나 아나톨리아어의 초기 형태와 관련된 인도-유럽어에 속한다고 주장하는 부류의 학자들도 있다.

제2장에서 간략히 언급한 키프로스-미노아 점토판 또한 급속한 진전을 이루기에 턱없이 부족하다. 여기서 우리가 부딪히는 또 하나의 장애물은 키프로스-미노아 문자의 기호 목록이 아직 충분히 밝혀지지 않았다는 것과 서로 다른 음절문자표를 같은 것으로 취급할 수 없다는 것이다. 이는 필적이 서로 다른 여러 문자를 읽는 경우와 비슷하여, 알파벳과 사용된 언어에 대한 지식만 있다면 아무리 낯선 문자라도 한결 읽어

내기가 쉬울 것이다. 하지만 사용된 문자도, 언어도 모르는 우리로서는 안개 속을 헤매며 우왕좌왕할 수밖에 없는 처지이다. 이런 기본적인 문제를 해결하려면 더 많은 자료와 노력이 필요할 것이다. 더구나 선형문자 B와 키프로스-미노아 문자 간의 유사성은 선형문자 B와 선형문자 A 간의 유사성에 훨씬 미치지 못하여 음가를 알아내기가 더 어렵다. 반면 고대 키프로스어 음절문자표에서 두 번째 단서를 얻을 수가 있다. 하지만 여기서도 유사성을 신뢰할 수 없기는 마찬가지이다. 다만 크게 기대되는 것은 유물이 대량으로 추가 발굴될 수 있다는 점이다. 왜냐하면 모든 증거를 놓고 볼 때 점토는 키프로스에서 흔히 쓰인 글쓰기 재료였으며 주요 기록보관소가 아직 발견되지 않았기 때문이다. 정작 우려되는 바는 정치 문제 때문에 크게 기대되는 키프로스와 시리아 연안 발굴에 차질이 생기지 않을까 하는 것이다.

세부적으로 보면 선형문자 B는 여전히 모호한 상태로 남아 있다. 확실히 규명되지 못한 기호가 아직도 많기 때문에 더 많은 연구가 필요하지만, 드물게 사용된 이들 기호의 사례가 추가로 확보되지 않는 한 별다른 진전은 기대할 수 없다. 그런데 최근 이런 사례가 발견될 것으로 기대되는 한 가지 예가 확인되었다. 이 단어는 특정 문맥에서 *wo-wo*로 번역되고 '둘'을 의미하는 듯하다. 하지만 상응하는 그리스어를 찾을 수 없다. 또한 분명히 *wi-du-wo-i-jo*라는 이름으로 써야 할 것을 *wi-wo-wo-i-jo*라는 이름으로 잘못 쓴 경우도 있었다. 취리히대학교의 에른스트 리쉬 (Ernst Risch) 교수는 이들 두 경우 모두 *wo-wo*에 대한 기호가 정상이 아니라는 것을 알아내고, 두 번째 단어를 정상 형태로 순서를 뒤바꿔 첫 번째 단어의 기준으로 삼았다. 그 결과 리쉬 교수는 이를 *du-wo*(*dwo*가 더 적절할 듯함)라는 값을 지닌 복합 기호로 읽어야 한다고 추론하였다. 이는 '둘' (*duō*)에 해당하는 그리스어에도 부합하고 이름의 철자법상으로도 딱 들어맞았다.

기호의 위치는 어느 정도 유사하다. 예를 들어 어떤 기호가 '기름'을 암시할 경우 '기름'을 뜻하는 그리스어와 이 기호가 연관된 또 다른 텍스트를 통해 이 기호의 의미가 나중에 확인되는 식의 성과가 몇 차례 있었다. 상대적으로 드물게 쓰인 기호들은 여전히 의미가 밝혀지지 않거나 의심스러운 상태로 남아 있다. 중량과 치수에 대한 여러 상징 간의 관계는 상당히 밝혀진 상태이다. 하지만 그 절댓값은 여전히 풀어야 할 숙제로 남아 있다. 벤트리스가 서로 간의 비교와 계산을 통해 그 대략적인 값을 정하긴 하였지만, 그의 연구 결과는 보다 확실히 규명되고 개선될 필요가 있다. 예를 들면 이런 식이다. 고고학자들이 다수의 액체 용기를 발견하였는데, 이들 용기는 액체 용량의 표준 측정 단위와 어느 정도 관계가 있을 것이다. 오늘날 우유병 용량이 0.5, 1, 2파인트(1파인트는 영국에서 0.568리터, 미국에서는 0.473리터임—옮긴이)로 규격화되어 있는 것처럼 말이다. 물론 수제 용기가 이처럼 규격화되었을 수는 없겠지만, 충분한 양의 용기를 측정하면 대략적인 평균치를 알아낼 수 있을 것이다.

가장 중요한 진전이 이루어질 수 있는 부분은 역시 이미 번역된 텍스트가 어떻게 해독되는가 하는 것이다. 해독의 첫 단계에서 우리는 그럴듯한 의미를 지닌 단어를 해독할 수 있다는 사실 앞에 몸을 떨었다. 이제 우리의 질문은 어떤 상황에서 이들 기록이 남겨졌는가 하는 것이다. 점토판을 낱개가 아니라 통째로 묶어 주의 깊게 조사함으로써 제7장에서 살펴본 것처럼 미케네 사회의 일반 경제 상황을 이해할 수 있었다. 또한 근동 여러 지역에서 발견된 유사 문서와 비교할 필요도 있다. 전혀 독자적으로 존재하는 문명은 없으며, 어느 문명이든 인접한 종족의 전통과 관습에 영향을 받기 때문이다. 말할 필요도 없이 현재 우리의 생각은 불완전하다. 하지만 수많은 학자들이 쉬지 않고 이 문제에 매달리고 있으므로 점토판을 통해 실제 사회 배경을 더 잘 이해할 수 있게 될 것이다.

우리가 확보한 자료를 거듭 조사하고 평가함으로써 끊임없이 성과를 낼 수 있다고 생각하면 큰 착각이다. 불완전한 점토판을 원래대로 복원할 수 있을지 알아보기 위해 수많은 크노소스 점토판의 파편들을 철저히 검토하더라도 약간의 진전만 이룰 수 있을 뿐이다. 정작 기대를 걸어야 할 것은 새로운 점토판의 발굴에 있다.

이런 기대가 부질없는 소망이 아니라는 것은 지난 몇 년간의 역사가 증명한다. 분명 점토판이 추가로 발견되었기 때문이다. 1952~1954년에 웨이스가 점토판을 발견한 미케네 지역 건물의 발굴 작업도 아직 끝나지 않았고, 같은 지역 내에 더 많은 장소가 고고학자들의 눈길을 끌고 있다. 필로스에서 80개의 점토판이 추가로 발견되었다는 최근 소식은 이 지역에 아직 발굴할 것이 남았다는 것을 말해준다. 그럼에도 불구하고 발굴 작업이 종착점을 향하고 있는 것은 분명하다. 아테네 영국학회(British School at Athens)는 다른 유물들 가운데 점토판이 추가로 더 있는지 알아보려고 크노소스 왕궁 외곽 건물 일부를 조사하고 있다.

또한 미케네 지역도 발굴할 만한 곳이 아직 많다. 최근 한 왕궁이 테살리아(Thessaly)의 이올코스(Iolkos)에서 발굴되었는데, 이 왕궁은 아킬레우스의 아버지 펠레우스의 것으로 추정된다. 미케네 지역 중심부를 벗어나 있기는 하지만, 여기서도 점토판이 사용되었을 수 있다. 오늘날의 마을이 이 지역 전체를 덮고 있어 발굴을 충분히 할 수 없는 것이 유감스럽다. 가장 유망한 지역으로 알려진 테베 역시 같은 상황인데, 이 지역에서는 재건축에 앞서 급하게 발굴이 이루어지는데 그 과정에서 문자가 새겨진 병이 발견되었다. 미케네 시대 초기 그리스의 가장 중요한 지역 가운데 하나였던 테베는 기원전 1300년경에 쇠퇴하였는데, 흥미로운 것은 그 시기가 아르고스(Argos) 왕인 아드라스토스(Adrastus)의 군대에 패배한 전설과 정확히 일치한다는 사실이다.

또 다른 지역들도 발굴을 기다리고 있다. 예를 들어 스파르타는 헬레네(Helen)의 남편인 메넬라오스(Menelaus)가 다스린 미케네 왕국의 중심지였다. 하지만 왕궁이 어디 있는지는 여전히 오리무중이다. 필로스 점토판에 플레우론(Pleuron)이 언급된 사실로 보아 이 지역을 발굴할 필요가 있다. 이 지역이 어디인지는 이미 밝혀져 있다. 하지만 미케네 지역을 뒤진다고 해서 반드시 점토판을 발견할 수 있는 것은 아니다. 가장 유명한 미케네와 티린스 왕궁에서도 전혀 발견되지 않았다. 격렬한 화재로 점토판이 단단히 구워진 지역에서만 기록물이 발견될 가능성이 있다.

발굴 작업은 간단하고 쉬운 일이 아니다. 이런 작업을 해낼 수 있는 전문가도 몇 안 될 뿐더러 시간도 많이 소요된다. 무엇보다 이런 유의 작업은 돈이 많이 들고 대가가 바로 나타나지 않는 투자이다. 법령에 따라 모든 고고학 유물은 그리스 당국의 소유물이 된다. 이것이 현명한 조치인 이유는, 한 문화와 관련된 모든 자료가 세계 각지에 흩어져 있는 것보다 한 장소에 모여 있는 것이 훨씬 낫기 때문이다. 다행히도 그리스 고고학 관련 외국 대학들과 그리스 고고학회(Greek Archaeological Service) 모두 미케네 시대에 대해 더 많이 알 필요가 있다는 것을 이해하고 있다. 이들이 새로운 발굴 작업을 부족함 없이 수행할 수 있도록 지원받기를 기대한다.

이 방식이 인간 지식 전체를 증진시키기에 별나고 불확실한 듯 보인다면 유럽 문명이 세 가지 위대한 전통, 즉 히브리와 그리스, 로마의 전통 위에 세워졌다는 사실을 상기할 필요가 있다. 이들 가운데 가장 넓은 의미에서 모든 유럽 예술의 원천이 되는 것은 역시 그리스 전통이다. 유럽의 예술가와 작가, 사상가들이 이룬 모든 업적이 고대의 한 작은 종족이 이룬 위업에 크게 영향을 받고 있는 것 또한 사실이다. 이렇게 우리가 그리스에 빚을 졌다는 사실만으로도 역사시대 훨씬 이전 그들 문명이 어떻게 시작되었는지 더 자세히 알아야 할 충분한 이유가 있다.

이제 영국인 그리스 애호가 목록에 또 한 명의 이름이 더해져야 한다. 학자들의 존경을 한 몸에 받고 있는 그는 바로 마이클 벤트리스이다. 그의 연구를 잇는다는 것을 자랑스럽게 여기는 이들에게 그의 소박함과 총명함, 겸손과 재치는 영감의 원천이 된다. 그가 죽은 후 많은 이야기가 회자되었지만 나에게는 조지 뒤메질(George Dumézil) 교수가 한 말보다 더 간명하고 감동적인 말은 없다. "그의 작업은 수세기를 앞서 행해졌다."

후기

　　1967년 이 책의 개정판을 출간하면서 해독과 관련된 이야기를 새롭게 추가하며 짧게 후기를 남겼었다. 이제 그로부터 24년이라는 시간이 흘러 또다시 후기를 쓰게 되었지만, 해독을 시작한 초창기 이후 진행된 보다 중요한 발전 몇 가지만 언급하고 싶다.

　　이 책이 처음 출판되었을 때, 이미 해독에 대해 몇몇 비판이 가해졌고 또 다른 비판이 그 뒤를 이었다. 해독을 지지하는 이들이 때맞춰 이들 비판에 응답하였으며, 이 논쟁은 해독 역사상 몇 가지 애매하였던 문제들을 분명히 밝히는 데 기여하였다. 예를 들어 본문에서 언급한 것처럼 (118쪽 참조) 벤트리스가 세발솥 점토판에 대해 알기 전에 이미 이 점토판에 담긴 단어를 토대로 해독하였다는 주장이 있었다. 이 비방은 블레겐에 의해 쉽게 논박되었다. 이 점토판을 구성한 파편들은 벤트리스가 작업노트 20을 작성 중에 있던 바로 그 몇 주 동안에 출토되었으며, 이 파편들이 정돈될 때까지 벤트리스는 읽어낼 수 없었기 때문이다. 따라서 설사 발굴 현장에 있었더라도, 벤트리스는 문제의 텍스트를 손에 넣을 수 없었을 것이다. 또한 벤트리스가 분명치 않은 수단으로 비슷한 내용이 담긴 또 다른 점토판을 이미 손에 넣었으며, 이 점토판을 이용하다가 버렸다는 믿기 어려운 이야기도 있었다. 이런 주장은 그 말을 뱉은 당사자들의 명예만 실추시킬 따름이다.

충분히 이해할 수 있지만, 선형문자 B가 그리스어일 리 없다는 입장에 섰던 학자들은 자신들의 잘못을 쉽게 인정하려고 하지 않았다. 또 다른 비평가들은 문자의 성격에 대해 가졌던 선입관에서 벗어나기 시작하였다. 어떤 학자는 "당시 그리스인들이 일종의 속기로 어미를 생략한 채 단어의 줄기만 읽을 수 있도록 글을 썼다는 것은 전혀 있을 법하지 않다"라고 말하였다(빌헬름 아일러스, 탐구와 진보 31, 1957, 326~332쪽 참고). 오늘날 알파벳의 관점에서 보아도 미케네 시대 그리스인들이 그렇게 엉성한 문자 체계에 만족하였다는 것은 이상한 것 같다. 증거가 늘고 있기도 하지만, 우리가 잊지 말아야 하는 것은 미케네인들이 회계나 재고 목록처럼 간략한 글에만 선형문자 B를 사용하였다는 사실이다. 이 문자는 어형변화가 정확할 뿐만 아니라 장문에 쓰인 사례가 전무하며, 실질적인 용도에 맞게 기억하기 쉽도록 정교하게 고안된 도구에 지나지 않았다. 따라서 우리는 인근 동방 종족만큼 효율적으로 문자 체계를 고안하지 못하였다고 미케네인들을 비난해서는 안 된다.

벤트리스가 달성한 해독이 타당한지 여부에 대한 논쟁은 이제 분명히 해결되었다. 반론을 제기하는 이들이 없지는 않지만, 대부분의 그리스어 연구자들은 해독 결과가 타당하다고 인정한다. 몇몇 비평가들이 일부 문자 값에 대해 이의를 제기하는 것은 이들 문자 값이 운명을 같이 한다는 사실을 분명히 이해하지 못하기 때문이다. 문자 체계상 변화가 조금씩 이루어지는 것은 불가능하다. 물론 해결해야할 문제가 여전히 많지만, 세계 각국의 수많은 학자들이 공조하여 놀라운 진전이 이루어졌다.

이제 미케네어는 그리스어의 하나로 인정되어 대학 교과목 및 시험 주제로 채택되고 있으며, 해독 결과는 이후 고대 그리스인이 이룬 업적의 토대가 되는 청동기시대 에게 해 지역을 이해하려는 모든 이들의 연구 대상이 되고 있다. 관련된 점토판을 조사하여 밝혀낸 미케네 그리스의 모습은 이미 『미케네 세계(*Mycenaean World*)』(케임브리지대학교 출판부, 1976)에 소개된 바 있으므로 여기서는 문자와 관련된 문제를 집중적으로 다루었다.

크노소스와 필로스의 거대한 기록보관소에는 전혀 비길 바 못되지만, 새로운 유적지에서든 이미 알려진 유적지에서든 상당량의 새 자료가 발굴되어 빛을 보았다. 소량의 작은 파편들이 크노소스의 외딴 지역에서 발굴되었지만, 무엇보다 놀라운 발견은 에번스가 방대한 양의 작은 파편들을 발견한 일이다. 하지만 애석하게도 이들 파편은 기록되거나 일반인에게 공개될 가치가 있다고 평가받지 못하였다. 에번스는 발견한 유물을 오늘날 발굴자들만큼 세심하고 조심스럽게 다루지 않은 것이 분명하다. 많은 인부의 도움을 받았지만 전문가는 오직 한 명뿐이었으니 어떻게 제대로 발굴 작업을 할 수 있었겠는가? 실제로 그는 인부들 가운데 아리스티데스(고대 그리스어로 성실의 대명사를 뜻하는 말)라는 이름을 가진 한 인부가 한 무더기의 점토판을 훔쳐서 아테네에서 팔아버렸다는 이야기를 기록으로 남겼다. 이 남자는 에번스의 기록에 근거해 죗값을 받았지만, 이들 점토판 중에는 끝내 자취를 감추거나 계속 아테네에 흩어져 있다가 60년이 지난 후에야 고향 크레타에 돌아온 것들도 있었다.

하지만 에번스는 모든 파편을 일일이 기록으로 남기려 하지 않은 것이 분명하다. 크고 잘 보존된 점토판만을 기록으로 남긴 아시리아 발굴자들의 영향을 받은 듯, 에번스는 작거나 손상된 수천 개의 조각을 보관소 구석에 나 몰라라 방치하였다. 결국 1950년 베넷이 이라클리온 박물관에서 이들 중 일부를 찾아냈고, 1995년에는 내가 추가로 찾아냈다(124쪽 참조).

1984년에 이르러서야 보다 많은 파편들이 이라클리온 박물관 보관소에서 무더기로 발견되어 소장품 대열에 추가되었다. 대부분의 파편은 그 자체로 주목거리가 되지 못한다. 하지만 이들 파편은 모두 점토판의 일부이므로 제자리만 찾는다면 훼손된 텍스트를 복원하거나 새 단어를 규명하는 데 크게 도움이 될 것이다. 점토판을 복원하는 작업은 국제적으로 팀을 이룬 연구자들에 의해 열정적으로 수행되었다. 이 작업이 얼마나 복잡한가 하면, 수천 개 작은 조각의 퍼즐을 설상가상으로 상당수 조각을 잃어버린 채 한꺼번에 끼워 맞추려 애쓰는 일에 비할 만하다. 가능한 조합을 모두 발견하였다고 절대 말할 수 없다. 하지만 텍스트의 양이 늘어나고 내용이 완벽해질수록 해독이 한결 쉬워진 것은 분명하다. 동료인 케임브리지대학교의 존 킬렌(John T. Killen) 박사와 브뤼셀대학교의 장피에르 올리비에(Jean-Pierre Olivier) 박사와 장 뤼크 고다르(Jean-Luc Godart) 교수에게도 감사드린다. 이들 및 다른 이들의 도움으로 『크노소스 점토판에 새겨진 미케네 말뭉치(*Corpus of Mycenaean Inscriptions from Knossos*)』가 무사히 편집을 끝내고 이제 출판을 기다리고 있다(이 책은 1999년에 출판되었다—옮긴이).

필로스의 기록보관소는 발굴자들로부터 훨씬 나은 대우를 받았는데, 발굴자들은 상황이 허락하는 한 곧바로 발견한 유물을 세상에 공개하였다. 블레겐은 1964년까지 해당 지역을 계속 발굴하였는데, 구석진 여러 건물에서 상당량의 점토판을 발굴하여 이전부터 기록보관소라 불려온 곳에 보관하였다. 다행히도 새로 발견된 일부 파편은 중요 점토판들의 잃어버린 조각이었다. 한 파편은 일련의 가구 목록이 기재된 점토판의 마지막 한 조각이었다(167~168쪽 참조). 이제 우리는 이 목록에 두 개의 난로 혹은 화로를 추가할 수 있게 되었다. 하지만 점토판 조각이 새롭게 추가될 때마다 또 하나의 의미가 탄생하기도 하지만 아울러 문제가 야기되기도 한다. 이는 현재의 제한된 지식으로 어쩔 도리가 없다. 이 동일한 파편에서 우리는 새로운 단어 세 개를 얻을 수 있지만, 그 해독은 아직까지 풀지 못할 숙제로 남아 있다. 하지만 낙담할 필요는 없다. 해당 방언과 사회 문화에 대한 지식이 함께 자라고 있기 때문이다.

왕실 작업장이 위치한 왕궁의 측면과 후면 지역에서 새 점토판이 대량으로 발굴되었다. 크노소스와 마찬가지로 분명 수많은 공인들이 왕과 관리의 감시를 받으며 맡은 일에 종사하였을 것이다. 그런데 한 점토판을 보면 지방 소도시에서 노역에 동원한 남자들이 총 118명인데, 그중에 몇몇 사람이 실종되었다는 기록이 있다는 것이 흥미롭다.

또 다른 점토판에서는 마구 제작소 기록이 발견되었는데, 문자 그대로 말하면 '바느질하는 남자'들은 '재봉사'(164쪽 참조)가 아니라 '무두장이나 마구 제작인'으로 해독해야 할 것이다. 여기에는 여러 마구와 고삐, 끈 같은 기타 장비가 꼼꼼히 기재되어 있다. 그 다음으로 사슴 가죽에 대한 이야기가 나오는데, 이는 169쪽에 언급된 단편적인 사슴 관련 기록을 보완해 준다. 마침내 복원된 큰 점토판에는 소가죽과 양, 염소, 돼지, 사습 등의 가죽이 열거되어 있는데, 이들 가죽은 가죽 끈과 샌들, 레이스 같은 일부 물건의 소재로 쓰였다.

몇몇 경우 새로 발견된 점토판을 통해 애초의 의견을 바로잡을 수 있었다. 예를 들어 나는 지배 계층에 그리스인이 존재한 증거로서 *E-ke-ra₂-wo*(147쪽 참조)라는 이름을 들었으며 분명 그리스어라고 생각하였다. 하지만 새 점토판은 다른 철자법을 제시하는 듯하고, (*rya*처럼) 의미가 더욱 분명해진 부호 *ra₂*의 값을 함께 고려하면 우리의 해독이 잘못된 것 같다. 여전히 이를 그리스어 명칭이라고 말할 수도 있다. 하지만 의미상 그리스어가 분명한 이름들 중에서는 제외되어야 한다. 그 대신 그리스어로 암피메데스(Amphimedes)가 되는 *A-pi-me-de*를 쓸 수 있는데, 이 이름의 소유자는 필로스에서 아주 중요한 인물이며 크노소스에서도 등장한다. 같은 맥락에서 또 하나의 중요한 말은 그 땅에서 서열이 두 번째로 높은 인물에 대한 순전히 그리스어 호칭인 라와게타스(Lawagetas), 즉 '무리의 지도자'이다(160쪽 참조).

미케네인들이 전차에 붙인 이름에서 또 하나 흥미로운 진전이 있었는데, 크노소스 점토판에서는 단순히 *hiqqᵘia*, 즉 '말(탈것)'이라고 불렸다(157쪽 참조). 전차가 언급된 필로스 점토판은 아직 발견되지 않았지만, 바퀴가 언급된 새 점토판을 통해 볼 때 *wo-ka*라는 단어가 아마도 *wokha*, 즉 '탈것'을 뜻하지 않을까 생각된다. 이 단어는 사실 영어의 해당 단어와 어원이 같다. 하나의 가능성으로 말하긴 하였지만 이전에 우리는 다른 해독을 시도하였고 파머의 혹독한 비판이 뒤따른 바 있었다. 그의 소중한 충고에 다시 한 번 감사를 드린다. 우리가 실수한 이유는 간단하였다. *wokha*라는 단어는 그리스어에 추가된 말이다. 호메로스는 동일 어족의 복수형인 (w)okhea만 알고 있었다. 우리가 당시 언어를 단순히 알고만 있어도 점토판을 읽는 데 전혀 어려움이 없을 것이라는 아쉬움이 다시 일어난다. 어쩔 수 없이 우리는 추론 과정을 통해 새로운 언어 형태가 존재함을 이해할 수밖에 없다. 상투적인 문구에 있어서의 차이가 또한 해독의 확실성을 보증해 줄 수 있다.

미케네에서 첫 선형문자 B가 발견된 것은 1950년이었다. 그런데 1952~1954년 사이에 웨이스 교수가 성벽 바로 바깥쪽 가옥을 조사하던 중에 특히 고수풀이나 쿠민 같은 향신료를 다룬 몇 개의 흥미로운 문서를 발견하였다. 이 유적에서 발견된 점토판들 가운데 한 큰 점토판이 있는데 거의 훼손되지 않은 채 인명을 담고 있었고, 일부 인명은 이미 미케네 점토판에 나온 것들이다. 스물네 명의 여자 이름이 대부분 한 쌍을 이루어 기재되어 있다. 기재 내용 뒤쪽 절반이 다른 인명이 기입될 자리에 '그리고 딸'이라는 단어로 구성된 경우가 둘 있었다. 새 이름 둘은 그저 많이 알려지기만 한 그리스어 이름이 아니라 유럽에서 오늘날까지 여러 형태로 크게 인기를 끌어온 이름인데, 바로 *A-re-ka-sa-da-ra*, 즉 알렉산드라(Alexandra)와 *Te-o-do-ra*, 즉 테오도라(Theodora)이다. 또다시 블레겐이 한 질문을 하게 된다. 이것이 우연의 일치일까? 여섯 개 기호가 무작위로 조합되어 일반 그리스어 이름이 그렇게 정확하게 나오는 것이 과연 우연일까?

또 다른 영국인 고고학자 윌리엄 타일러(William Taylour) 경이 성벽 안쪽 가옥에 대해 후속 발굴 작업을 진행하면서 훼손 정도가 좀 더 심한 점토판을 발견하였다. 이들 점토판은 왕궁에 주요 기록보관소가 있었다는 분명한 증거이다. 만약 기록보관소가 언덕 꼭대기 건물에 있었다면 지표면이 침식되면서 허물어졌을 것이다. 그렇더라도 슐리만이나 춘다스(Tsoundas) 같은 초기 발굴자들이 발굴을 예측하였다면 일부 점토판이 발견되지 않았을까 생각된다.

미케네에서 16킬로미터가 안 되는 거리에 티린스의 거대한 요새가 버티고 서 있는데, 이 요새는 해당 지역의 주요 항구를 방어할 목적으로 세워진 듯하다. 비록 오늘날은 바다가 멀리 물러나 있지만 말이다. 이 지역은 개척자 시대에 슐리만과 다른 이들에 의해 철저히 발굴되었으며, 마찬가지로 점토판은 전혀 발견되지 않았다. 하지만 보다 최근에 독일인들이 거대한 돌로 쌓은 성벽 아래에서 소도시를 발굴하면서 선형문자 B 점토판 조각을 대량으로 발견하였다. 이들 파편을 통해 확인된 가장 흥미로운 사실은 점토판이 다양한 형태로 존재한다는 것이며, 이는 해당 점토판들이 외딴 보관소에 보관된 특수 기록이 아니라 주요 보관소에 흐트러져 남아 있던 잔재들이었음을 의미한다.

나는 점토판이 좀 더 많이 발견될 "단연코 가장 유망한 지역"으로 테베를 언급하였다(194쪽 참조). 그 이유는 부분적으로 선형문자 B가 채색되어 새겨진 병이 이미 발굴 초기부터 알려졌기 때문이다. 하지만 이들 병이 "해당 지역에서 제작된 것이 거의 확실"하다는 내 주장은 이제 수정되어야 한다. 점토를 분석하여 물질에 든 불순물을 밝혀내는 기법이 새로 개발되었는데, DNA 연구에 이용되는 '핑거프린팅(Pinger-printing)' 방식처럼 이 분석법을 이용하여 병의 기원을 밝혀낼 수 있게 되었다. 주로 테베에서 발견되는데, 본토에서 출토되는 병들은 크레타 서부 지역에서 제작된 것으로 보인다. 이것이 전혀 뜻밖의 사실이 아닌 것은, 병에 새겨진 단어 일부가 크노소스 점토판에서 발견되는 지명과 같기 때문이다.

이들 단어는 제작자 이름이거나 원산지 이름인 듯하다.

1964년과 1970년에 각각 오늘날 소도시 중심부의 여러 장소에서 작은 무더기의 점토판이 발견되었다. 따라서 주요 왕궁이 기록보관소가 훼손되지 않은 채로 오늘날 건물 아래 있을 가능성이 매우 크다. 재건축은 고고학자들에게 발굴의 기회를 제공한다. 하지만 미케네 시대 지층의 깊이가 걸림돌이 된다. 이 중심부의 또 다른 장소에서 가장 최근 일련의 인장이 발견되었다. 이들 인장은 작은 진흙덩어리로 만들어졌고, 인장 옆이나 위에 몇몇 글자가 기록되어 있었다. 가장 흥미로운 발견 중 하나는 테베(*te-qa*)의 이름과 유보이아(Euboea) 연안에 위치한 두 개 소도시의 이름이 미케네 방식으로 표기된 점이다.

최근 1989~1890년 사이에 크레타 서부 지역에서 오늘날까지도 주요 소도시 중에 하나로 손꼽히는 카니아(Khania)에서 네 개의 작은 점토판 파편이 발견되었다. 고대에는 *Kudōnia*라고 불렸으며 크노소스 점토판에도 등장한다. 이제 우리는 크노소스가 붕괴된 이후 크레타에 분명히 그리스 국가가 존재하였다는 직접적인 증거를 손에 쥐게 되었다. 크노소스 점토판의 연대에 대한 논쟁이 계속되긴 하겠지만 말이다(211쪽 참조).

이로써 문자를 이해하는 폭이 넓어지고 깊이가 더해진 것은 두 말할 필요가 없다. 물론 일부는 극히 드물게 사용되거나 몇 개 안 되는 이름에만 나타나기 때문에 아직 모든 기호에 값이 매겨진 것은 아니다. 이 책 앞부분에 소개한 문자 목록의 16번 기호는 이제 (*pa₂*가 아니라) *qa*로 확증되었다. 하지만 이 문제가 그다지 중요하지 않은 이유는 음절 *kʷa*는 후대 그리스 시대에 *pa*로 발전하였기 때문이며, 따라서 해독보다는 어원학에 도움이 된다. 34번과 35번은 새롭게 발견된 자료를 통해 볼 때 동일 기호가 다른 형태로 쓰인 듯하다. 하지만 그 값은 여전히 밝혀내지 못하고 있다. *nwa* 값(48번)과 *dwe* 값(71번)을 가진 기호가 있다는 사실은 동일 형태의 다른 값이 있을 수 있다는 것을 의미한다. 우리는 이제 두 가지 값, 즉 *twe*(91번)와 *dwo*(90번)를 추가할 수 있다. 이 둘 중 *dwo*는 이전에는 *wo*(42번)의 두 배를 의미하는 것으로 생각되었으며, 사실 애초에는 그랬을 것이다. *Dwo*는 숫자 '2'의 다른 형태이며(보통은 *duo*), 한 점토판에서는 오늘날 우리가 수표에 글자와 숫자를 병기하는 것처럼 오해의 여지가 없도록 숫자 2에 덧붙여 쓰고 있다. 나는 82번과 63번에 대해 각각 *swa*와 *swi* 값을 제안하였지만 아직 확정되지는 않았다. 모음 기호 가운데는 85번에 *au* 값이 확실히 부여되었다. 25번 값인 a_2는 단어 중간에 쓰일 때에도 *ha*를 의미하는 것으로 인정되었다. 그러나 기식음은 문자에서 대개 간단히 생략된다.

단순히 그림이 아닌 기호의 의미를 규명하는 일에도 비슷하게 진전이 있었다. 이상적으로는 음절에 맞춰 쓰는 그리스어와 기호가 서로 상응해야겠지만, 이따금 이 상응 관계는 다음 예시가 보여주듯이 다소 복잡해진다.

우리는 액체의 수량과 함께 사용한 기호가 '포도주'를 의미하는 것으로 규정하였다. 이는 이집트 상형문자와 다를 바 없는데, 두 기호 모두 포도넝쿨 그림으로 시작되기 때문이다. 이 값은 필로스의 포도주 저장고에서 발견된 인장을 통해 확인되었다. 하지만 한 점토판에서는 이 기호가 수직선으로 절반이 잘려나간 것처럼 보이기도 한다. 우리는 잠정적으로 이 기호가 '새로 담근 포도주' 또는 '아직 발효되지 않은 포도주'를 나타낸다고 생각하였다. 당시 이라클리온 박물관에서 연구 중이던 올리비에가 포도주를 언급한 크노소스 점토판을 정리하고 있었고, 발견된 점토판들 중 많은 수가 석회로 세공되어 있었다. 그는 놀랍게도 한 기호 위에 단어 하나가 아주 작은 글씨로 기록된 것을 발견하였다. 이 단어가 *de-re-u-ko*로 읽힌다는 그의 말을 들으면서, 나는 *de*가 유사한 기호인 *ke*로 읽혀야하지 않을까 하고 생각하였다. 왜냐하면 '아직 발효되지 않은 포도주'에 대한 그리스어 단어는 *gleukos*이며 선형문자 B로는 *ke-re-u-ko*가 되기 때문이다. 올리비에는 나의 생각이 옳다고 답하였다. 하지만 당시 나는 또 다른 가능성도 염두에 두었다. *Gleukos*는 '달콤하다'는 뜻의 형용사 *glukus*와 유사하다. 이 단어의 뿌리는 *glycol*, *glycerine* 등의 영어 단어에 흔적으로 남아 있으며, 따라서 이 단어는 원래 '달콤함'이라는 뜻을 지녔을지도 모른다. 그러나 그리스어에서 *dl-*이 *gl-*로 바뀐다고 가정하였을 때, 이 단어가 라틴어 *dulcis*와 어원이 같을 수도 있다는 의견이 있긴 하지만, 다른 언어에서 *glukus*와 어족이 명백하게 같은 말을 찾을 수 없다. 따라서 가정된 변화가 미케네 시대 이후에 일어났다면 미케네어의 '아직 발효되지 않은 포도주'는 *dleukos*였을 것이며 이는 선형문자 B의 철자에도 정확하게 들어맞는다.

보다 간단한 예도 올리비에가 긴 직사각형 모양을 한 크노소스 인장에서 발견하였다. 이 기호는 욕조인 것으로 확인되었는데, 호메로스가 목욕통을 뜻하는 단어로 쓴 *asaminthos*가 분명한 *a-sa-mi-to*가 함께 쓰였기 때문이다.

보다 중요한 진전은 이제 점토판이 고립된 하나의 언어 견본이 아니라 국가 경제를 기록한 방대한 서류철의 일부로 다뤄지고 있다는 것이다. 기록보관소가 훼손된 채 남아 있어 해독 작업이 어려운 것은 사실이다. 하지만 하나하나 놓고 보면 애매하고 무슨 말인지 모르는 많은 점토판의 내용이 관련 정황에 비춰 보면 흥미로운 정보를 제공해준다. 어떤 수단을 동원해서든 우리가 하려는 일은 바구니가 되었든 상자가 되었든 점토판이 애초에 보관된 서류철을 재구성하는 것이다. 그러면 전체 점토판을 비교하여 미케네의 서기가 기록하려고 애쓴 내용을 상당 부분 알 수 있게 된다. 점토판 내용 중 이런 목적에 유용하게 활용되는 부분이 바로 숫자이다. 텍스트의 나머지 부분은 숫자가 언급하려는 내용의 표제 역할을 할 뿐이다.

점토판들을 원래 속하였던 서류철에 적절히 배치하는 일은 미케네인의 필적에 대한 연구 덕을 크게 보았다. 모든 문서는 수기로 작성되며 필경사들이 자기만의 방식으로 기호를 표기한다. 따라서 우리는 동일한 필경사가 어떤 점토판을 기록하였는지 알 수 있다. 뿐만 아니라 왕궁에서 일한 필경사의 수도 어림짐작할 수 있다. 이런 식으로 분석한 결과는 놀라웠다. 필로스에서는 적어도 40개의 필적이 확인되었고 크노소스에서는 70개가 넘었다. 이는 글을 기록하는 일이 소수의 전문가에 국한된 특수 기술이 아니며, 일부 필적은 많은 점토판을 기록한 비서들의 것이 분명하지만 모든 관리가 문서를 읽을 수 있고 이따금 직접 쓰기도 하였다고 가정해야 함을 의미한다. 이 사실은 당시 왕궁 관료 조직이 어떠하였는지 알려주는 흥미로운 단서가 된다.

이런 유의 중요한 연구 성과 가운데 하나가 케임브리지대학교의 킬렌 박사에 의해 이루어졌다. 킬렌 박사는 모든 크노소스 점토판을 면밀히 조사한 후, 그중 800개 이상이 양과 양털을 언급하고 있다는 사실을 밝혀냈다. 우리는 이들 내용이 왕궁에 바친 공물을 나타낸다고 생각하였다. 하지만 이제 이들 내용은 실제 양떼를 기록한 것이고, 그 양떼는 주로 양털을 얻을 목적으로 길러진 거세한 숫양인 것으로 드러났다. 이와 상응하는 기록이 있는지 찾아보던 중에 중세시대 영국에서 양떼와 관련된 내용이 기록되었고 그 내용이 미케네 시대 점토판 내용과 놀랍도록 유사하다는 사실이 밝혀졌다. 따라서 양떼 관리 규칙이 비슷하였다고 추측하는 것이 안전하고 유익하기도 하였다. 양털은 옷감의 재료가 되므로 중세시대 영국이 양털과 모직물로 번성한 것처럼 양털의 수출은 당시 왕궁의 사치가 증명하듯 큰 부를 가져다주었던 것이 분명하다. 이는 고고학적 수단만으로는 알아낼 수 없는 새로운 역사적 사실이었다.

필로스 점토판을 비슷한 방식으로 분석하면 양털이 중요하긴 하지만 경제의 중심이 아니었다는 결론에 이른다. 크노소스 점토판에는 거의 언급되지 않는 아마(亞麻)가 여기에서는 더욱 중요하다. (모두 합하면 400여 명 정도 되는데) 청동세공인이 이렇게 많은 것은 금속제품 수출이 필로스 경제의 특징이었음을 의미한다. 새로 발견된 점토판 세공 기술 때문에 미케네인들이 그렇게 존경한 청유리 제작자들과 키아누스(cyanus) 생산자들이 언급된 것으로 보아 미케네에서 사치품 교역이 이루어졌음을 알 수 있다.

미케네 도량형 단위의 절댓값을 정하기 위해 내가 제안한 방식(206쪽)은 마벨 랑(Mabel Lang) 교수에 의해 전혀 손상되지 않았거나 복원 가능한 모든 필로스산(産) 병에 적용되었다(미국 고고학 저널 68, 1964, 99~105쪽 참고). 용량이 작은 용기들은 특별히 분류되지 않은 반면, 용량이 큰 용기는 2.4리터와 3.2리터의 용기가 가장 많았다. 여기서 어려움은 이 수치가 어떤 미케네 단위를 나타내는지 알아내는 것이다. 0.8리터라는 지수는 여러 방식으로 설명될 수 있다. 벤트리스와 나는 『문헌』에서 다음과 같이 대략적인 등식을 제안하였다(단일 대문자는 새롭게 기호를 표기하는 체계이다).

$$\text{▽} \quad = \quad Z \qquad\qquad = \quad 0.5\ l.$$

$$\text{▷} \quad = \quad V\ (=Z4) \quad = \quad 2\ l.$$

$$\text{T} \quad = \quad T\ (=V6) \quad = \quad 12\ l.$$

이 등식은 랑 교수가 제안한 것처럼 Z를 0.2리터까지 과감히 줄임으로써 랑 교수가 얻은 결과치와 일치하도록 조정될 수 있었다. 그러면 2.4리터와 3.2리터는 V3과 V4에 해당된다. 만약 Z를 0.4리터까지 약간만 조정하면 2.4리터와 3.2리터는 V1Z2(=V1½)와 V2에 해당한다.

이들 경우의 수 가운데서 무엇을 택할 것인가는 간단한 문제가 아니어서 성인 남녀와 아이들에게 지급되는 하루치 식량에 좌우되며 적잖은 기본 수치들이 아직 일치를 보지 못하고 있다. 이제 우리는 여성 육체 노동자의 한 달 치 식량이 한 달에 밀 T2(4.8 또는 9.6리터)라는 것을 안다. 파머 교수는 랑 교수의 생각에 아주 가까운 수치를 강한 어조로 주장하였지만, 내가 생각하기에 하루에 밀 0.16리터는 너무 적은 수치인 것 같으며, 또 다른 여러 이유도 있어 수치가 더 높아야 한다고 생각한다. 그렇다면 이 책의 부록(217~222쪽 참조) 및 다른 곳에서 리터당 책정된 수치는 20퍼센트까지 줄어야 한다.

논쟁이 가장 격렬하게 진행된 문제는 크노소스 점토판의 연대 설정 문제이다. 물론 점토판 자체에는 이들의 연대가 언제인지 드러나지 않는다. 우리가 말할 수 있는 것은 언어에서는 그렇지 않은 데 내용과 형식, 글씨체 등에 있어서는 크노소스 점토판이 본토의 점토판과 비교해 약간 차이를 보인다는 점이다. 증명할 수는 없지만 이런 점은 크노소스 점토판이 한 세기 이상 빨리 쓰였다는 견해와 일치한다. 소량의 크노소스 점토판이 다른 연대에 속할 수는 있지만, 기록보관소에 보관된 대부분의 점토판은 동시대의 것이 틀림없다.

논쟁은 고고학적 증거에 근거하여 해결되어야 한다. 또한 이것이 애매한 상황에서 왕궁을 다시 파헤치면서 이 문제를 살펴볼 수는 없다. 에번스는 발굴과 재건을 거치면서 증거를 파괴하였다. 다른 이들의 제안에 따라 파머 교수는 에번스의 발굴노트에 근거하여 점토판이 기원전 13세기 것이라는 증거로 삼았다. 하지만 전문 고고학자들은 즉각 에번스를 옹호하고 나섰고, 대략적인 결론은 에번스가 설정한 기원전 1400년을 기원전 1375년경까지 낮추어야 하지만 한 세기를 낮출 수는 없다는 것이다. 크노소스의 기타 건물을 추가로 발굴하여 점토판 부스러기를 찾아냈지만, 확실하게 연대를 설정할 수 있는 증거물은 없었다. 거의 확실하게 연대를 기원전 13세기로 잡을 수 있는 카니아 점토판에서도 크노소스에 대해 어떤 것을 증명할 만한 새로운 사실은 발견되지 않았다. 미케네 세력이 크노소스가 붕괴된 후 크레타 섬 서쪽으로 이동하였을지도 모르는 일이다.

우리는 여전히 본토 미케네인들이 어떻게 크레타 섬 중앙 및 서부 지역을 지배할 수 있었는지 알지 못한다. 다만 고고학적 증거들은 이 사건이 대략 기원전 1450년경에 일어났음을 강하게 시사한다. 크노소스 이외의 미노아 중심지들도 대략 이 시기에 붕괴된 듯 보이며, 그 전에는 전혀 그렇지 않았는데 무덤에서도 이 시기부터 무기가 매장되기 시작하였다. 이런 사실은 처음으로 그리스어를 크레타 섬에 들여온 미케네 점령 기간과도 일치한다. 하지만 우리는 그토록 크게 번성한 미노아 문명이 어떻게 갑자기 붕괴하였는지 여전히 이해할 수 없다.

아테네대학교의 고(故) 스피리돈 마리나토스(Spyridon Marinatos) 교수는 오래 전에 그 이유를 이라클리온 북쪽 100킬로미터에 위치한 테라 화산섬이 격렬하게 폭발하였기 때문이라고 말하였다. 오늘날 테라 섬은 초승달 모양의 섬과 또 다른 작은 섬이 원을 그리는 형세로 남아있을 뿐이다. 이들 섬은 거대한 폭발로 중심부가 위로 치솟으며 생긴 광대한 칼데라(보통 화산 폭발로 인해 화산 꼭대기가 거대하게 패여 생긴 부분—옮긴이)의 잔재이다. 역사상 유일하게 닮은 사건은 1883년 인도네시아의 크라카타우(Krakatoa) 화산 폭발뿐이었다.

테라 섬은 미노아인의 식민지로 있었다. 마리나토스 교수는 이 섬 남부 연안에 위치한 큰 소도시 일부를 발굴하였는데, 몇 층 높이 건물들이 화산재에 뒤덮인 채 보존되어 있었다. 이들 건물이 유기된 고고학적 연대는 중기 미노아 IA기 말엽이며, 절대 연대로는 대략 기원전 1500년경에 해당하는 것으로 생각된다. 하지만 지질학자들은 폭발 시기를 별도로 추적하여 고고학적 연대보다 한 세기 이상 빠른 기원전 17세기 말엽으로 제시하였다. 이 논쟁은 여전히 숙제로 남아 있다. 하지만 어떤 주장이 옳든 간에 테라 섬의 격변이 — 50년 후든지 200년 후든지 — 크레타 섬에 어떤 결과를 초래하였는지는 정확하게 알 수 없다.

우선 화산재 구름이 크레타 섬의 농업을 황폐화시켰을 수 있다. 쓰나미(tsunami) 같은 해일이 크레타 섬의 북쪽 연안을 따라 항구들을 집어삼키고 정박 중이던 배들을 전복시켰을 수도 있다. 하지만 이들 사건 중 그 무엇도 미노아인의 힘과 의지를 약화시켜 그리스인들이 자신들을 쉽게 정복하도록 하지는 않은 것 같다. 미노아인들은 그리스인들이 침공하기 전에 회복할 시간이 충분히 있었기 때문이다. 앞으로 발굴이 계속 진행되면서 이 문제가 밝혀지겠지만, 지금 당장은 그림이 분명하지 않고 더욱 복잡해지는 듯하다.

　크노소스 왕궁의 종말 또한 수수께끼에 쌓여있다. 점토판에는 임박한 재난에 대해 암시하는 바가 전혀 없다. 필로스 점토판과 달리 크노소스 점토판에는 군사 준비에 대한 기호를 찾아볼 수 없다. 경제는 왕궁이 화염에 휩싸인 그 순간까지 정상적으로 돌아가고 있었다. 그리스인 정복자에 대한 토착 주민의 봉기를 생각할 수도 있다. 하지만 그리스인과 비그리스인의 이름이 한데 섞여 있는 것은 민족이 통합되고 있음을 암시한다고밖에 말할 수 없다. 연대를 빨리 설정하는 것이 옳다면 이후 그리스 지배는 섬 서부 지역으로 제한되어야 할 것이다. 이와 달리 늦게 설정하는 것이 옳다면, 크노소스는 본토의 미케네 중심부와 같은 운명을 겪었을 것이다.

　당연한 결과이지만, 선형문자 B가 성공적으로 해독되자 동일한 방식을 선형문자 A에도 적용하려는 시도가 수없이 일어났다. 선형문자 A 텍스트 수가 크게 늘어나고 꼼꼼하게 수집되어 고다르와 올리비에에 의해 말뭉치(Corpus) 형태로 출판되었다. 우리는 선형문자 A 점토판을 선형문자 B 점토판 일부와 비슷하게 경제 관련 문서로 해독할 수 있었다. 같은 기호가 사용되었고 숫자도 쉽게 읽혔다. 분수 표기 체계만 차이가 나는데, 세부적으로는 아직 밝혀지지 않은 상태이다. 하지만 선형문자 A 점토판 총 숫자는 여전히 너무 적어 벤트리스의 방법을 직접 적용하기에는 무리가 있었다.

많은 글들이 휴대용 물품에서 발견되었으며, 상투적으로 반복되는 문구들은 고대 그리스에 흔하였던 봉헌사와 아주 유사하였다. 하지만 이 언어를 규명하려는 모든 시도는 지금까지 실패로 돌아갔다. 다만 우리는 선형문자 B가 선형문자 A에 동일한 값을 할당하였다는 가정하에 대부분 선형문자 A 기호에 대략적인 음가를 부여할 수 있었다. 이 가정이 옳다고 생각할만한 이유가 있었다. 실제로 한 선형문자 A의 의미는 분명하다. 선형문자 A에서 *ku-ro*로 읽히는 기호는 선형문자 B의 *to-so* 및 *to-sa*처럼 (72, 97쪽 참조) 합계를 나타내는 데 사용된다. '합계'나 '아주 많이'의 뜻으로 이와 같은 단어를 사용한 언어를 발견할 수 있다면 문제는 해결되었을 것이다. 하지만 많은 의견이 제시되었음에도 불구하고 아직까지는 그 어느 것도 옳다고 입증되지 못하였다.

'미노아어'가 속한 언어군에 대해서는 세 가지 확실한 가능성이 있다. 미노아어는 그리스어와 관련된 인도-유럽어일 가능성이 있다. 미노아어를 일종의 그리스어로 해독하려는 시도가 모두 실패로 끝나긴 하였지만 말이다. 이 어족에 속한 언어군 하나가 청동기 시대 아나톨리아에서 사용되었는데, 그 가운데 가장 널리 알려진 언어는 히타이트어이다. 선형문자 A는 히타이트어가 아닌 것이 분명하지만, 파머 교수가 선형문자 A를 아나톨리아 남서부에서 한때 사용하던 루비아어와 유사한 언어로 취급한 사례가 있다. *a-sa-sa-ra*라는 철자로 접미사가 덧붙여진 채 봉헌사에 빈번히 등장한 단어가 있다. 이 단어는 반드시 그럴 필요는 없지만 신의 이름인 듯하며, 파머 교수는 이 단어를 히타이트어로 '여주인'을 뜻하는 단어의 루비아어 형태로 독특하게 해독하였다. 그렇다면 이 단어는 선형문자 B의 그리스 여신 포트니아와 아주 유사한 꼴이 된다(177쪽 참조). 유감스럽게도 다른 단어를 통해서 이 의견이 타당하다는 사실이 입증되지는 못하였으므로 더욱 분명한 증거가 나타나기를 기다려야 한다.

두 번째 가능성은 이 언어가 히브리어와 아시리아어, 우가리트어를 포함하는 방대한 셈어족에 속한다는 것이다. 여기서도 '합계'를 뜻하는 어근 *k-l*처럼 그럴듯한 기호가 나타난다. 미국 매사추세츠 주 브랜다이스대학교의 고든 교수는 일치점이 엄청나게 많다고 주장하였지만, 지금까지 알려진 어떤 셈어도 아니라는 것이 분명해졌다.

어떤 이론에도 치우치지 않은 객관적인 입장에서 나는, 이 주제를 다루는 많은 연구자들 중 누가 우연히 단서를 포착하였다고 하더라도, 현재로서는 혹시 있을지라도 어떤 의견이 옳다고 섣불리 판단하는 것이 사실상 불가능하다고 생각한다. 나는 미노아어가 흔적 없이 사라지고 세상에 알려진 동계 언어도 전혀 없는 말일 수도 있다고 생각한다. 그렇다면 우리는 충분한 자료를 확보하고 문맥상 단어의 의미를 추론할 수 있을 정도로 언어 구조가 분명할 때에야 텍스트를 해독할 수 있을 것이다.

파이스토스 원반(37쪽 참조)은 열정적인 애호가들을 끊임없이 매료시켜 왔지만, 이 원반이 크레타 상형문자의 공식화된 변형 형태인지 아니면 다른 곳에서 유입된 것인지 여전히 불확실하다. 필사의 방향이 오른쪽에서 왼쪽으로 향한다는 주장은 빈번히 공격의 대상이 되어 왔다.

하지만 기호가 이 순서대로 찍힌 것은 분명하고, 증거의 책임은 제작자가 끝부분에서 시작해 뒤로 작업하였다고 주장하는 이들에게 있다. 문자의 총 기호수가 실제로 쓰인 45글자보다 많다는 것도 실증되었다. 통계기법에 따르면 음절문자 체계에 걸맞은 수는 대략 55글자이며 더 많을 수도 있다. 따라서 이 또한 단순한 음절문자라는 추론도 사실로 확증되었다.

마지막으로 1956년 파리의 프랑스 동료들에 의해 시작된 이후 줄곧 성장해온 국제적인 공조 분위기에 대해 말하고 싶다. 우리는 파비아(이탈리아), 위스콘신(미국), 케임브리지(영국), 살라망카(스페인), 뇌샤텔(스위스), 뉘른베르크(독일), 오흐리드(유고슬라비아), 아테네(그리스) 등 세계 각지에서 학회를 개최하였다. 큰 회의들은 미케네학회만 별도로 다루었고, 1967년에는 이 주제만 다루는 첫 번째 국제회의가 로마에서 개최되었다. 미케네 및 에게-아나톨리아학 센터가 카를로 갈라보티(Carlo Gallavotti) 교수의 주도로 로마에 설립되어 관련 주제를 계속 홍보하고 관련 책이 출간되도록 지원하였다. 국제 미케네학 영속위원회(Permanent International Committee for Mycenaean Studies)가 설립되어 국제 고전학 연맹(International Federation for Classical Studies)을 통해 유네스코와 제휴하였다. 마이클 벤트리스가 개척한 새 학문 분야를 발전시키는 데 기여할 수 있었던 것은 나에게 큰 영광이었다.

1992년 5월
존 채드윅

미케네 점토판 사본

이 책을 준비하면서 많은 점토판이 인용되었고, 또 번역되었다. 이들 점토판의 성격을 좀 더 분명히 입증하기 위해 여기 몇 가지 사례를 더 소개하려고 한다. 점토판 텍스트의 선형문자 B는 로마체로 옮겨 적고, 표의문자는 작은 크기의 대문자 영어 단어로 표시하였다. 번역의 세부 내용은 『문헌』에 소개되어 있으며, 점토판 숫자 다음에 참조 번호가 표기되어 있다. PY는 필로스를, KN은 크노소스를 뜻한다.

텍스트 다음에 사용된 단어를 미케네 필경사가 그렇게 읽었을 법한 실제 발음대로 재구성하였다. 물론 이 내용 중 상당 부분은 추측에 의한 것이며, 그리스어를 어느 정도 아는 이들이 전문가가 텍스트에서 어떻게 의미를 추론하였는지 이해할 수 있도록 짜여졌다. 해당 그리스어를 로마체 알파벳으로 표기하였는데, 그 이유는 일부 음을 그리스 알파벳으로 표현하기 어려웠기 때문이다. 점토판의 내용을 고대 그리스어로 만족스럽게 번역하기 불가능할 뿐만 아니라 번역이라고 하기 어려운 이유는 의미가 다른 단어도 일부 있고 형태가 다른 단어도 많기 때문이다.

아래에 소개된 번역은 의심스러운 부분을 최대한 줄이려고 애쓴 가운데 이루어졌으며, 따라서 『문헌』에 실린 번역과 다소 차이가 날 수 있다. 여러 방식으로 번역을 시도할 수 있는 경우가 허다하다는 점을 잊어서는 안 된다.

1. PY Ae134(점토판 Ⅱ(b), 『문헌』 31)

ke-ro-wo po-me .a-si-ja-ti-ja o-pi ta-ra-ma-<ta>-o qe-to-ro-po-pi
o-ro-me-no MAN I

Kerowos(?) poimēn Asiatiāi opi Thalamātāo qᵘetropopphi oromenos
ANER I

아시아티아(Asiatia)에 있는 목자 케로우오스(Kerowos)가 탈라마타스(Thalamatas)의 가축을 돌보고 있다.

2. PY Ad676(『문헌』 10)

pu-ro re-wo-to-ro-ko-wo ko-wo MEN 22 *ko-wo* 11

Puloi: lewotrokhowōn korwoi ANDRES 22 *korwoi* 11

필로스: 목욕 시중을 드는 사람들 22명, 소년 11명.

3. PY Eb297(『문헌』 140)

i-je-re-ja e-ke-qe e-u-ke-to-qe e-to-ni-jo e-ke-e te-o
ko-to-no-o-ko-de ko-to-na-o ke-ke-me-na-o o-na-ta e-ke-e

WHEAT 3 T 9 ◀ 3

hiereia ekhei qᵘe eukhetoi qᵘe etōnion ekheen theon

ktoinookhoi de ktoināōn kekeimenāōn onāta ekheen

PUROS 3 T 9 ◀ 3

여사제가 (이것을) 가지고 신이 자유 토지 보유권(?)을 가진다고
주장한다. 하지만 해당 토지의 소유자들은 그녀가 공유 토지 임
차권(만) 보유한다고 (주장한다): 밀 474리터.

4. PY Er312(『문헌』152)

wa-na-ka-te-ro te-me-no

to-so-jo pe-ma WHEAT 30

ra-wa-ke-si-jo te-me-no WHEAT 10

te-re-ta-o to-so pe-ma WHEAT 30

to-so-de te-re-ta MEN 3

wo-ro-ki-jo-ne-jo e-re-mo

to-so-jo pe-ma WHEAT 6

Wanakteron temenos

tossoio sperma PUROS 30

Lāwāgesion temenos PUROS 10

telestāōn tosson sperma PUROS 30

tossoide telestai ANDRES 3

Worgiōneios erēmos tossoio sperma PUROS 6

왕의 영지, 해당 양만큼의 씨앗: 밀 3,600리터. 라와게타스(Lawagetas)의 영지, 밀 1,200리터. 텔레스타이의 (토지), 해당 양만큼의 씨앗: 밀 3,600리터: 해당 수만큼의 텔레스타이: 3명. 예배집단의 버려진(?) (토지): 해당 양만큼의 씨앗: 밀 720리터.

5. KN Gg702(『문헌』205)

pa-si-te-o-i me-ri AMPHORA 1

de-pu₂-ri-to-jo po-ti-ni-ja me-ri AMPHORA 1

pansi theoi'i meli AMPHIPHOREUS 1

Daburinthoio Potniāi meli AMPHIPHOREUS 1

모든 신들에게, 꿀 한 암포라.

미궁의 여주(?)에게, 꿀 한 암포라.

6. PY Fr1184(『문헌』217쪽)

ko-ka-ro a-pe-do-ke e-ra₃-wo to-so

e-u-me-de-i OIL 18

pa-ro i-pe-se-wa ka-ra-re-we 38

Kōkalos apedōke elaiwon tosson

Eumēdeī ELAIWON 18

paro Ipsewāi klārēwes 38

코칼로스(Kokalos)가 에우메데스(Eumedes)에게 다음 양만큼의 올리브유를 갚았다: 648리터.

입세와스(Ipsewas)로부터, 향유병(?) 38개.

7. PY Ta772(『문헌』246)

ta-ra-nu a-ja-me-no e-re-pa-te-jo a-to-ro-qo i-qo-qe po-ru-po-de-qe

po-ni-ke-qe FOOTSTOOL 1

ta-ra-nu a-ja-me-no e-re-pa-te-jo ka-ra-a-pi re-wo-te-jo so-we-no-qe

FOOTSTOOL 1

ta-ra-nu a-ja-me-no e-re-pa-te-ja-pi ka-ru-pi FOOTSTOOL 1(2회)

thrānus aiaimenos elephanteiōi anthrōqᵘōi hiqqᵘōi qᵘe polupodei qᵘe

phoinikei qᵘe THRANUS 1

thrānus aiaimenos elephanteiois karaāphi lewonteiois s---nois qᵘe

THRANUS 1

thrānus aiaimenos elephanteiāphi karuphi THRANUS 1

상아를 사람과 말, 문어, 그리핀(또는 종려나무)로 세공한 발 받침대

한 개.

상아로 사자 머리와 홈(?)을 세공한 발 받침대 한 개.

상아로 견과류(?)를 세공한 발 받침대 한 개.

8. KN Sd0401(『문헌』266)

i-qi-jo a-ja-me-no e-re-pa-te-jo a-ra-ro-mo-te-me-no po-ni-[ki-jo]

a-ra-ru-ja a-ni-ja-pi wi-ri-ni-jo o-po-qo ke-ra-ja-pi o-pi-i-ja-pi

WHEEL-LESS CHARIOTS 2

hiqqᵘiō aiaimenō elephantei ararmotmenō phoinikiō

araruiai hāniāphi wriniōi opōqᵘōi keraiāphi opiiāphi HIQQUIO 2

상아로 세공하고 (완전히) 조립한, 진홍색을 칠하고 고삐와 볼쪽

가죽끈(?), (그리고) 뿔재갈(?)을 채운 전차 두 대.

9. PY Sa794(『문헌』291번)

ka-ko de-de-me-no no-pe-re-e WHEEL ZE 1

khalkōi dedemenō nōphelee HARMOTE *ze(ugos)* 1

청동으로 바퀴를 감싼, 실제로 사용할 수 없는 바퀴 한 쌍.

찾아보기

ㄱ

갑옷(armour) ··· 33, 135, 136, 157-159

개(dogs) ··· 50, 169,

경제 구조(economics) ··· 21

고수(coriander) ··· 95, 170, 203

곡물(grain) ··· 90, 163, 170

공물(tribute) ··· 171, 172, 209

구드문트 비요르크(Gudmund Björck) ··· 114

군사 조직(military organization) ··· 154, 160

귀족(followers) (= heqᵘetai) ··· 48, 151, 152,
154, 156, 162, 181

그리스 선사시대(Pre-Hellenic) ··· 19, 20, 23,
52, 53, 59, 110, 145, 153

그리스 선사시대 고고학(Pre-Hellenic
archaeology) ··· 20

그리스 선사시대 언어(Pre-Hellenic language)
··· 52, 53

그리스 알파벳(Greek alphabet) ··· 21, 30, 40,
42, 66, 217

그리스어(Greek language) ··· 8, 13, 17, 18, 23,
24, 26, 29, 40-44, 46, 47, 50-57, 62, 66,
75, 77, 81, 86, 88, 90, 92, 94, 95-110,
112, 113, 119, 120, 122, 123, 125-128,
130, 132-139, 141-143, 146-149, 157-
159, 161, 179, 187, 191, 192, 198, 199,
202, 203, 206, 207, 212, 214, 217

ㄴ

네스토르(Nestor) ··· 59, 119, 156

노 젓는 사람들(rowers) ··· 150

노예(slaves) ··· 22, 33, 104, 105, 113, 137, 162,
163, 164, 170

농업(agriculture) ··· 213

니콜라오스 플라톤(Nicolaos Platon) ··· 123

ㄷ

데메테르(Demeter) ··· 177

도공(potters) ··· 100, 166

도리아인(Dorians) ··· 24-26, 149

돼지(pigs) ··· 33, 71, 72, 169, 201

둠즈데이북(Domesday Book) ··· 145

디오니소스(Dionysos) ··· 176

ㄹ

라스 샴라(Ras Shamra) [= 우가리트(Ugarit)]
··· 93

라와게타스(Lawagetas) ··· 160, 186, 202, 219

런던 타임스(The Times) ··· 115, 116

런던대학교 고전연구소(London University
　　Institute of Classical Studies) … 8, 142
레너드 파머(Leonard R. Palmer) … 8, 114
렘노스(Lemnos) … 164

ㅁ ....

마르틴 닐손(Martin Nilsson) … 126
마벨 랑(Mabel Lang) … 209
마이클 벤트리스(Michael G.F. Ventris) … 6-8,
　　11, 12, 56, 117, 122, 123, 127, 189, 195,
　　216
마틴 루이퍼레즈(Martin. S. Ruipérez) … 122
말(horses) … 49, 71, 72, 113, 124, 125, 135,
　　136, 154-157, 168, 169, 202, 221
멜로스(Melos) … 27
멜리언 스타웰(F. Melian Stawell) … 50
무화과(figs) … 27, 170
미궁(labyrinth) … 22, 177, 220
미노스(Minos) … 22
미노스(Minos, 정기 간행물) … 127
미노아 문명(Minoan civilization) … 29, 31, 34,
　　74, 127, 161, 212
미노아 문자 Ⅰ(Scripta Minoa Ⅰ) … 34
미노아 문자 Ⅱ(Scripta Minoa Ⅱ) … 36, 43, 63,
　　90, 92, 100
미노아 상형문자(Minoan hieroglyphic) … 34
미셸 레조이네(Michel Lejeune) … 143
미케네(Mycenae) … 8, 14, 19, 20, 21, 23, 24,
　　26, 61, 107, 129, 139, 146, 150, 152,
　　160, 164, 177, 183, 187, 192, 204, 209,
　　212, 213, 217
미케네 고문서에 나타난 그리스 방언의 증거
　　(Evidence for Greek Dialect in Mycenaean
　　Archives) … 106

미케네 그리스어 문헌(Documents in Mycenaean
　　Greek) … 7, 8, 9, 77
미케네 문명(Mycenaean culture) … 8, 20, 23,
　　26, 74, 107, 128, 129, 145, 149
미케네 방언(Mycenaean dialect) … 26, 52, 114,
　　184
미케네 시대(Mycenaean period) … 43, 51, 60,
　　110, 145, 163, 169, 176, 194, 198, 205,
　　207, 209
미케네어 이름이 적힌 그릇(vessels, Mycenaean
　　names, of) … 224
밀레토스(Miletus) … 164

ㅂ ....

바스크어(Basque) … 46, 48, 49
바퀴(wheel) … 71, 121, 154-157, 162, 181,
　　202, 222
반세기 보고서(Mid-Century Report) … 74, 75
발 받침대(footstools) … 135, 137, 167, 168,
　　221
베드리히 로즈니(Bedřich Hrozný) … 47, 48, 55
브렌다 문(Brenda E. Moon) … 8
블라디미르 게오르기에프(Vladimir Georgiev)
　　… 47
빌헬름 아일러스(Wilhelm Eilers) … 198

ㅅ ....

사슴(deer) … 169, 201
사이러스 고든(Cyrus H. Gordon) … 190
사회 조직(social organization) … 161
상아(ivory) … 137, 154, 168, 170, 221
선형문자 A(Linear A) … 27-31, 36, 38, 46, 50,
　　62, 74, 148, 182, 189-191, 213, 214
세발솥(tripod-cauldron) … 71, 119, 120, 121,

128, 129, 134-136, 167, 197

셈어(Semitic language) ··· 40, 51, 190, 215

소(oxen) ··· 22, 169, 170, 172, 178, 201

스피리돈 마리나토스(Spyridon Marinatos) ··· 212

신(gods) ··· 14, 18, 20, 104, 154, 163, 170, 175-178, 183, 215, 219, 220

쐐기문자(cuneiform) ··· 39, 40, 47, 54, 70, 179

ㅇ ···

아르카디아 방언(Arcadian dialect) ··· 26, 96

아르카디아(Arcadia) ··· 25, 180

아르테미스(Artemis) ··· 175

아른 푸루마크(Furumark, Arne) ··· 114

아마(linen) ··· 157, 209

아서 비티(Arthur J. Beattie) ··· 130

아서 에번스(Arthur J. Evans) ··· 20

아서 카울리(Arthur E. Cowley) ··· 56

아시네(Asine) ··· 51

아이들(children) ··· 56, 72, 119, 164, 210

아카이아인(Achaeans) ··· 149

아크로폰의 원리(acrophonic principle) ··· 49, 50

아테나(Athena) ··· 104, 176

악셀 페르손(Axel W. Persson) ··· 51

알란 웨이스(Alan J.B. Wace) ··· 43

암니소스(Amnisos) ··· 94, 97, 176

암호학(Cryptography) ··· 66, 99, 125

앨리스 코버(Alice E. Kober) ··· 36, 57

양(sheep) ··· 171-173, 178, 201, 209

에른스트 그루마히(Ernst Grumach) ··· 135

에른스트 리쉬(Ernst Risch) ··· 191

에른스트 시티히(Ernst Sittig) ··· 53

에밀리오 페루치(Emilio Peruzzi) ··· 74

에밋 베넷 주니어(Emmett L. Bennett Jr.) ··· 31

에일레이티아(Eileithyia) ··· 176

에트루리아어(Etruscan) ··· 45, 46, 57, 66, 75, 79, 86, 90, 92

엔코미(Enkomi) ··· 38

옥스퍼드대학교 출판부(Clarendon Press) ··· 34, 36, 48

올리브유(olive oil) ··· 165, 170, 178, 220

완전히 정형화된 문구(totalling formula) ··· 58

왕(king) ··· 22, 23, 49, 62, 145, 146, 151, 152, 156, 160-164, 184, 186, 194, 219

요하네스 순드월(Johanes Sundwall) ··· 35

요한네스 프리드리히(Johannes Friedrich) ··· 126

욕조(bath) ··· 207

우가리트(Ugarit) [= 라스 샴라(Ras Shamra)] ··· 40, 93, 179, 184, 215

월(months) ··· 180

윌리엄 타일러(William Taylour) ··· 203

음절 격자판(grid, syllabic) ··· 86, 108

의사(physician) ··· 165

의자(chairs) ··· 102, 167, 168

이냐스 겔브(Ignace J. Gelb) ··· 127

이라클리온(Iraklion) [= 헤라클레이온(Herakleion), 칸디아(Candia)] ··· 36, 55, 123, 200, 207, 212

이올코스(Iolkos) ··· 193

이집트(Egypt) ··· 12, 27, 45, 60, 66, 69, 147, 153, 183, 206

인더스 계곡(Indus Valley) 문자 ··· 47

인명(personal names) ··· 93, 122, 130, 147, 183, 203

인장(seal) ··· 205-207

인장석(seal stones) ··· 21, 27

일본어(Japanese) ··· 69, 70, 84

ㅈ ··

작업노트(Work Notes) … 7, 76, 77, 79, 86, 89,
　91, 92, 98, 99, 102, 108, 115, 197

장 뤼크 고다르(Jean-Luc Godart) … 200

장소명(place-names) … 92, 97

장피에르 올리비에(Jean-Pierre Olivier) … 200

전차(chariots) … 33, 49, 71, 98, 113, 121, 124,
　152, 154-158, 162, 169, 202, 222

점토(clay) … 27, 33, 39, 181, 183, 191, 204

점토판(clay tablets) … 22, 27, 28, 30-38, 40,
　47, 49-51, 53, 55, 56, 58, 60-63, 70-74,
　77, 79, 82-84, 86, 88, 92-95, 98, 100,
　102, 104, 105, 107, 113, 114, 117-121,
　123-125, 128, 129, 133, 134, 136, 140-
　143, 145, 147, 149, 150, 151-155, 157-
　167, 169-173, 175-182, 184, 186, 187,
　190, 192-194, 197-209, 211, 213, 214,
　217, 218

제우스(Zeus) … 17, 53, 175, 177

제인 헨레(Jane E. Henle) … 130

제조업(manufactures) … 165

조반니 카라텔리(Giovanni P. Carratelli)
　… 31, 36

조지 뒤메질(George Dumézil) … 195

조지 스미스(George Smith) … 40

존 마이어스(John Myres) … 21, 36, 101

존 킬렌(John T. Killen) … 200

중량과 치수(weights and measures) … 192

ㅊ ··

창(spears) … 71, 158, 159, 175

철자법(orthography) … 29, 43, 52, 54, 69, 88,
　92, 100, 109, 111, 122, 123, 133, 135,
　139, 146, 192, 202

치즈(cheese) … 137, 170, 178

ㅋ ··

카니아(Khania) … 205, 211

칼 블레겐(Carl W. Blegen) … 59, 79

칼(swords) … 58, 71, 132, 135, 159

코린토스(Corinth) … 25, 150

콘스탄티노스 크티스토폴로스(Konstantinos D.
　Ktistopoulos) … 51

크노소스(Knossos) … 22, 29, 31, 33, 34, 36,
　44, 49, 53, 58, 60, 62, 84, 86, 88, 90, 92,
　93, 95, 98, 100, 107, 113, 123-125, 129,
　136, 147, 148, 152-160, 165, 171, 175-
　178, 180, 193, 199-202, 205, 208, 209,
　211-213, 217,

크니도스(Knidos) … 164

크레타(Crete) … 12, 20-24, 26-30, 34-37, 39,
　43, 44, 50, 58, 61, 75, 79, 94, 107, 112,
　124, 127, 132, 148, 153, 154, 169, 172,
　176, 178, 182, 189, 199, 204, 205, 211-
　213, 215

키프로스(Cyprus) … 26, 33, 38-43, 53, 176,
　191

키프로스 문자(Cypriot script) … 40, 47, 52

키프로스 방언(Cypriot dialect) … 26

키프로스-미노아(Cypro-Minoan) 문자
　… 38, 40, 183, 189-191

ㅌ ··

탁자(tables) … 167, 168

테라(Thera) … 28, 212

테베(Thebes) … 182, 194, 204, 205

텔레스타이(telestai) … 162, 220

토지 보유(land-tenure) … 186, 219

투구(helmets) ··· 133, 135, 136, 157, 158, 168, 185

투키디데스(Thucydides) ··· 154

트소운다스(Tsountas) ··· 61

티린스(Tiryns) ··· 154, 194, 204

84, 88, 92, 93, 95, 100, 101, 104, 107, 117, 125, 128, 136, 140, 147, 149, 150, 152, 156-160, 162-164, 166, 169, 170, 173, 176-178, 180, 186, 193, 194, 199, 200, 202, 206, 208, 209, 213, 217, 218

ㅍ

파이스토스 원반(Phaistos disk) ··· 37, 38, 46, 49-51, 215

파이스토스(Phaistos) ··· 27-29, 37, 132

포도주(wine) ··· 50, 167, 169, 170, 178, 206, 207

포세이돈(Poseidon) ··· 52, 104, 163, 175, 177, 178

포트니아(Potnia) ··· 104, 176-178, 215

표의문자(ideograms) ··· 67-73, 90, 119, 124, 136, 137, 217

프랭크 고든(Frank G. Gordon) ··· 49

플레우론(Pleuron) ··· 150, 194

피에로 메리기(Piero Meriggi) ··· 142

피에르 샹트랭(Pierre Chantraine) ··· 122

필경사(scribes) ··· 82, 105, 120, 125, 137, 139, 141, 147, 156, 172, 178-180, 182, 208, 217

필로스(Pylos) ··· 47, 48, 59-61, 63, 70, 71, 79,

ㅎ

하기아 트리아다(Hagia Triada) ··· 28, 178

하인리히 슐리만(Heinrich Schliemann) ··· 19, 20, 59

한자(Chinese language) ··· 67, 136

한정사(determinatives) ··· 54, 55, 80

향료(perfumes) ··· 165

향신료(spices) ··· 95, 170, 203

헤라(Hera) ··· 175

헤로도토스(Herodotus) ··· 183

헤르메스(Hermes) ··· 175

헬무트 보세르트(Helmuth T. Bossert) ··· 74

호메로스(Homer) ··· 18-20, 22, 59, 93, 96, 98, 100, 101, 114, 119, 127, 137, 149, 150, 153-159, 162, 176, 184-187, 207

화살(arrows) ··· 26, 71, 152, 159, 175

흉갑(corslets) ··· 155, 157, 158, 181

히타이트어(Hittite) ··· 47, 48, 52, 75, 123, 190, 214, 215